CONNECTEZ-Vous avec Jésus et sa Parole

Les leçons de l'éducation chrétienne
pour les jeunes et pour les jeunes adultes

Cliquez

Incluyant

52 leçons pour l'anée entière et des ressources pour l'enseignement de chaque leçon pour les adolescents de 12-17 ans et jeunes de 18-23 ans.

Cliquez - Connectez-Vous Avec Jésus et Sa Parole
Leçons d'éducation chrétienne pour les jeunes et les jeunes adultes
Livre #5

Le Titre original est en Espagnol: Clic
Conéctate Con Cristo y su Palabra

Éditeur: Patricia Picavea

Conception de la couverture: Isabel Ambrosio

Agencement intérieur: Slater Joel Chavez

Leçons d'éducation chrétienne pour les adolescents et les jeunes

Droit d'auteur © 2020

Traduit par: Dezama Jeudi

Cette edition est publiée par les Ministères de la Formation de Disciples - Région Mésoamérique Eglise du Nazaréen

Rev. Monte Cyr

www.MedfdiRessources.MesoamericaRegion.org

discipleship@mesoamericaregion.org

ISBN: 973-1-63580-182-8

Publié aux Etats-Unis

Table des Matières

Quatrième Unité • Modes

Cinquième Unité • En quoi croyons-nous?

Sixième unité • Dates spéciales

Présentation P

Nous sommes heureux que vous ayez acquis ce matériel d'éducation chrétienne pour les adolescents et les jeunes. Les leçons développées ici sont entièrement basées sur les Saintes Écritures et la pensée préparée chez les adolescents et les jeunes. Ces leçons ont été développées par un groupe de personne international qui a de l'expérience dans le ministère auprès des adolescents et des jeunes. Nous voulons que vous en tant que enseignante et enseignant se sentent en sécurité en utilisant ces leçons et que Dieu travaille dans votre cœur comme dans celui de vos élèves.

Ce livre comporte six unités couvrant 52 leçons au total, à utiliser pendant toute une année. Chaque unité n'a pas le même nombre de leçons, car elle varie en fonction de l'objectif et du thème de chacun.

Sachant que l'adolescence et la jeunesse sont des étapes différentes, ce livre a été conçu pour aider les deux plus efficacement; adolescents de 12 à 17 ans et jeunes de 18 à 23 ans. La leçon biblique est la Même chose pour les deux, mais la dynamique d'introduction et les activités pour l'étudiant sont différentes. Vous pouvez les adapter en fonction des besoins et des installations de votre église locale ou du lieu où ils se rencontrent.

Dans chaque leçon, vous trouverez les sections suivantes:

- L'objectif de la leçon. Ce qui devrait être accompli ou atteint à la fin de celleci.

- La section Connecter section est le développement de la leçon.

- La section Télécharger est l'introduction au sujet. Voici la dynamique d'introduction pour chaque âge.

- La section Révisez / Application est l'endroit où se situe l'activité pratique. Sachez que grâce à cette activité, vous serez en mesure de fournir des commentaires et de fixer l'objectif de la leçon dans l'esprit et le cœur de vos élèves.

- Le défi à la fin de chaque leçon est un défi personnel pour les élèves sur lequel ils doivent travailler pendant la semaine. L'idée est de motiver l'élève à vivre ce qu'il a appris.

- Enfin, vous trouverez attention! des cases au début de chaque leçon et à la fin de certaines leçons. L'attention! encadrés sont des rappels pour passer en revue le défi de la leçon précédente et ils vous rappellent de renforcer les défis à la fin des leçons.

Nous souhaitons que ce matériel soit utilisé au maximum par vous, en tant qu'enseignant ou enseignante d'adolescence et de jeunes. Que par le moyen de lui-même, vous puissiez les guider vers une croissance continue dans sa vie chrétienne.

Patricia Picavea
Rédactrice en chef, Publications Ministérielles

Aides

A

pour l'enseignante et l'enseignant

Enseigner la Parole de Dieu est un grand privilège et en même temps une grande responsabilité. Nous devons faire de très attention en puisant les Écritures en les présentant.

Lorsque vous préparez la leçon, vous aurez l'occasion d'apprendre et d'appliquer la vérité biblique à votre vie. Si vous préparez la leçon avec cette attitude d'apprentissage, votre enseignement sera plus efficace. Dieu lui-même vous enseignera à pouvoir enseigner aux autres. Voici quelques suggestions qui peuvent vous aider dans la préparation et la présentation de la leçon.

La préparation de la leçon

1. Avant de préparer la leçon, cherchez Dieu dans la prière. Demandez de la sagesse et de la perspicacité pour comprendre les passages bibliques et les appliquer à votre propre vie. Demandez aussi à Dieu d'être sensible aux besoins réels de vos étudiants.

2. Priez pour vos élèves d'une manière particulière. Qu'ils soient réceptifs au message de Dieu et qu'ils puissent développer leur foi et marcher quotidiennement avec lui.

3. Préparez la leçon dans un endroit sans distractions. Restez à proximité, les choses dont vous avez besoin comme papier, stylos, cartes, etc.

4. En plus de ce livre et de votre Bible, vous pouvez consulter d'autres versions de la Bible, le Commentaire biblique, le Dictionnaire biblique et un bon dictionnaire en espagnol.

5. Lisez l'objectif de la leçon plusieurs fois jusqu'à ce que vous compreniez où aller avec la leçon.

6. Mémorisez le verset de la Bible.

7. Lisez le développement de la leçon à plusieurs reprises et si vous souhaitez élaborer votre propre schéma. Vous pouvez écrire les principaux points sur certaines cartes, de cette manière vous n'aurez pas le livre dans vos mains pendant la classe.

8. Passez en revue chaque cite biblique présentée dans la leçon. Vous pouvez indiquer dans votre Bible chaque cite avec des papiers, de cette façon, votre position sera facile lors de la présentation de la leçon. Lisez aussi les cites bibliques, pratiquez les mots de prononciation difficile.

9. Recherchez la signification des mots inconnus dans le dictionnaire, de cette façon, vous pouvez comprendre le sens et le partager avec votre classe.

10. Revoyez la dynamique d'introduction en fonction de l'âge du groupe auquel vous allez partager la leçon. Assurez-vous au préalable que vous disposez du matériel requis et pratiquez-le.

11. Passez en revue le défi de la semaine. Pensez à des façons créatives de le présenter pour motiver vos élèves à y accomplir.

Présentation de la leçon

1. Arrivez tôt dans votre classe, de préférence, soyez le premier et organisez le lieu de la meilleure façon possible. Pour chaque unité, vous pouvez changer l'emplacement des chaises, du tableau, etc. Vous pouvez également placer des peintures murales faisant référence à l'unité pour motiver l'intérêt des participants.

2. Soyez ponctuel lors du démarrage de la classe. Si vous attendez l'arrivée d'un bon groupe, cela ne les motivera pas à se rendre à chronométrer les classes suivantes.

3. Prenez quelques minutes pour saluer personnellement vos élèves, posez-leur des questions sur leur semaine et une situation particulière. Cela les aidera à savoir que vous vous intéressez à leur vie en dehors des cours.

4. Commencez la classe toujours par la prière. Demandez au Seigneur avec vos élèves de faire preuve de sagesse pour comprendre le message de la Bible et aussi la volonté d'y obéir.

5. Encouragez votre classe à participer activement à la dynamique d'introduction. Si vous avez un visiteur ou un étudiant ou nouvel élève, incluez-le aussi.

6. Développez la leçon de manière organisée. Si vous avez un tableau noir ou un tableau à feuilles mobiles, utilisez-les pour prendre des notes. Écrivez le premier point et les idées dominantes. Quelque mot nouveau ou difficile à prononcer. Continuez ainsi avec les points suivants du développement de la leçon.

7. Reproduisez la participation de toutes les personnes de la classe. Formez des groupes, préparez des questions à l'avance, demandez à lire les cites bibliques, écoutez leurs commentaires, encouragez ceux qui ne participent pas. Ne pas critiquez aucune intervention, évitez les discussions difficiles ou personnelles, guidez cette conversation vers la Parole de Dieu.

8. Prenez toujours du temps entre chaque point pour appliquer les vérités bibliques à la vie quotidienne. Utilisez des exemples appropriés à l'âge de votre groupe. Par exemple, les situations scolaires, les relations familiales, les programmes de télévision, etc.

9. Présentez le défi de la semaine. Encouragez-les à assister et à suivre dans le cours suivant. Si c'est un projet pour toute la classe, prenez le temps de planifier.

10. Présentez un bref aperçu de la prochaine leçon pour y créer des attentes.

11. Terminez la classe par la prière.

Autres suggestions

1. Préparez des concours pour chaque unité, par exemple, mémorisez des textes, assistez rapidement aux cours, amenez des invités, etc.

2. Préparez des projets de service au moins deux fois par an. Ce type d'activités aide les étudiants à se rencontrer en dehors des cours et apprendre à servir leur communauté et leur église.

3. La mémorisation est importante dans le processus d'apprentissage. Encouragez vos élèves à mémoriser le texte biblique, mais assurez-vous qu'ils en comprennent la signification. Nous présentons des idées pour faciliter la mémorisation.

   • Écrivez le texte, divisé en phrases, sur des papiers colorés. Donnez chaque groupe et demandez-leur de commander les pièces. Cela facilitera la mémorisation.

   • Qu'ils écrivent le texte sur un papier et le décorent comme bon ils semblent.

   • Qu'ils représentent le texte avec des mouvements ou des gestes. Qu'ils l'exposent à tout le groupe.

   • Divisez la classe en groupes et qu'ils mémorisent le texte. Que le groupe qui le mémorise en premier gagne.

   • Écrivez le texte divisé en phrases, sur des affiches. Cachez les pièces dans la classe et demandez-leur de les chercher.

Fils De Dieu

Leçon 1

Jessica Castro • Espagne

Objectif: Que l'élève accepte l'engagement d'être une bonne influence pour son entourage.

Pour mémoriser: *«Que votre lumière luise ainsi devant les hommes, afin qu'ils voient vos bonnes œuvres, et qu'ils glorifient votre Père qui est dans les cieux.»* Matthieu 5:16

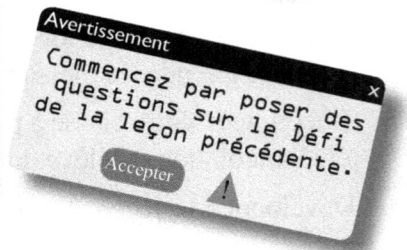

Avertissement

Commencez par poser des questions sur le Défi de la leçon précédente.

Accepter

Connecter | Télécharger

Dynamique d'introduction (12 à 17 ans).

- Matériaux: Un miroir et une lampe pour chaque groupe.
- Instructions: Laissez chaque groupe allumer la lampe dans la direction du miroir, en essayant d'obtenir que la lumière réfléchie atteigne certains endroits spécifiques. Vous pouvez pointer les lieux avec un ruban.

  Expliquez vos élèves que la lampe représente Jésus et que le miroir représente chacun de ses enfants et cela ainsi que le miroir reflétait la lumière de la lampe, nous devons refléter la lumière du Christ dans nos vies.

Dynamique d'introduction (18 à 23 ans).

- Matériaux: Papiers et crayons.
- Instructions: Demandez à chaque élève d'écrire quelque chose ou quelqu'un qui a influencé leur vie sur la feuille de papier pour toujours. Et de quelle manière il l'a fait. Donnez quelques minutes puis partagez volontairement avec le reste de la classe.

  Tout comme une personne a le pouvoir d'influer dans d'autres, pour le bien ou pour le mal, nous, enfants de Dieu, pouvons et devons le faire encore plus afin qu'ils connaissent Christ.

Connecter | Télécharger

1. Dieu te connaît et Il est avec toi

Dans le passage de Jean 8:12, il est dit que Jésus est la lumière du monde et que tous ceux qui le suivent marcheront aussi dans la lumière. Influencer signifie produire certains effets, que ce soit sur un objet ou sur une personne. Nous sommes juste un miroir qui reflète la lumière du Seigneur, donc, si nous nous éloignons de lui, sa lumière ne réfléchira plus sur nous et le monde ne peut pas le voir. Un bon exemple de ce genre d'influence dans la Bible se trouve dans la vie de Timothée (2 Timothée 1: 5). Paul déclare avec une grande certitude que Timothée avait une foi sincère, obtenue grâce à l'influence de sa grand-mère Loïs et de sa mère Eunice. Nous ne savons pas beaucoup à leur sujet, mais, ce que nous savons de Timothée est suffisant pour reconnaître qu'elles étaient de vraies femmes de Dieu. Timothée était d'un père grec (Actes 16: 1) et il a peut-être essayé de nourrir les croyances et les coutumes de son fils, mais les enseignements de sa mère et de sa grand-mère étaient plus forts. En grandissant, Timothée a suivi ce qu'il avait appris dans son enfance, au point de devenir un fidèle serviteur du Seigneur.

Il est évident que la mère et la grand-mère de Timothée ont reflété la lumière de Jésus-Christ et que Timothée a pu la voir.

Nous devons réaliser tout ce qui peut être réalisé en étant une bonne influence pour les autres. Nous, enfants de Dieu, devons aussi être ce genre d'influence qui change la vie des autres; Qui laisse des traces, et qu'avec le passage du temps apporte des fruits qui restent, fruit du salut, mais on ne peut que le réaliser si nous suivons Jésus de près et non pas à distance.

2. Le véritable enfant de Dieu assume l'engagement

Tienbeh est un village situé dans la partie supérieure de la montagne himalayenne au Népal. A cet endroit il se trouvait un homme nommé Suraj pour apporter l'évangile du Christ. Alors que là-bas, Suraj a pensé qu'il était arrivé à la fin du monde; il n'était pas habitué au temps, ni au type de vie dans ce village, c'était très difficile pour lui. Le village où il était arrivé était très idolâtre et les gens buvaient beaucoup d'alcool de riz qu'ils préparaient eux-mêmes.

Cet homme a dû subir le rejet du peuple, même s'il voulait l'expulser. Bien qu'au début il pensait qu'il serait impossible d'amener cet agent aux pieds du Christ, il n'a jamais été découragé, au contraire, il s'est réfugié en Dieu et a confié toutes ses préoccupations. Avec le temps, les gens acceptaient Christ dans leurs vies. L'évangile a grandi et les chefs du village ont décidé d'expulser Suraj et tous ceux qui ont suivi Jésus. Ce fut un coup très dur pour tous les chrétiens du village, ils ne pouvaient plus entretenir de relation avec leurs proches, mais ils l'acceptèrent pour l'amour de Dieu. Mais ici l'histoire ne s'arrête pas, les habitants du village se sont rendu compte qu'ils avaient quelque chose qui les rendait spéciaux et qu'ils étaient de bonnes personnes. Par conséquent, ils les ont laissés retourner chez eux. (http://www.taringa.net/posts/info/15443770/El-Amor-de-Cristollega-a-una-aldea-del-HIMALAYA.html?dr)

Cet homme, Suraj, a relevé le défi d'apporter l'évangile aux personnes qui vivaient dans un endroit très isolé. Ils n'avaient jamais entendu parler du Christ, mais malgré les difficultés que cela comprenait, Suraj ne s'est pas détourné de faire ce que le Seigneur Jésus l'a commandé. Lui et les gens qui se sont convertis avaient un engagement envers Dieu et que leur engagement les a aidés à être fidèles à leur Dieu malgré toutes les mauvaises choses auxquelles ils ont dû faire face. Finalement, Dieu leur a donné la victoire.

L'engagement signifie donner sa parole, c'est une responsabilité et cela implique de remplir ce qui a été promis malgré tout obstacle sur le chemin. Nous, enfants de Dieu, avons un grand engagement avec Lui, parce qu'en donnant nos vies, nous avons promis d'être fidèles et obéissants à tout. L'engagement nécessite-t-il des efforts?

Oui, mais la Parole de Dieu nous encourage à être forts (Josué 1:9). Comme dit le proverbe: «Il n'y a aucun avantage sans sacrifice». L'engagement est des plus courageux car ils assument le défi auquel ils sont confrontés et ils le surmontent, mais les lâches se soumettent aux obstacles et fuient. La Parole de Dieu condamne ceux qui sont ainsi (Apocalypse 21:8). Nous devons assumer notre engagement, quelle que soit la difficulté, en nous rappelant chaque fois que nous pouvons tout faire en Christ qui nous fortifie (Philippiens 4:13).

3. Le vrai fils de Dieu guide les autres et honore Dieu

Paul est l'exemple d'une personne fidèle qui a guidé les autres vers Dieu et l'a honoré dans sa vie. Cet homme était un grand serviteur de Dieu qui prit l'appel de Dieu très au sérieux. Il a voyagé beaucoup d'endroits portant l'évangile du salut aux non-juifs (Actes 13-14, 15: 35-21: 1-16), enseigner et guider ceux qui s'étaient ajouté à la famille de Dieu pour que personne ne les trompe avec de fausses doctrines (Galates 3:1-5, 4:8-31).

Dans Actes 20:24, Paul exprimait clairement son plus grand désir: honorer Dieu dans sa vie; faire sa volonté. Il n'y a pas d'autre meilleur moyen de rendre gloire à Dieu qu'avec notre obéissance, et Paul était obéissant au point de mourir pour lui. La gloire de Paul était la gloire de Christ (Galates 6:14).

Comme Paul, nous devons également chercher à glorifier Dieu avec nos vies. Chanter des belles chansons n'est pas le seul moyen d'honorer Dieu, nos actes doivent aussi le faire. Tout ce que nous faisons, n'importe où, ils devraient exalter le nom de Dieu. Ce n'est pas une obligation, il devrait plutôt nous né du cœur comme un acte de gratitude pour tout ce que le Christ a fait pour nous.

Si nous y réfléchissons constamment et le faisons, il sera plus facile de guider les autres vers la présence de Dieu. En observant nos œuvres, ils verront quelque chose de spécial et rendront gloire à Dieu (1 Pierre 2:11-12). Comme il est dit dans Matthieu 5:13-16, nous sommes sel de la terre et lumière du monde. Nous devons donner la saveur du Christ à cette terre et que sa lumière se laisse savoir aux autres qu'il y a quelqu'un qui les aime. L'humanité perdue dans le péché a besoin de ce message d'espoir. Ce n'est qu'avec notre obéissance que nous pouvons faire les deux en même temps, puisque l'un vous mène à l'autre, c'est la clé.

Révisez / Application:

Prévoyez du temps pour qu'ils remplissent le questionnaire suivant

1. Quel a été le résultat de l'influence de Loïs et Eunice dans la vie de Timothée? (Il est devenu un serviteur fidèle du Seigneur.)

2. Que signifie le mot engagement? (Cela signifie donner ta parole, être responsable d'accomplir ce que nous avons promis.)

3. Le passage Matthieu 5:13-18, que nous dit-il? (Le sel et la lumière de la terre.)

4. Selon Jean 8:12, que devons-nous faire pour refléter la lumière du Christ? (Le suivre)

5. Comment pouvons-nous guider les autres aux pieds du Christ? (Glorifier Dieu à travers l'obéissance de ses mandats divins.)

Défi:
Jusqu'à présent, comment as-tu influencé la vie de ceux qui t'entourent? Vois-tu le Christ à travers ta vie? Nous devons être le sel et la lumière de ce monde, même s'ils veulent nous détruire. Le chemin du chrétien n'est pas un chemin de roses, mais si tu fais confiance à Dieu, tu peux tout surmonter. Écris ton engagement à être une influence de Dieu pour les autres, date-le et signe-le.

Jésus Et La Loi

Objectif: Que l'élève comprenne dans quelle manière Jésus est venu pour accomplir la loi.

Pour mémoriser: «*Car, je vous le dis, si votre justice ne surpasse celle des scribes et des pharisiens, vous n'entrerez point dans le royaume des cieux.*» Matthieu 5:20

Connecter | Télécharger

Dynamique d'introduction (12 à 17 ans).

- Matériaux: Dessins de feux de circulation (par exemple «stop», «ne garez pas», «ralentissez avant de passer»). Vous pouvez les rechercher dans un manuel de circulation, dans l'internet, ou les dessiner à la main.
- Instructions: Demandez à vos élèves d'exprimer les conséquences d'un conducteur qui ne respecte pas les feux de circulation trouvés sur la route. Ensuite, aidez-les à considérer comment les lois données par Dieu peuvent empêcher des conséquences négatives dans leur vie.

Dynamique d'introduction (18 à 23 ans).

- Matériaux: Tableau et craie ou gros papier et crayon.
- Instructions: Écrivez les dix commandements au tableau (Exode 20) et demandez aux élèves qu'ils se rencontrent en groupe et trouvent les possibles raisons pour lesquelles Dieu leur a donné chacun d'eux. Facilitez l'exploration de la motivation de Dieu (par exemple, le bien-être de son peuple).

Connecter | Télécharger

1. La clarification de Jésus

Dans Matthieu 5:17, nous voyons la première perspective de Jésus sur la loi: «Ne pensez pas que je sois venu pour abolir la loi ou les prophètes; Je ne suis pas venu pour abroger, mais pour accomplir». «Accomplir» est «remplir complètement» ... Jésus a accompli le sens de l'Ancien Testament au maximum «(Commentaire Biblique Beacon, Volume 6, MNP, USA, p.75).

Dans l'Ancien Testament, nous pouvons lire au sujet des lois que Dieu a données à son peuple pour l'aider à différencier le bien du mal. Dans le Pentateuque, Dieu a donné au peuple les dix commandements (Exode 20: 1-17), des instructions sur les fêtes qu'ils devaient célébrer et les lois de l'ordre social (Exode 21-23) ainsi que celles des guides sur les sacrifices et comment elles devraient être offertes (Lévitique 1-7).

Nous devons reconnaître que la loi a été donnée pour guider les gens et leur donner un moyen de se réconcilier avec Dieu s'ils avaient péché. Mais comparé au système sacrificatoire de l'Ancien Testament, quand Jésus est mort sur la croix pour nos péchés, il est devenu le sacrifice parfait qui pourrait payer notre dette du mal et de se réconcilier avec Dieu d'une manière miraculeuse pour devenir des enfants de Dieu. En hébreux, nous lisons comment le sacrifice de Jésus remplissait pleinement et complètement la loi de Dieu: «Sinon, cela aurait été nécessaire de souffrir plusieurs fois depuis la fondation du monde; mais maintenant, à la fin des siècles, il a présenté une fois pour toutes le sacrifice de lui-même pour se débarrasser du péché" (Hébreux 9:26).

Certains disciples de Jésus pensaient que Jésus venait à abolir la loi de Dieu, mais en réalité Jésus est venu pour l'accomplir (Matthieu 5: 17-18). Et il l'a fait d'une manière parfaite, comme personne ne l'avait fait auparavant. Jésus, dans son désir de ramener tous ses disciples à la vérité, il a précisé que sa mission n'était pas de se rebeller contre la loi de Dieu, mais pour l'accomplir comme un fils qui aime son Père.

2. La caution de Jésus

Jésus continua en disant: «En vérité, je vous le dis, tant que le ciel et la terre ne passeront pas, pas un seul accent passera de la loi, jusqu'à ce que tout soit accompli» (Matthieu 5:18). Il est également intéressant de voir une autre version du même passage qui clarifie la signification de ce que Jésus a voulu communiquer à ses disciples: «Ni le point d'un i ou le croisement d'un t seront retirés de la loi jusqu'à ce que tout ait été observé «(Commentaire biblique Beacon Volume 6. CNP, USA: 1992, p.76).

Dans ce second enseignement de Jésus, nous pouvons percevoir encore une autre perspective de Jésus envers la loi de son Père. Nous voyons que dans son explication, Jésus a utilisé une hyperbole ou une exagération pour communiquer la sainteté et la majesté de la loi donnée par Dieu. Jésus a expliqué que chaque partie de la loi doit être prise très au sérieux, car tant insignifiante qu'elle nous peut ressembler, tout ce qui y est demandé ne changera pas tant que tout n'aura pas été satisfait. Dans cette partie, nous pouvons comprendre que la loi de Dieu implique le commandement principal «... Aimeras le Seigneur ton Dieu de tout ton cœur, de toute ton âme, de toute ta force et de tout ta pensée; et ton prochain comme toi-même" (Luc 10:27). Il est très intéressant de voir comment Jésus nous demande en quelque sorte si clair que nous n'ignorons pas ce que la loi de Dieu nous demande, car Dieu n'ignorera pas la moindre partie. Suivant l'exemple de Jésus, nous pouvons comprendre que même si un écrivain pouvait oublier d'écrire le point sur la lettre «i», Dieu ne manquera aucune de ses demandes.

En conclusion, nous pouvons voir que la loi de Dieu est d'une importance et d'une pertinence telle que rien que Dieu a dit ne tombera dans l'oubli. Jésus a expliqué que tout comme le ciel et la terre, nous voyons, ils sont tellement immense et durable dans notre expérience humaine, nous devons comprendre que la stabilité et la vérité de la loi de Dieu dépassent celles du ciel et de la terre. Cette comparaison peut nous aider à contrer tout sentiment de doute ou de mépris envers la loi de Dieu. Il est possible que d'abord la loi de Dieu nous causer de l'inconfort en signalant nos fautes et le mal (Romains 3:20b), mais il faut aussi reconnaître que cette situation peut entraîner un désir de changement vers la bonté et la sainteté (1 Timothée 1:8).

Jésus a enseigné à faire attention à étudier et à se souvenir de la loi de Dieu dans toute sa plénitude, comme il nous a donné l'exemple au cours de sa vie terrestre et résister à l'attitude de prendre la loi de Dieu sachant légèrement ou irrévérencieusement que toute la loi de Dieu restera pour toujours. Demandez: De quelle manière pouvons-nous pratiquer ces enseignements dans nos vies?

3. L'avertissement de Jésus

Jésus conclut son enseignement dans ce passage par un mot d'avertissement: (Matthieu 5:20). Un commentateur de la Bible explique: "Jésus a déclaré avec force qu'Il demande une justice plus élevée que celle des scribes et des pharisiens... signifie fondamentalement une attitude de justice intérieure plutôt que la simple action extérieure ... Mais voici l'exigence, il faut non seulement avoir attentif à ses actes mais aussi aux motifs qui l'inspirent; non seulement de ses paroles, mais de ses pensées. Garder la loi du Christ est une plus grande exigence que le respect de la loi de Moïse "(Commentaire Biblique Beacon Vol.6 MNP, USA. 1992, p.76).

La conclusion de Jésus à propos de ce passage laisse au lecteur un sentiment de défi beaucoup plus grand qu'il n'aurait pu l'imaginer. Jésus partage encore une fois un aspect ajouté à propos de son point de vue de la loi, nous voyons que Jésus a dit qu'il est venu à la loi de Dieu, non seulement dans son intégralité, ni pour l'éternité, mais qui est venu faire de l'intérieur avec le pur désir de plaire à son père. Jésus a comparé l'accomplissement de la loi avec deux types d'attitudes; tout d'abord, il parle de l'exemple des scribes et des pharisiens, qui faisaient partie du groupe des chefs religieux de son temps. Les scribes et les pharisiens étaient connus pour leur dévouement dur pour répondre à chacun des commandements de la loi mosaïque, plus un grand nombre de commandes ajoutées pour éviter toute erreur ou inconscient manquant. Ce groupe était également connu pour son attitude critique et son mépris pour ceux qui ne partageaient pas leur style de vie. Alors qu'ils ont été critiqués pour leur application de la loi exclusivement en dehors et le cœur insensible aux besoins des autres. Cette tendance donne un grand exemple sur l'histoire du Bon Samaritain (Luc 10:25-37) où les chefs religieux ont été emportés par la lettre de la loi (Nombres 19:16) au lieu de l'Esprit du même (Luc 10:27b).

Mais Jésus a comparé cette attitude froide et insensible à l'attitude des vrais enfants de Dieu. Le meilleur exemple est en Jésus qui est venu à accomplir la loi de Dieu d'une manière pure et avec la motivation de l'amour. Il est très intéressant de lire dans les Évangiles comment Jésus a ressenti tant d'amour pour ceux qui étaient autour de lui, et que l'amour l'a poussé à agir de manière naturelle en remplissant la loi de Dieu. Jésus nous défiait ou à suivre cet exemple: La seule façon que "notre justice" serait "supérieure à celle des scribes et des pharisiens" (Matthieu 5:20) serait de rendre justice pour la compassion et de miséricorde, par exemple, pour répondre Dieu par amour.

Révisez/Application: Demandez-leur de compléter les mots qui ont disparu sans regarder dans la Bible. Pour travailler la mémoire ...

1. «Ne croyez pas que je sois venu pour <u>abolir</u> la loi ou les <u>prophètes</u>; je suis venu non pour abolir, mais pour <u>accomplir</u>» Matthieu 5:17.

2. «Car, je vous le dis en vérité, tant que le <u>ciel</u> et la <u>terre</u> ne passeront <u>point</u>, il ne disparaîtra pas de la loi un seul <u>iota</u> ou un seul trait de lettre, jusqu'à ce que <u>tout</u> soit arrivé» Matthieu 5:18.

3. «Car, je vous le dis, si votre justice ne <u>surpasse</u> celle des <u>scribes</u> et des <u>pharisiens</u>, vous <u>n'entrerez</u> point dans le royaume des cieux» Matthieu 5:20.

Défi: Quelle perspective portes-tu sur la loi? En cette semaine, pense à 2 ou 3 lois qui sont clairement établies dans ta maison, ton travail ou ton centre d'études ou ton église et qui sont difficiles à appliquer. Demandes à Dieu de t'aider à toujours avoir une perspective saine des lois en général et de ta loi en particulier. Demandes également de renforcer la volonté de les réaliser.

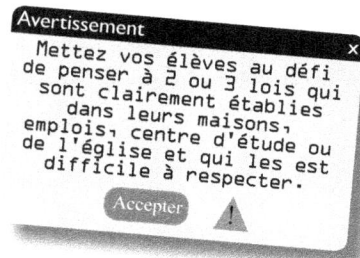

Avertissement ✕

Mettez vos élèves au défi de penser à 2 ou 3 lois qui sont clairement établies dans leurs maisons, emplois, centre d'étude ou de l'église et qui les est difficile à respecter.

Accepter

Jésus Et La Colère

Leticia Cano • Guatemala

Avertissement
Demandez que quelques élèves partagent au sujet de ce qu'ils ont pensé d'accomplissement de la loi dans leur vie durant la semaine.
Accepter

Objectif: Que l'élève reconnaisse que la colère apporte comme conséquence la manque de pardon vers le prochain et affecte sa relation avec Dieu.

Pour mémoriser: *«Si vous vous mettez en colère, ne péchez point; que le soleil ne se couche pas sur votre colère.»* Éphésiens 4:26

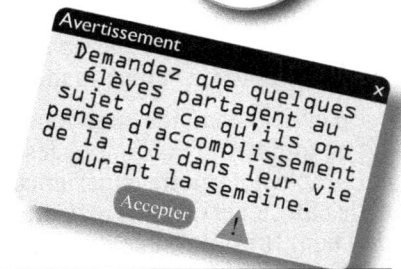

Connecter | Télécharger

Dynamique d'introduction (12 à 17 ans).

- Matériaux: Ruban adhésif.
- Instructions: Demandez à deux volontaires de s'avancer et de s'asseoir sur des chaises que vous indiquez. Quand ils sont assis, un autre volontaire mettra une bande de ruban sur un bras ou sur une jambe, alors, il sera enlevé à un moment. Le participant qui contrôle le plus ses émotions gagnera un prix. Cela peut être un bonbon ou un chocolat. L'être humain n'est pas toujours capable de contrôler leurs réactions émotionnelles entre des circonstances difficiles.

Dynamique d'introduction (18 à 23 ans).

- Matériaux: Crayons et feuilles de papier.
- Instructions: Demandez à vos élèves d'écrire sur une feuille de papier «Que je fais quand je suis très en colère?» Chacun écrira sa propre expérience (crier, pleurer, arrêter de manger, frapper le mur, etc.) À la fin, tout le monde mettra le papier sans aucun nom dans un récipient. L'enseignant prendra les journaux un par un et lire à haute voix de manière énigmatique, le terminant par la phrase «Qui suis-je?» Alors que d'autres jeunes devinent qui est l'auteur de la phrase. Vous pouvez donner des points à ceux qui ont deviné qui a écrit. Ensuite, vous pouvez réfléchir sur la raison pour laquelle nous réagissons comme ça?

Connecter | Télécharger

Parfois, ils nous font ou disent quelque chose qui nous met très en colère. Que ressentons-nous? Notre cœur bat vite, nous sentons le visage brûler comme s'il y avait un feu interne, un nœud dans le ventre, le désir de faire un nœud à celui qui nous a fait mal et de briser ce que nous avions en face? Bien, tous nous avons déjà vécu une situation similaire. Nous appelons cet ensemble de réactions physiques et émotionnelles la colère.

1. Qu'est-ce que la colère?

Nous avons été créés avec des émotions diverses pour exprimer nos sentiments de manière négative ou positive. La colère est une émotion qui exprime le mécontentement extrême avec des circonstances ou des événements qui semblent choquants ou nuisibles (Matthieu 5:21-22).

Nous ne pouvons pas éviter de nous sentir offensés ou dégoûtés, mais comment réagissons-nous à une telle situation? La Bible dit «Si vous vous mettez en colère, ne péchez point; que le soleil ne se couche pas sur votre colère, et ne donnez pas accès au diable'' (Ephésiens 4:26-27). Laisser la colère contrôler nos réactions est le péché surtout quand les réactions affectent notre prochain. Il nous dit aussi de garder la colère pour plus d'une journée, c'est mener à la tentation. Si nous laissons la colère nous contrôler, les conséquences seront dangereuses pour notre vie chrétienne.

2. La colère et ses conséquences

La colère est généralement caractérisée par une agression physique, verbale ou émotionnelle. Quelques choses qui expriment la colère sont: donner un coup de pied à la porte, briser des lunettes, crier, frapper, insulter ou des choses similaires. En outre, la personne en colère éprouve des réactions dans son propre corps telles que l'accélération du rythme cardiaque, la douleur d'estomac, mal de tête, etc.

La colère est plus commun qu'on ne l'imagine, on la voit quand un véhicule en dépasse un autre et le conducteur de celui-ci enrage et accélère pour l'atteindre, les automobilistes qui crient tout le temps dans les rues, les maris qui battent leur conjoint ou leurs enfants. Il est naturel que nous éprouvions de la colère quand nous nous sentons offensés, mais il est nécessaire de méditer sur les conséquences auxquelles nous devrons faire face tôt ou tard si nous ne contrôlons pas nos réactions.

Les personnes qui ont laissé la colère les dominer auront toujours des résultats négatifs. Nous pouvons offenser notre prochain, détruire des objets de valeur, briser des relations familiales ou amicales, avoir des problèmes juridiques ou judiciaire, même causer des dommages irréparables. En raison de la colère incontrôlée, il y a beaucoup de malades dans les hôpitaux, dans les prisons et même dans le cimetière. Quelque chose d'extrêmement terrible, c'est que la colère est progressive, ça augmente et cause des dommages physiques et émotionnels; le pire est que cela se multiplie, parce que les gens qui le souffre, le reproduit de très souvent.

Les réactions qui cherchent à satisfaire notre indignation sont dues au fait que nous ne pardonnons pas le délit. Garder le ressentiment dans nos cœurs et le pardon sont un obstacle dans notre relation avec Dieu (Matthieu 5:23). Cependant, ce n'est pas le désir de Dieu que nous vivions sous la domination de la colère et de ses terribles effets sur l'âme et c'est pourquoi il a conçu un modèle différent.

3. Un nouveau modèle

Dieu connaît la nature humaine. Il sait que nous pouvons facilement déborder. C'est pourquoi il a établi des principes qui devraient régir notre comportement quotidien et nos relations interpersonnelles.

Le Seigneur Jésus-Christ a fait référence à la loi, qui a établi le châtiment contre les actions (Matthieu 5:21-22), mais, le péché provient de l'intention puis est consommé dans l'action. Le Seigneur a enseigné que même la colère et les insultes permanentes sont réprouvées par Dieu.

Face à une infraction reçue, nous ne pouvons pas toujours exprimer notre colère, mais nous pouvons la ressentir. Peut-être que nous n'exprimons pas des insultes, mais, oui, nous le pensons ou peut-être nous n'agissons pas physiquement, mais nous insultons. L'infraction mène à la colère, la colère à l'insulte, l'insulte d'autres réactions causes du délinquant à la victime et de retourner à déposer un grief mutuellement. La colère augmente chaque fois jusqu'à atteindre l'agression physique qui peut se terminer par une terrible tragédie.

Il y a des moyens positifs de gérer la colère, de discuter avec l'autre personne pour clarifier ou mettre les choses en ordre. Parce que la colère peut nous amener à prendre des mesures ou des attitudes qui ne plaisent pas à Dieu, le Seigneur Jésus-Christ a averti que nous pourrions être confrontés à des problèmes: Celui qui est en colère contre son frère est coupable de jugement, ou insultant responsables envers les autorités ou qui dénigre son frère est exposé à l'enfer, (Matthieu 5:22).

Dans cette partie, il vous faudra peut-être du temps pour commenter le sens actuel des déclarations précédentes. Les lois actuelles prévoient également des sanctions pour les agressions verbales ou physiques, si le problème est pris aux tribunaux judiciaires dans chaque communauté, il existe différents termes pour attaquer verbalement. Peut-être dans notre contexte, les mots "imbécile" et "fou" n'ont pas le sens du contexte biblique, mais peu importe les mots que nous utilisons pour attaquer, nous attaquons l'intégrité humaine faite à l'image et à la ressemblance de Dieu. (Dans cette partie du développement peut réfléchir pour qu'ils puissent commenter les termes populaires que leurs amis utilisent comme synonymes de «imbécile»).

La façon dont nous traitons les autres affecte la manière dont nous servons avec Dieu, parce que le Seigneur ne considère pas les actions mais aussi les intentions. Dieu a établi des normes de coexistence qui vont au-delà des normes de la société.

La colère mène à un manque de pardon et cela nous empêche d'offrir notre culte au Seigneur. Afin d'éviter obstacle et chercher la face du Seigneur, Jésus nous enseigne le modèle.

- Chercher ou encourager la réconciliation (Matthieu 5: 23-24).
- Convenir d'un accord avec l'adversaire (v.25).
- Pardonner l'offense (Matthieu 6:14).

Nous avons besoin de mettre notre vie sous l'autorité de Dieu, pour ne pas être contrôlé par la colère. Le manque de pardon affecte notre relation avec Dieu.

Nous devons reconnaitre que Christ en nous est Celui qui peut nous aider à contrôler notre colère et éviter que nous péchions contre Dieu. Nous avons besoin de chercher sa direction pour prendre des décisions correctes dans les moments de crises.

Révisez/Application: Lisez les situations suivantes avec le groupe et guidez-les à répondre à la réaction de Jésus s'il était dans cette situation. «Face à un moment critique dans lequel nous devons prendre une décision, Charles Sheldon, dans son livre «Dans ses Pas» propose la question suivante: Que ferait Jésus à ma place?»

1. Si tu as le téléphone que tu as toujours voulu et que ta sœur l'a accidentellement brisé.
2. Si un camarade de classe triche, cela te concerne et ton test est annulé.
3. Si tu perds ton emploi à cause d'une faute de quelqu'un d'autre.

Guidez-les à répondre les questions suivantes.

1. Est-il un péché se mettre en colère? (Non)
2. Si se mettre en colère n'est pas un péché, dans quelle circonstance elle peut se transformer en un péché? (Quand nous ne pardonnons pas et nous agressons d'autres personnes physique, verbale ou psychologiquement.)
3. Comment une transformation peut-elle effectuer positivement dans notre personnalité pour dominer les réactions de la colère? (Livrer nos faiblesses entre les mains du Seigneur.)
4. Quelles sont les choses qui doivent être changées dans ta vie à la lumière de ce passage biblique? (Les réactions colériques et agressives, etc.)

Défi: Pense à une personne avec qui tu as des différences. Prie le Seigneur pour t'aider à lui pardonner et cherche l'opportunité de te mettre en paix avec elle. Trouve des moyens de contrôler ta colère, par exemple, compte jusqu'à 10, respire profondément, répète un verset de la Bible ou une chanson qui peux t'aider. Et mets-le en pratique pendant la semaine.

Jésus Et L'adultère

Macario Balcázar • Pérou

Objectif: Que l'élève comprenne qu'avec l'aide du Christ, il peut discipliner sa propre vie pour éviter de tomber dans la tentation de l'immoralité sexuelle.

Pour mémoriser: *«Mais moi, je vous dis que quiconque regarde une femme pour la convoiter a déjà commis un adultère avec elle dans son cœur»* Matthieu 5:28.

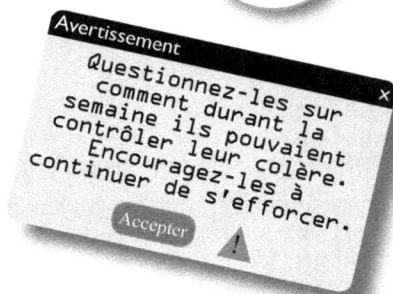

> **Avertissement**
> Questionnez-les sur comment durant la semaine ils pouvaient contrôler leur colère. Encouragez-les à continuer de s'efforcer.
> Accepter

Connecter / Télécharger

Dynamique d'introduction (12 à 17 ans).

- Matériaux: Trois affiches et dans chacune d'elles vous devez apporter une de ces inscriptions: Jeune chrétien, jeune excité, jeune fille non chrétienne.
- Instructions: Demandez à trois volontaires (deux hommes et une fille) de mettre en scène la situation suivante. Les deux garçons parleront, la fille passera près d'eux avec mouvement suggestif. Un jeune homme va réagir en contrôlant ses impulsions, le calme et l'autre non. Ensuite, discutez brièvement de ce qui a été fait et demandez ce qu'ils en pensent.

Dynamique d'introduction (18 à 23 ans).

- Matériaux: Trois cartons blanc, bleu et rose. Trois plumons ou marqueurs de couleur différente.
- Instructions: Divisez la classe en trois groupes, attribuez à chaque groupe une carte différente. Dans la partie blanche, ils écriront ce que les hommes d'aujourd'hui pensent de l'infidélité conjugale. Dans le céleste ils écriront ce que les femmes d'aujourd'hui pensent à propos de l'infidélité matrimoniale. Le troisième groupe écrira ses souhaits pour un foyer heureux. Alors, dans l'ordre indiqué, chaque groupe lira tout ce qu'ils ont écrit, donnant lieu au dialogue.

Connecter / Télécharger

Dieu a créé des êtres humains avec des caractéristiques bien différenciées. La Bible dit que Dieu créa un homme et une femme (en hébreu: Ish «homme», Isháh «femme»). Il les a fait comme ça parce qu'il voulait les deux se complèteront, unis en lui tout au long de sa vie terrestre.

1. L'adultère selon la Bible

La Bible enseigne beaucoup sur l'adultère. On y trouve des conseils, des interdictions et aussi quelques cas vécus par des personnages bibliques. Dans l'Ancien Testament, il y a des interdictions sous la forme d'un commandement comme dans Exode 20:14 et Deutéronome 5:18. Dans les deux cas, les mots sont les mêmes: «Tu ne commettras point d'adultère».

Les cas vécus par des personnages bibliques

Les cas les plus connus d'adultère sont le cas du roi David (2 Samuel 11: 1-27) et celui de la femme adultère (Jean 8: 1-11).

En vous basant sur ce que vous avez lu, réfléchissez aux questions suivantes. Pour répondre aux questions, ils peuvent être divisés en groupes:

- Que faisait David pendant que Joab et tout Israël combattaient les Ammonites? (v.1) Il est resté à Jérusalem et Il n'est pas allé à la guerre.
- Dans quelles circonstances David était-il installé à Bathscheba? (v.2) Pendant qu'il marchait sur le toit de sa maison, il a vu Bathscheba qui prenait un bain.
- Qui était Bathscheba? (v.3) C'était une femme mariée, fille d'Éliam et épouse d'Uri le Hittite (les Hittites n'étaient pas des israélites).
- Résumez ce que David a essayé de faire pour cacher son péché avec Bathscheba (v. 6-13). David a invité Uri, il s'est saoulé et lui a ordonné d'aller chez lui, de coucher avec sa femme et de dissimuler ainsi la grossesse de Bathscheba.
- Comment David a-t-il réussi à résoudre le problème avec Uri? (vv.14-26). Comment David n'a pas pu faire dormir Uri avec sa femme, il changea de tactique, et comme Uri était un soldat sur les ordres de Joab, général de son armée, il a ordonné à Joab par une lettre qu'Uri lui-même ait apporté, de sorte qu'il l'a mis dans les premières lignes de la bataille et donc avoir une certaine mort, ce qui s'est réellement passé.
- Quelle phrase l'auteur biblique donne-t-il concernant l'adultère de David avec Bathscheba? (v.27). Ce que David avait produit, ne faisait pas plaisir aux yeux de Dieu.
- Qu'est-ce que les scribes et les pharisiens ont apporté à Jésus? (Jean 8: 1-4) Une femme surprise dans l'acte même d'adultère.
- Qu'est-ce que les scribes et les pharisiens ont demandé à Jésus concernant la femme? (v.5) Ils ont exigé qu'il dise quoi faire avec elle, puisque Moïse, disaient-ils, demandait qu'on les lapide des telles femmes de pierre.

- Comment Jésus a-t-il résolu cette situation? (vv.6-11). Jésus ne leur a pas répondu, mais accroupi il a écrit avec le doigt sur le sol, et comme ils ne cessaient de le lui demander, il leur dit que quiconque était sans péché, serait le premier à jeter la pierre contre elle. Comme tout le monde se sentait coupable, aucun n'a jeté aucune pierre, mais un par un ils sont partis et à la fin seulement Jésus et la femme sont restés. Jésus lui a demandé si personne ne l'avait condamné, elle a répondu que non; Alors Jésus lui dit: «Je ne te condamne pas non plus, va et ne pèche plus».

Après avoir répondu aux questions précédentes, un temps pour discuter et tirer des conclusions sur les cas traités.

Les idées suivantes peuvent servir:
- L'adultère est une dénégation de la valeur du mariage.
- L'adultère corrompt la société.
- L'adultère dévalorise l'autre époux (Malachie 2: 13-16).
- L'adultère a des conséquences destructives pour la famille.
- Il y a du pardon pour l'adultère qui se repent, mais parfois les conséquences sont atroces.

2. Comment éviter l'adultère?

A. Enseignement de Jésus
Lisez Matthieu 5: 27-30. En lisant le passage, nous trouvons les idées suivantes:
- Au temps de Jésus, le commandement de ne pas commettre d'adultère était très connu (v.27).
- Jésus a établi une nouvelle dimension de l'adultère: l'acte lui-même n'est pas nécessaire, il suffit de l'intention de la personne pour être un adultère (v.28).
- Jésus a enseigné que si l'œil droit ou la main droite sont des occasions de tomber, nous devrions les couper et les jeter de nous, alors, il est préférable de perdre l'un de ces membres du corps et de se débarrasser d'enfer, et n'être pas jeté en enfer avec tout le corps (v. 30).

Demandez: Qui est le plus drastique, Jésus ou la loi? L'adultère est-il un acte ou une intention?

B. Disciplines qui nous aident à éviter de tomber dans l'adultère
Nous avons vu la valeur de prendre des décisions. Voyons maintenant quelques disciplines chrétiennes qui aideront a éviter l'adultère:
1. Mettons notre corps sous le contrôle du Saint-Esprit.
2. Gardons notre esprit et notre cœur propres. Évitons de regarder des films érotiques, de la pornographie, de passer du temps sur Internet en regardant des vidéos ou des informations qui ne sont pas saines ou saintes.
3. Lisons la Bible chaque jour et méditons sur ses enseignements. Consacrons au moins 30 minutes par jour à lire la Bible, méditons et prions.
4. Assistons aux services religieux et participons activement.
5. Ne pas avoir des amis qui ne sont pas chrétiens, surtout ne pas apprendre les manières et les pratiques de ceux-ci.
6. Disposes un journal où tu écris en permanence tes expériences et par lui, dis-lui à Dieu tes expériences, y compris les tentations, les luttes, les problèmes, les tests, les conversations, etc.

Si Jésus, notre Sauveur, nous a dit de ne pas commettre d'adultère, nous devons lui obéir. S'il l'a dit, c'est possible! En évitant l'adultère, nous éviterons beaucoup de chagrins, de malheurs; Nous contribuerons à rendre le monde meilleur et plus courtois pour vivre.

C. Décision de ne pas pratiquer l'immoralité sexuelle
L'adultère est l'une des immoralités sexuelles et choque Dieu, la famille et la société. C'est pourquoi nous devrions éviter l'adultère, car en tant que chrétiens, nous ne voulons pas faire le mal mais plutôt bien. Ne pas tomber dans l'adultère est une décision, car c'est aussi une décision de la pratiquer. Les personnes qui pratiquent l'adultère l'ont fait tout simplement parce qu'ils ont décidé de suivre ce cours de la vie. Nous rappelons alors que pour éviter l'adultère, nous avons besoin:
1. Décider d'honorer Dieu dans nos pensées, paroles et actions.
2. Décider de remplir notre esprit et notre cœur de la Parole de Dieu, la Bible.
3. Dépendre de Dieu pour tout ce que nous voulons faire. Cela se fait dans la prière, et mieux si nous le faisons à genoux, avec une grande révérence et un grand amour pour Dieu.
4. Décider de donner un bon témoignage du Christ notre Rédempteur, de nous, de notre famille et de l'église.

Révisez / Application: Formez des groupes de trois et répondez par écrit les questions suivantes:
1. Quels sont les enseignements clairs que la leçon t'a-t-il laissé en ce qui concerne l'adultère? _____
2. Si une personne tombe en adultère, est-il possible de la restaurer spirituellement et de sauver son mariage? (Jésus a prouvé oui à la femme adultère. Et David lui-même pourrait trouver la paix et le pardon.)
3. Quelles disciplines spirituelles qui peuvent nous aider à ne pas tomber dans l'adultère? (Lire la Bible, prier, chercher Dieu, etc.)

Défi: Analyse ta vie et trouve s'il y a des choses qui te conduisent à la tentation de l'immoralité sexuelle. Demande à Dieu de t'aider à les quitter et à commencer des activités qui t'aideront à grandir dans ta vie chrétienne. Si tu connais des personnes en difficulté liées à ce problème, prie pour elles pendant cinq minutes chaque jour.

Jésus Et Le Divorce

Objectif: Que l'étudiant connaisse le point de vue biblique concernant le divorce.

Pour mémoriser: *«Mais je vous dis que celui qui répudie sa femme, sauf pour infidélité, et qui en épouse une autre, commet un adultère»* Matthieu 19:9

Avertissement

Commencez la classe en demandant un témoignage de la façon dont ils sont allés avec le défi de la semaine précédente. Peut-être ils ne s'encouragent pas à partager. Mais commencez avec une prière spécifique à respecter, demandez de l'aide de Dieu pour eux face à l'immoralité.

Accepter

Connecter · Télécharger

Dynamique d'introduction (12 à 17 ans).

- Instructions: Demandez aux adolescents de former deux cercles, un pour les garçons et un pour les filles. Le cercle des filles sera dans le cercle des garçons. Chaque garçon devra rester derrière de chaque fille avec le regard vers le bas et les mains derrière pour prendre soin de leur partenaire afin de ne pas échapper. Au centre sera le leader qui dirige le jeu. En faisant un clin d'œil à l'une des filles, celle-ci sortira en courant. Quand le garçon sent que son partenaire part, seulement il pourra toucher son épaule pour qu'elle ne parte pas, au cas où le garçon partrait pour voler son partenaire, il doit aller au centre et continuer le jeu en clignant des yeux sur une autre fille.

  Cela doit être fait autant de fois que vous le souhaitez. Beaucoup de mariages se terminent parce qu'ils ne savent comment prendre soin de la personne avec qui ils ont décidé de partager le reste de leur vie. Selon vous, quelles sont les autres causes qui provoquent beaucoup de divorces aujourd'hui?

Dynamique d'introduction (18 à 23 ans).

- Matériaux: salle ouverte, un plateau ou une fontaine ou plat.
- Instructions: Construisez des couple d'un homme avec une femme et incitez les hommes à surveiller leur partenaire de près. Les hommes partiront de la pièce pendant que leur partenaire dépose des objets personnels visibles, tels que des boucles d'oreilles, un collier, un crochet, etc. sur un plateau dans le salon. Les hommes vont entrer à nouveau et choisir l'objet qu'ils pensent que sa partenaire portait.

  Les plus petits détails font que les gens se sentent précieux. Beaucoup de mariages se terminent, faute de détails. Lesquelles pensez-vous qu'ils sont les principales causes de divorce aujourd'hui?

Connecter · Télécharger

Au cours des derniers temps, nous avons tous entendu l'expression "l'amour nous est terminé" et des jours plus tard, nous avons vu des couples divorcer parce que «ils ne s'aiment plus».

On peut accéder à Internet, rechercher des statistiques sur les divorces et les mariages et noter facilement que de nos jours, il y a plus de divorces que de mariages. Par exemple, en Colombie, 3 couples divorcent chaque 2 heures. En Argentine, selon le journal «La Nación» publié sur Internet le 4 mars 2012, il affirme qu'il y a eu plus d'un demi-million de divorces au cours de la dernière décennie. Au Mexique, sur 30 couples, 10 divorces en moins de 5 ans, nous pouvons donc continuer à faire les manchettes; sans aller si loin, tout le monde a sûrement des parents divorcés. Le divorce laisse des cœurs blessés et des familles brisées, mais quel est le point de vue biblique sur le divorce? Demandez: Pensez-vous que le divorce est bon ou non? Quels problèmes font le divorce dans une famille? Après avoir lu Matthieu 5: 31-32 et 19: 1-12 de, demandez : Croyez-vous que Dieu est d'accord avec le divorce?

1. L'origine du mariage

Depuis la création, Dieu laisse un mandat clair sur l'institution du mariage (Genèse 2:24). Celui-ci L'unité indissoluble était le but originel de Dieu. Dieu ne pensait pas que les couples se séparaient, Il voulait qu'ils persévèrent ensemble. L'union sexuelle a fait de ce couple un lien si important où ils ne sont pas deux mais une seule chair, la raison est sufi assez pour amener une vie ensemble, au point de laisser le père et de la mère. Le mariage à l'époque de Jésus, et même avant, plus qu'une question sentimentale était un traité d'honneur. En général, les hommes ont épousé des femmes de familles ou de proches connus, le père qui s'est considéré comme responsable avait le devoir de trouver pour sa fille un mari convenable. Le mariage n'était pas une célébration publique comme aujourd'hui, il n'y avait pas de signatures sur les papiers, seulement la parole d'honneur. C'était compris que cette union serait respectée à vie.

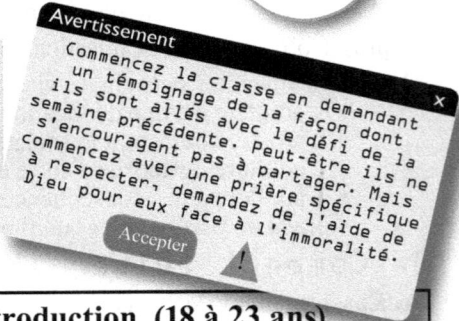

2. L'origine du divorce

Au temps de Moïse au peuple d'Israël vivant dans le péché et il y avait une crise morale dans les mariages. En raison de la dureté de leur cœur, une loi spéciale sur le divorce a été adoptée. Dans Deutéronome 24:1-4, Dieu établi par la loi mosaïque le droit de divorcer. Ce n'était pas une licence pour la débauche. Comme dans le temps, les hommes se sont séparés de leurs femmes pour des raisons insignifiantes, puis les femmes sont restées déshonorées et sans possibilité de reconstruire leur vie. La femme était considérée comme inférieure à un esclave, ainsi, la loi de Dieu limitant le droit au divorce à une seule question: ''quelque chose de honteux'' (probablement l'impureté ou des problèmes physiques ou mentaux), pas d'adultère, parce que cela était puni par lapidation aux adultères jusqu'à leur mort (Lévitique 20:10). En outre, il a imposé l'obligation de donner une lettre de divorce, où les causes du divorce ont été expliquées (Deutéronome 24:1). Cela a protégé la femme, si elle voulait retourner à se marier (Deutéronome 24:2). Cette loi était en quelque sorte un frein à la maltraitance et aux abus envers les femmes mariées. En outre, il a souligné que l'homme ne pouvait se remarier avec la même femme, si elle avait épousé une autre et celle-ci divorcé ou veuf (Deutéronome 24:4). À l'époque de Jésus, cette loi donnée par Dieu avait subi quelques modifications, c'est pourquoi les gens ont interrogé Jésus sur le sujet.

Dans Matthieu 19:3-12, l'enseignement de Jésus souligne le désir de Dieu dans la création: ce mariage ne doit pas être dissous. Jésus n'a admis qu'une seule cause valable pour le divorce, l'influence de l'un des époux (v.9). Cependant, Jésus a établi que la raison de la loi du divorce est la «dureté de son cœur». Cela ne fait pas partie du plan original de Dieu pour l'humanité. Dans la version Traduction Langage Courant, il est écrit «... parce que vous êtes très têtu et que vous ne voulez pas obéir à Dieu». Il y a beaucoup de couples qui ont été confrontés à des situations très difficiles dans leurs mariages, mais quand les deux ont sincèrement cherché l'aide de Dieu, leurs maisons ont été restaurées. Jésus dit que la raison du divorce lui-même, est le manque de le chercher. Après Adam et Eve ont péché, leurs cœurs étaient enclins au mal, en particulier l'égoïsme. Malheureusement, nous héritons tous de cette racine du péché. Mais quand Christ est mort, il l'a fait pour nous sauver et nous purifier de toute injustice. Jésus peut nous aider, nous façonner, nous guider dans tous les aspects de notre vie, y compris la relation conjugale.

3. Conséquences du divorce

Le monde dans lequel nous vivons aujourd'hui impose des valeurs anti, ayant la pensée que tout est jetable, même le mariage, «si tu n'aimes pas, divorce-toi». Le monde cherche ce qui exige moins d'effort, et le mariage vient d'être construit et il se renforce de jour en jour. Cela demande un effort pour être maintenu. Pour qu'un mariage soit ferme, il faut bien commencer, c'est-à-dire pour de bonnes raisons, avec un saint et principalement avec les valeurs du Royaume de Dieu dans le cœur.

Dans Genèse 2: 23-24, Adam en référence à Eve a dit qu'elle serait l'os de ses os et la chair de sa chair. Et le verset 24 indique que les deux seraient une seule chair. L'union qui se produit dans le mariage est très forte. Les deux personnes partagent leur vie. Comme il y a une séparation entre eux, les deux sont fortement affectés. Une autre conséquence se reflète dans la vie des enfants. La maison, qui devrait être l'endroit le plus sûr pour eux, est brisée. Dans de nombreux cas, les juges déterminent le temps que les enfants doivent passer avec chacun des parents. Cela produit que les enfants vivent dans deux endroits différents, apportant beaucoup d'instabilité, de peurs, angoisse de séparation pour leurs vies. Ils perdent l'expérience pratique de la maison.

Enfin, la conséquence du divorce se reflète dans la société. Les divorces sont de plus en plus en augmentation et conduisant à la formation d'une société instable et malsaine.

Il est également important que le couple détermine que, face aux difficultés, le divorce ne sera pas une option. La leçon d'aujourd'hui montre clairement que le mariage est avant tout une alliance d'honneur et que dans le cœur de Dieu se trouve le désir qu'elle soit jusqu'à la mort. Il n'y a que deux institutions établis par Dieu qui le représentent ici sur terre, l'une est l'église et l'autre est le mariage. Que ce serait bien si nous devions avoir notre mariage (quand il arrive) le reflet de Dieu, que les personnes qui nous entourent ou nous regardent peuvent voir que Dieu agit dans notre maison, parce que le respect, la courtoisie, l'amour et la considération sont évidents.

Dieu peut restaurer l'amour et les mariages détruits, il peut ressusciter les morts, il peut aussi renouveler un foyer, nous devons nous tourner vers sa grâce et sa miséricorde, car rien n'est impossible pour Dieu.

Révisez / Application:
Demandez-leur d'écrire cinq choses dont leurs critères puissent être faits pour maintenir un mariage stable.
Amour, compréhension, tolérance, pardon, patience, etc

Défi: Analyse ta vie et trouve s'il y a des choses qui te conduisent à la tentation de l'immoralité sexuelle. Demande à Dieu de t'aider à les quitter et à commencer des activités qui t'aideront à grandir dans ta vie chrétienne. Si tu connais des personnes en difficulté liées à ce problème, prie pour elles pendant cinq minutes chaque jour.

Danger!

Objectif: Que l'étudiant reconnaisse l'importance d'être responsable dans les engagements qu'il assume sans devoir faire des serments et des promesses.

Pour mémoriser: «*Que nul en son cœur ne pense le mal contre son prochain, et n'aimez pas le faux serment, car ce sont là toutes choses que je hais, dit l'Éternel*». Zacharie 8:17

Avertissement

Commencez la classe en demandant comment c'était dans la semaine concernant pensé à leur futur conjoint. Demandez à certains de lire les principes qu'ils veulent avoir comme base pour leur futur mariage.

Accepter

Connecter | Télécharger

Dynamique d'introduction (12 à 17 ans).

- Instructions: Formez deux groupes. Demandez-leur d'écrire et de dramatiser une situation où il est difficile de croire quelque chose que l'un d'eux dit avoir vu et comment cette personne ferait en sorte que ce qu'il dit est vérité. Après quelques minutes de préparation, qu'ils le représentent en face de tout. Permettez que lors de la finalisation de chaque groupe, le reste commente.

Dynamique d'introduction (18 à 23 ans).

- Matériaux: tableau ou grand papier, feuilles de papier, crayons.
- Instructions: Demandez à vos élèves ce qu'ils pensent quand ils entendent le mot, serments. Enregistrez les réponses sur une carte conceptuelle.

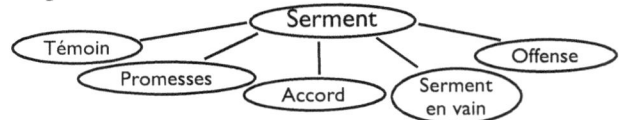

Demandez à vos élèves de répondre aux questions suivantes:
- Êtes-vous prudent en parlant?
- Que disent les gens de toi?
- Est-ce que tu te méfies de ce que tu dis?

Sans écrire leurs noms, laissez-les écrire les réponses sur un papier. Partagez les réponses qui sont différentes. Permettez-leur de discuter et de commenter les réponses sous la forme de critiques constructives et non offensantes.

Connecter | Télécharger

Le troisième commandement donné à Moïse au mont Sinaï dit: «Tu ne prendras pas le nom de Jéhovah ton Dieu en vain; car le SEIGNEUR ne le tiendra pas pour innocent celui qui prend son nom en vain» Exode 20: 7. Cependant, la génération du XXIe siècle semble ignorer ce commandement. Très souvent, vous entendez, «Je jure devant Dieu, Dieu est un témoin, pour l'amour de Dieu, etc.» Est-il correct pour un croyant d'utiliser ces expressions?

Les serments ou les promesses sont des accords entre deux ou plusieurs personnes. Quand Dieu est placé au milieu, vous pouvez dire que Dieu est appelé à témoigner de la vérité de la promesse qui est faite.

1. Jésus et les serments

Jésus a toujours pris le temps d'enseigner des choses de la plus haute importance pour la croissance spirituelle de ses auditeurs. Le sujet des serments suit d'autres thèmes importants du sermon sur la montagne, alors le thème est d'une importance vitale pour tous les croyants (Matthieu 5: 33-37). Jésus souligne ses disciples dans Matthieu 5:33 «Tu as entendu qu'il était dit aux anciens: tu ne te parjureras pas; si vos serments ne sont pas accomplis pour le Seigneur». Le parjure jure faussement. Un serment est une promesse ou un engagement lorsqu'il est invoqué ou mis un témoin à l'époque de Jésus, les serments étaient très fréquents et de la même manière ils n'étaient pas remplis.

Jésus leur a dit que même si cela était admis par les ancêtres, ils ne devraient pas jurer par rien. Il est prévu que le croyant soit intègre dans son mode de vie. Il n'a pas besoin de jurer, puisque celui qui le connaît sait qu'il est honnête et incapable de tromper un autre.

Jésus sait que par nature l'être humain est un menteur et un trompeur. Pour cette raison, Jésus leur a dit: «Ne jures en rien» (Matthieu 5: 34-36). Jésus connaissait le cœur des pharisiens et savait qu'ils ne souhaitaient pas plaire à Dieu. Ils voulaient juste rencontrer un ensemble de règles pour gagner une bonne réputation et le titre de spiritualité. Ils n'ont pas juré par Dieu, mais ils ont juré par d'autres choses et s'ils ne se sont pas conformés, ils n'ont pas péché selon la loi. Cependant, tout appartient à Dieu qui est le créateur et le propriétaire de l'univers. Si on jure par le ciel, la terre ou d'autres choses avec des buts trompeurs de la même manière sont trompeuses. Il essaie de donner l'impression que ce qui est dit est vrai, quand ce n'est pas le cas. En utilisant quelque chose ou une personne comme «témoin», ils semblaient véridiques, alors que dans leur cœur il n'y avait que du mensonge.

2. Serments dans l'Ancien Testament

Il ne faut pas dire que jurer est un péché, mais vous ne devriez pas jurer parce que c'est un mandat reçu par Jésus-Christ dans le Nouveau Testament. Cette pensée est contradictoire car si Jésus le défend, c'est le péché.

Avant d'entrer dans la terre promise, Moïse a répété la loi au peuple d'Israël. Rappelons que la première génération d'Israélites qui a quitté l'Égypte est morte dans le désert. Dieu les a exhortés à vivre dans l'obéissance et la fidélité envers lui. Dans Deutéronome 6:13 il nous dit: «Tu craindras le Seigneur ton Dieu, et tu ne serviras d'autre que lui, et par son nom tu jureras «Mais l'avertissement de Lévitique 19:12 dit» Et tu ne jureras pas faussement par mon nom, profanant ainsi le nom de ton Dieu. Je Jéhovah «indiquant que Dieu ne tolérait pas le faux serment.

Dieu espérait qu'en jurant en son nom, les gens le feraient avec respect, attention et sincérité. Dieu voulait qu'ils jouissent de la terre promise et qu'ils prenaient soin de ne pas se contaminer avec les coutumes des villes voisines. Malgré cela, les parjures n'étaient pas rares, le peuple d'Israël a promis et n'a pas rempli.

Bien que des années plus tard, les pharisiens, qui à l'époque de Jésus étaient les «chefs religieux» de la ville et qu'ils étaient chargés d'interpréter la loi et de le faire appliquer, ils ont réussi à maintenir la validité des serments. Mais Jésus savait qu'il y avait beaucoup d'abus, même de leur part. Réaffirmer que jurer en vain n'est pas agréable aux yeux de Dieu, Jésus a dit sans détour: «... que votre oui soit oui et que votre nom soit non» (Matthieu 5:37).

3. Les serments au XXIe siècle

Il existe des circonstances dans lesquelles la loi humaine exige des serments. Jésus lui-même impliqué dans sa réponse à accepter le serment devant le sanhédrin. «... le souverain sacrificateur, prenant la parole, lui dit: Je t'adjure, par le Dieu vivant, de nous dire si tu es le Christ, le Fils de Dieu. Jésus lui répondit: Tu l'as dit. De plus, je vous le déclare, vous verrez désormais le Fils de l'homme assis à la droite de la puissance de Dieu, et venant sur les nuées du ciel» Matthieu 26: 63-64.

Lorsque vous êtes témoin dans un tribunal, vous devez jurer que vous direz la vérité et que seule la vérité. Le chrétien peut dire qu'il va dire la vérité sans prêter serment.

Quand ils se marient, ils se promettent devant Dieu qu'ils seront fidèles et qu'ils vivront ensemble jusqu'à ce que la mort les sépare. C'est aussi un serment entre les deux et les deux avec Dieu. Aujourd'hui ce serment est violé quand l'adultère est commis ou le couple divorce. Il rompt totalement la promesse faite devant Dieu et les témoins qui étaient présents.

Il existe de nombreuses carrières professionnelles nécessitant des serments, par exemple des médecins. Ils ont le serment d'Hippocrate et il est de nature éthique et responsable de la vie humaine. Mais nombreux sont ceux qui ne prêtent pas serment lorsqu'ils oublient qu'ils ont juré d'aider les malades et de ne rechercher que leur propre avantage économique ou pratiquent des avortements, tuant la vie d'un bébé à naître.

Révisez / Application: Divisez la classe en groupes. Demandez à chaque groupe d'écrire des phrases ou des mots qui décrivent les mots: Jésus et les serments. Laissez-les utiliser leur créativité. Terminez le temps en leur permettant de partager leurs phrases avec le groupe. Placez-les ensuite sur l'un des murs de la pièce. Modèle de réponse possible:

Jeune homme ne jure pas
Sa Parole nous avertit
Toujours dire la vérité
Celui qui est intégral
Aime et suis le mandat
À chaque occasion
Soyez honnête
Votre oui soit oui et votre non soit non

C'est le commandement de Jéhovah
Un chrétien ne jure pas
Jurer n'est pas bon
Vraies réponses
Modéliser Jésus toujours
Vous n'avez pas besoin de jurer
Obéissant à la Parole

Défi: Pendant la semaine, faits une enquête auprès d'au moins dix chrétiens et dix non-croyants.

Questions: Quelle est ton opinion sur les serments? Serais-tu prêt à jurer si on te le demanderait? Par qui voudrais-tu jurer? Partage les réponses que tu obtiens lors de la prochaine réunion.

Aimer Mon Ennemi?

Aldo Genes • Paraguay

Leçon 7

Objectif: Que l'élève comprenne que l'amour aux ennemis n'est pas une option mais un impératif.

Pour mémoriser: *«Si vous aimez ceux qui vous aiment, quelle récompense auriez-vous? N'est-ce pas que les publicains font la même chose?»* Matthieu 5:46

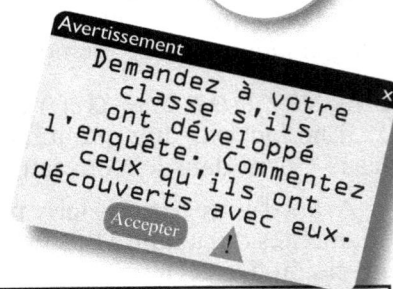

Avertissement
Demandez à votre classe s'ils ont développé l'enquête. Commentez ceux qu'ils ont découverts avec eux.
Accepter

Connecter | Télécharger

Dynamique d'introduction (12 à 17 ans).

- Instructions: Formez des groupes de deux ou trois personnes et demandez-leur de trouver des phrases ou des mots qui décrivent le mot ENNEMI.
  - Est une personne
  - Non agréable
  - Non abordable
  - Était considéré comme ami
  - Me trahissait
  - Inventa du mensonge
  - Garda de la rancune
  - Oublia son devoir.
- Après quoi, qu'ils partagent avec la classe.

Dynamique d'introduction (18 à 23 ans).

- Matériaux: Préparez 2 ou 3 feuilles de différentes couleurs avec les questions suivantes:
  1. Définir qui est un ennemi? Clarifions ici, nous ne parlons pas de Satan.
  2. Qu'est-ce qui devait vous avoir fait ou à certains être aimé quelqu'un pour qu'il devienne ton ennemi?
- Instructions: Demandez à chaque élève de choisir au hasard choisissez une couleur. Cela déterminera le groupe qui lui appartient. Ensuite, répondez aux questions et partagez les réponses en classe.

Connecter | Télécharger

Comment parler d'un sujet aussi profond sans paraître très spiritualisé, inaccessible ou simpliste? Il n'est vraiment pas facile de répondre à cette question. Nous croyons fermement que le Saint-Esprit est celui qui nous guide à toute vérité dans sa parole (Jean 16:13) et qu'il guidera également toute la vérité à ceux qui le cherchent avec un cœur sincère en ce qui concerne ce sujet délicat.

Le thème prédominant du sermon sur la montagne est la formation de disciple. Jésus a essayé les nouvelles valeurs qui gouverneraient dans le Royaume et a souligné les privilèges et les responsabilités que les citoyens auraient.

Spécifiquement, Jésus a placé sa position sur la loi de l'Ancien Testament et a apporté les corrections nécessaires. Le Seigneur a contrasté son enseignement avec six aspects de la loi donnée à Moïse (Matthieu 5:17-48).

1. L'amour aux ennemis est un impératif, ce n'est pas une option

Le Dictionnaire de l'Académie Royale Espagnole, définit l'ennemi comme: «Personne qui a de la mauvaise volonté à un autre et lui souhaite ou le fait du mal». Nous ne faisons pas référence à Satan ou au diable.

Le fameux «œil pour œil, dent pour dent» (Matthieu 5:38) est connu sous le nom de «loi du talion» (Exode 21:24).

Cette réglementation de l'Ancien Testament n'encourageait pas à se venger, mais prenait plutôt en compte la rémunération d'une personne que quelqu'un aurait fait du mal. Par exemple: Si j'ai frappé l'âne de l'autre et l'ai tué, le propriétaire s'est vengé en tuant mon âne avec un coup de pied. La loi du talion a approuvé la «revanche» de l'action impropre reçue. D'autre part, «vous haïssez votre ennemi» (Matthieu 5:43), ce n'était pas un ordre donné par la loi dans l'Ancien Testament. Demandez: qu'est-ce qu'un impératif? Un impératif est un ordre, un mandat. Jésus a fait l'utilisation de son autorité dans ces textes «mais je vous le dis» (Matthieu 5: 39,44), et introduit une nouvelle valeur radicale, aimer l'ennemi.

Demandez: Jésus a-t-il demandé quelque chose d'impossible? Nous répondons en disant oui et non. Oui, c'est impossible si nous faisons semblant le réaliser par nos forces humaines naturelles, puisque cette demande va à l'encontre du désir naturel de vengeance des êtres humains. Mais, nous répondons que non, parce que Jésus s'adressait à ses disciples, donc les gens disposés à faire sa volonté et les gens qui ont la formation du Saint-Esprit à accomplir sa volonté avec les forces de l'Esprit et non dans leurs forces naturelles. Par conséquent, aimer les ennemis n'est qu'une valeur que nous pouvons incorporer en tant que disciples de Jésus-Christ, si nous sommes préparés par le Saint-Esprit de Dieu. Dans l'Esprit, oui on peut!

2. Amour des ennemis et non-résistance

Jésus nous demande non seulement d'aimer, mais aussi de ne pas résister à notre ennemi. Dans cette section, vous utiliserez différentes expressions culturelles du premier siècle et des mandats de loi de l'Ancien Testament qui méritent d'être expliqués.

Le coup sur la joue droite (Matthieu 5:39) a été considéré comme une grave insulte (Lamentations 3:30), qui a été puni d'une lourde amende. Par contre, Exode 22:25-27 interdit la confiance du manteau (Matthieu 5:40). Aussi, nous devons nous rappeler qu'au moment où Jésus a marché sur terre, la Judée a été soumise par les Romains et les Juifs considérés comme des ennemis des Romains. Cette référence, permet de comprendre une disposition légale du premier siècle, dans laquelle un soldat romain pouvait demander à tout spectateur de transporter leur charge sur un mile ou 1,5 km (Matthieu 5:41). Jésus enseignait essentiellement à avoir une attitude généreuse envers les opposants, refuser de riposter, subordonner les droits personnels au profit de l'autre personne. De cette manière, le cycle de la violence est cessé. S'ils vous violent, ne réagissez pas avec la même intensité, bien que le principe de la physique dise que: «A chaque action, il y a une réaction d'intensité égale ou supérieure». Non! Couper le cycle de la violence est le principe qui se trouve derrière de: «Quiconque te frappera sur la joue droite, présente-lui aussi l'autre» (Matthieu 5:39).

Nous devons résister à la tentation et ne pas nous venger parce que nous servons un Dieu juste qui a promis de se venger les maux qui nous ont été faits et les abus que nous avons subis (Deutéronome 32:35; Romains 12:19; 1 Pierre 3:9). Nous devons obéir au mandat de: «Donner à celui qui vous demande; et quiconque veut vous emprunter, ne le niez pas «(Matthieu 5:42).

3. L'amour aux ennemis n'aura lieu que si on commence un processus de pardon

Pourquoi refusons-nous si souvent de pardonner à un ennemi? Plusieurs fois, il est lié au concept de pardon que nous avons. Il y a une expression qui dit: "pardonner, c'est oublier". Et c'est précisément ce que ça coûte parce que nous supposons que, si je dis aujourd'hui à un adversaire: «Je te pardonne pour le mal que tu m'as fait», le sentiment négatif que nous ressentons disparaît automatiquement.

Si aujourd'hui je prends la décision de pardonner à mon adversaire à partir de là, je suis en train d'accepter et de comprendre la décision que j'ai prise pour que je puisse marcher vers l'oubli. Peut-être que je ne l'oublierai jamais parce que je reconnais que ce qui s'est passé, fait partie de ma vie, de mes bagages personnels; mais, dès le moment où j'ai pardonné, le sentiment négatif ne me paralysera plus. Je décide de libérer mon cœur de ce qui l'a enchaîné et cela a fait croître en moi la «racine de l'amertume» (Hébreux 12:15).

La seule façon de «ne pas être vaincu par le mal, mais de vaincre le mal par le bien» (Romains 12:19) est initier le processus de pardon pour les dommages, abus et délits que nous ou nos proches avons subis. Une autre recommandation utile serait de commencer par de petites choses comme garder l'esprit et le cœur, quand on perçoit que dans ces lieux une idée de «ennemi» se forme. Nid de l'idée d'ennemi, vole la paix et nous apporte des ennuis (Jacques 3:16). De plus, il ne faut pas oublier que le pardon est une autre caractéristique des chrétiens (Matthieu 6:16; 18:21-22).

4. L'amour pour les ennemis et ses limites

Paul, développant ce thème dans Romains 12: 17-21, nous dit «... autant que cela dépend de vous». En d'autres termes, je peux avoir la meilleure attitude, la plus grande disposition, mais je ne peux pas forcer l'autre personne à me pardonner ou à cesser de vouloir me voir comme un ennemi. Par contre, je ne peux pas «être en paix avec mon ennemi» au prix de dénoncer mes convictions ou mon témoignage chrétien. Au-dessus de mon désir d'être ami avec mon adversaire, il y a ma loyauté envers Dieu.

De plus, aimer les ennemis et essayer de mener des relations harmonieuses ne peut être soutenu sur la base de l'injustice. Le royaume de Dieu est un royaume de justice (Matthieu 6:33); par conséquent, nous pouvons difficilement maintenir la paix si nous sommes systématiquement violés et abusés. Par conséquent, l'amour aux ennemis n'est pas un manque d'intérêt pour la justice, les deux doivent aller de pair.

Aimer les ennemis, c'est montrer que nous avons la nature de ce que nous appelons le Père. En outre, il montre en nous la disposition de ce bien l'emporter sur le mal que notre Père veut et nous cherchons du bien parce que nous sommes bons et gentils comme lui.

Rappelez-vous que les ennemis de l'amour est une contre-culture appartenant au royaume des cieux et que, avec les forces humaines, une telle action est impossible. Cela requis la formation du Saint-Esprit. Une fois, avec Christ dans nos cœurs et avec l'aide de son Saint-Esprit, nous pouvons initier un processus de pardon afin de nous rapprocher de ceux qui nous ont tant fait. Le Seigneur a promis qu'Il serait avec nous jusqu'à la fin du monde (Matthieu 28:20), et cela inclut d'être avec nous aussi et en train d'apprendre à aimer et à pardonner nos ennemis.

Révisez/Application: Prévoyez du temps pour qu'ils réfléchissent et partagent avec la classe.

1. Quelles sont les trois actions ou attitudes d'une personne que tu trouves très offensantes et douloureuses et qui peuvent t'amener à considérer cette personne comme «ton ennemi»? Partage avec le groupe.
2. Penses-tu que le pardon peut être un processus pour apprendre à aimer un ennemi de nouveau? Partage
3. Penses-tu que cesser de souhaiter du mal «à ton ennemi» et restaurer le message d'accueil peuvent être des moyens d'apporter de l'harmonie avec ton ennemi et de montrer de l'amour? Penses-tu que de telles démarches ne demandent pas de grande chose, que ce n'est pas pratique ou que cela ne montre pas qu'il y a de l'amour?

Défi: Premièrement: Essaie de prier pendant une semaine pour une personne qui, selon toi, a causé beaucoup de dégâts et peut aujourd'hui être considérée comme «ton ennemie».

Deuxièmement: prie pour elle jusqu'à ce que tu ressentis le pardon et que tu sois seul avec Dieu, fais-le. Si le Seigneur te presse d'approcher la personne pour lui demander pardon ou pardonner, n'hésite pas à le faire et à témoigner ensuite de ce qui s'est passé. Cela peut être très utile aux autres.

Que Puis-je Faire?

Leçon 8

Marco Rocha • Argentine

Objectif: Que l'élève comprenne la véritable signification de donner une offre ou une aide pour quelqu'un qui est dans le besoin.

Pour mémoriser: *«Mais quand tu fais l'aumône, que ta main gauche ne sache pas ce que fait ta droite, afin que ton aumône soit un secret; et ton Père qui voit dans le secret te récompensera en public»* Matthieu 6:3-4

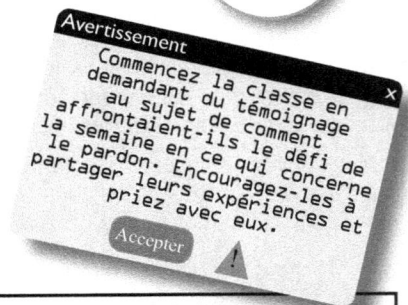

Avertissement
Commencez la classe en demandant du témoignage au sujet de comment affrontaient-ils le défi de la semaine en ce qui concerne le pardon. Encouragez-les à partager leurs expériences et priez avec eux.
Accepter

Connecter | Télécharger

Dynamique d'introduction (12 à 17 ans).

- Matériaux: Des marcottes de journaux et de magazines qui reflètent les différents besoins que certaines personnes subissent tels que: la pauvreté, l'exclusion sociale, la marginalisation, les victimes de violence de genre ou racial, chômage, etc.

- Instructions: Collez les coupes dans certains secteurs visible de la classe ou au tableau. Demandez: Quelle est leur première impression en voyant les coupures? Invitez-les à les approcher et les examiner de plus près.

  Formez des groupes de deux ou trois, pour qu'ils pensent aux gens autour d'eux qui peuvent en avoir besoin (personnes à l'intérieur ou à l'extérieur de l'église) et leur demander d'élaborer une proposition de collaboration, c'est-à-dire un plan d'action pour aider, ils doivent inclure un calendrier. Encouragez-les à le faire et faites un suivi pour que le projet soit terminé.

Dynamique d'introduction (18 à 23 ans).

- Matériaux: Grand papier et crayon ou tableau.

- Instructions: Divisez l'affiche ou le tableau en deux colonnes. Demandez à vos étudiants de faire une liste de situations quotidiennes dans lesquelles ils observent des gens avec des besoins, par exemple quand ils voyagent vers leurs emplois ou à leur lieu d'études. Divisez ensuite la classe en groupes de deux ou trois élèves et leur demander d'élaborer des propositions de collaboration à l'égard de ces personnes dans le besoin. Les propositions seront écrites dans l'autre colonne. Faites en sorte qu'ils mettent l'accent sur l'importance de la mise en pratique ces projets qui soient compatibles avec la vertu chrétienne d'aimer le prochain en offrant du temps, des efforts et de l'argent.

Connecter | Télécharger

Ce n'est pas très difficile de découvrir qu'autour des jeunes, il est possible de trouver des personnes ayant des besoins multiples et ayant besoin d'aide. Beaucoup d'entre elles n'ont pas les moyens économiques de base pour pouvoir subsister décemment, mais d'autres souffrent également d'un manque d'affection et de possibilités d'inclusion en tant que citoyens dans la société ou en groupe.

Bien que la plupart préfèrent ignorer ces personnes, Dieu s'intéresse particulièrement à elles. Et Il nous a donné le pouvoir, comme ses enfants, de toujours être prêts à aider avec un cœur gentil.

Depuis les temps anciens, dans chaque société, des groupes de personnes souffrent d'un certain type de besoin et ont besoin de l'aide des autres pour faire face à la situation dans laquelle ils se trouvent.

Certains des problèmes qui affectent ces personnes sont la pauvreté, l'exclusion sociale, la marginalisation, la violence sexiste ou raciale et le chômage, entre autres. A travers l'histoire humaine, les peuples ont traité ces commandes de différentes manières, ignorant souvent la victime, d'autres identifiant ces maux comme des punitions divines ou de destin et préfèrent donc ne pas intervenir et les autres les interpréter comme un mal à éradiquer par le biais de programmes d'action sociale gouvernementaux ou civils, généralement avec un caractère philanthropique.

Cependant, Dieu dans la Bible nous enseigne qu'Il veut que ses enfants aiment ces personnes dans le besoin avec le même amour qu'Il le fait, en voyant dans chacun le besoin d'aimer et de donner, sans attendre quelque chose en retour. Il nous a donné le pouvoir de le faire!

1. Nous devons aimer comme Dieu aime

Dans Matthieu 22:37-39, nous trouvons que l'amour de Dieu et du prochain est indissociable. Même 1 Jean 4: 8 Affirme que «Celui qui n'aime pas n'a pas connu Dieu; parce que Dieu est amour».

Dieu est amour, donc nous tous, qui avons Jésus Christ comme notre Seigneur et Sauveur personnel, nous recevons cet amour comme un sceau dans nos vies. Cet amour n'est pas une vertu qui peut être gardée et cachée comme un trésor, mais c'est un amour pratique qui a toujours pour but le prochain, et beaucoup plus encore.

Celui qui a un besoin ou qui traverse une situation difficile dans sa vie. Lorsque nous lisons les passages précédents, nous nous demandons: qui est mon prochain, qui devrais-je aimer? Qu'est-ce que Jésus nous demanderait de faire avec ces personnes? Que pouvons-nous faire si nous ne ressentons pas l'amour pour celui qui souffre?

Le Seigneur nous a donné le pouvoir d'aimer, si quelqu'un n'a pas encore expérimenté ce pouvoir, qu'il prenne le temps d'invoquer Dieu et demander que Son Saint Esprit lui remplisse de Son amour. Rappelez-vous que Galates 5:22 nous dit que le fruit de l'Esprit Saint dans nos vies est l'amour en premier.

2. Nous devons donner comme Dieu donne

Le Seigneur Jésus-Christ nous enseigne que devant une personne qui souffre ou souffre d'une sorte de besoin, il y a des réactions différentes de la part des êtres humains et que Dieu veut que nous voyions en elles une opportunité pour donner. Nous trouvons cela dans l'histoire du bon Samaritain dans Luc 10: 29-37. Divisez la classe en deux ou plus de groupes et leur demander d'analyser l'histoire en tenant compte de ce qui suit:

- L'état dans lequel l'homme était après avoir été déshabillé et blessé (la Bible souligne cet homme était «à moitié mort», c'est-à-dire dans un grand besoin d'aide pour survivre. Il avait des coups, des blessures, etc.).

- Les caractéristiques d'un prêtre de l'époque, l'importance de sa fonction sociale, son bien-être économique et peut-être sa hâte de s'acquitter d'une tâche religieuse. Lévitique 16 nous dit que son vêtement était une tunique en lin, il avait une ceinture et une mitre. Sa tâche était d'accomplir les sacrifices.

- Les caractéristiques du Lévite et son travail ministériel dans le temple. C'était une personne entre 30 et 50 ans. Il a ordonné de garder le temple en ordre (Nombres 4).

- Les caractéristiques d'un Samaritain de l'époque et la relation conflictuelle entre Juifs et Samaritains. (Parmi eux, il y avait des différences apparemment irréconciliables, à la fois civiles et religieuses. Ces différences étaient très anciennes, de la division du royaume d'Israël. Samarie est devenue la capitale du Nord d'Israël, alors que Jérusalem était la capitale du sud d'Israël ou de Juda. Ceux du Nord vénérés en Samarie et ceux du sud à Jérusalem. Les Juifs dans leurs prières ont remercié Dieu de ne pas être des Samaritains.

Pour compléter l'activité, demandez aux élèves de dresser une liste de choses que le Samaritain avait à cœur de donner en faveur de l'homme dans le besoin (par exemple: temps, argent, effort, etc.). C'est pourquoi l'exemple de Jésus était très pertinent. La personne blessée n'a pas été soignée par quelqu'un de son propre chef culture ou religion. Mais pour quelqu'un que je considérais comme inférieur. Soulignez les paroles de Jésus à la fin du verset 37, comme un appel à nous-mêmes: «Allez et faites la même chose».

Invitez vos élèves à imaginer ce qui se serait passé si le Samaritain avait calculé tout cela. J'allais perdre en aidant cet homme nécessiteux, si oui, il aurait sûrement adopté la même position que ses prédécesseurs. Cependant, il pourrait agir de cette façon car il n'y avait aucun intérêt impliqué. L'homme sauvé n'a probablement jamais eu l'occasion de le remercier pour son action miséricordieuse.

Il est important de savoir que Dieu nous aime quand nous donnons avec un cœur désintéressé pour en obtenir quelque bénéfice en retour (Matthieu 6: 3-4). Les enfants de Dieu ont déjà une récompense de notre Seigneur. Lorsque nous offrons de l'argent, du temps ou une dédicace spéciale à un nécessiteux, nous devons le faire avec véritable amour, gentillesse et miséricorde et ne pas être flatté pour le bien fait et même pas pour obtenir une satisfaction personnelle.

Dans Matthieu 25: 35-40, nous trouvons une relation d'actions envers les nécessiteux. Jésus nous demande d'agir avec la compassion et la miséricorde face aux besoins des autres. Non seulement être dans un sentiment de tristesse, plutôt de faire quelque chose de pratique qui couvre les besoins de base.

Parlez avec vos élèves au sujet des besoins qui se sont révélés dans la dynamique d'introduction et les a motivés à faire avancer les projets. Mais encouragez-les aussi à dire que cette attitude n'est pas quelque chose de sporadique, mais un mode de vie qu'ils pratiquent tous les jours quand ils voient les besoins qui les entourent.

Nous qui ont reconnu Jésus comme notre Sauveur ont de nombreuses raisons de célébrer. Nous avons été pardonnés, libérés des punitions éternelles et nous pouvons jouir d'une communion éternelle avec Dieu. Si quelqu'un n'a pas encore pris la décision de reconnaître Jésus comme son Sauveur, donnez-lui l'occasion d'accepter ce cadeau que Dieu offre aujourd'hui et de profiter de la vie éternelle avec lui. La Bible nous rappelle que quiconque croit au Fils de Dieu, possède la vie éternelle, c'est le désir le plus profond du cœur de Dieu (Jean 3: 16-18).

Révisez/Application:
Guidez vos élèves à lire les actions du Bon Samaritain dans Luc 10: 33-35 et les écrire dans l'ordre où elles se sont produites. Ensuite, sur les lignes à droite, écrivez des actions qui seraient appropriées aujourd'hui face à une situation similaire.

A. Il s'est approché de lui.   B. Il a bandé ses blessures.

C. Il a versé de l'huile et du vin.   D. Il l'apporta à l'hôtel.

E. Il a pris soin de lui.   F. Il a donné deux deniers à aubergiste.

Défi:
Pendant la semaine, regarde autour de toi et réfléchis à la façon dont tu peux faire quelque chose personnellement pour ton voisin. Si tu peux le faire cette semaine, si tu as besoin de préparer quelque chose, faits un plan et fais-le avancer. Si tu fais cela chaque semaine, faire quelque chose pour ton prochain fera partie de ta vie et te donnera l'occasion de parler de Christ et de le montrer dans tes actions.

Dieu Prend Soin De Moi

Sharon Víquez • Costa Rica

Avertissement

S'ils ont développé l'activité de la compassion, qu'ils en parlent sur comment ils se sentaient en aidant quelqu'un dans le besoin. S'ils ne l'avaient pas encore développé, motivez-les à le faire dans la semaine suivante.

Accepter

Objectif: Que l'élève comprenne que la recherche de Dieu est le bien suprême de la vie et qu'il fournit avec amour pour ses enfants.

Pour mémoriser: «*Car toutes ces choses ce sont les païens qui les cherchent. Votre père céleste sait que vous en avez besoin*» Matthieu 6:32

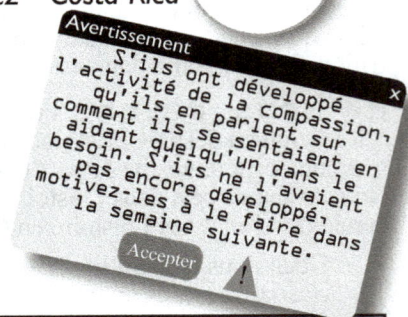

Connecter / Télécharger

Dynamique d'introduction (12 à 17 ans).

- Matériaux: Magazines, journaux, carton ou grand papier pour faire une peinture murale, caoutchouc, ciseaux, marqueurs de couleur.
- Instructions: En groupes, ils devront découper les annonces dans les journaux et classer les besoins particuliers qui sont signalés (vêtements, nourriture, amusement, etc.), ils doivent ensuite les coller dans un carton ou grand papier et exposer leur travail.

  Conclure que Dieu pourvoit à nos besoins.

Dynamique d'introduction (18 à 23 ans).

- Matériaux: Feuilles de vente de maison, vente de vêtements, offres universitaires, vente de voitures, publicités pour restaurants, tickets et pièces de monnaie. Feuille d'oiseaux dans les arbres, de différents types de fleurs, feuille de Jésus avec ses bras tendus. Feuilles de papier blanc et crayons.
- Instructions: Formez un collage avec les publicités sur une feuille, placez subtilement les fleurs et les fleurs au centre des feuilles et les oiseaux surtout, cherchez à placer la photo qui souligne Jésus. Demandez aux étudiants d'écrire sur un bout de papier ce que le collage les enseigne et en parle.

Connecter / Télécharger

Quel est le sens de la vie? Certains pensent qu'ils vivent pour travailler, car ils doivent travailler pour gagner leur vie, l'argent et pouvoir manger et manger pour vivre et c'est tout. Donc, «la fin de la vie», il semble réduire à ce qui peut être obtenu grâce à l'argent gagné. Par conséquent, «les choses qui peuvent être acquérir «devient la mesure de la façon dont une personne vit. Demandez: Que pensez-vous de cette philosophie de la vie?

Les "choses" sont-elles toutes présentes dans la vie, acquièrent-elles ou accumulent-elles des biens tout ce dont l'être humain a besoin dans la vie et devrait occuper son attention au point de l'empressement et de l'inquiétude?

Le passage de l'étude, Matthieu 6: 25-33, commence par l'affirmation «c'est pourquoi je vous le dis». Selon le dictionnaire de l'Académie royale espagnole (DRAE), «Donc» signifie «en réponse à quoi» et exprime une raison de ce qui sera dit ensuite. Jésus arrivait à la fin d'un discours sur les biens matériels, Il a commencé dans Matthieu 6:19-24, où il a fait une forte confrontation avec le croyant en lui demandant: où est ton cœur? Comment est ta vision? Qui est ton Seigneur?

Il semble que si nous sommes clairs sur les réponses aux trois questions précédentes, nous comprendrons pourquoi il produit le désir, quelle est la dernière fin de la vie humaine et le but suprême pour lequel nous devons nous efforcer. Et quel est le désir? Le DRAE définit ce terme comme suit: «Travail excessif, exigeant et consolant». Jésus nous dit qu'il y a des choses dont on ne devrait pas s'inquiéter, c'est-à-dire qu'on ne devrait pas avoir d'inquiétude excessive à propos de: nourriture, boisson et vêtement dans le même verset nous dit pourquoi: "Parce que la vie est plus importante que la nourriture et le corps plus que les vêtements" (Matthieu 6:25).

1. La confrontation

Il y a un dilemme qui peut être observé à partir du verset 19 de ce chapitre, dans lequel le Seigneur confronte son peuple Israël et maintenant il le fait avec nous, son église: où est ton cœur? Matthieu 6: 19-21. Le premier qui doit être clairement défini dans notre vie, c'est que nos trésors transcendent les biens matériels que nous pouvons accumuler dans ce pays. Les biens matériels sont-ils mauvais? Pas du tout, mais le «travail excessif, et lourdeur de sollicitude entassement" (désir) et vivre chaque jour pour acquérir plus de produits, marques notre sens de la vie est dilué et entravé. C'est l'avertissement que Jésus nous donne. N'est-ce pas la vie est plus que la nourriture et le corps plus que la nourriture?

La prochaine question qui précède le passage à l'étude concerne la vision (Matthieu 6: 22-23). Qu'est-ce que c'est concentré ta vision? Le monde cherche le succès. Demandez: Comment le monde mesure-t-il leur succès? (Permettre aux élèves de réfléchir). Malheureusement, le monde mesure le succès d'une personne, «les biens». Encore une fois, avoir des biens matériels, aspirer à un toit décent, suivre une formation académique, etc. Ce n'est pas le problème. Le problème est de croire que ces choses sont la dernière fin de l'existence humaine, faussant ainsi le plan de Dieu pour nous.

La dernière question est essentielle, tu es un serviteur de qui? Jésus à ce stade est radical, personne ne peut servir deux seigneurs. Ceci est une confrontation à notre volonté, tôt ou tard, l'un des deux occupent la plupart de notre temps, de celui que tu es serviteur, Dieu donne le succès ou la richesse dans ce monde?

2. L'avertissement

L'avertissement nous fait Matthieu 6: 19-24 est sur les richesses et le désir que les êtres humains développent pour les accumuler. Demandez: pourquoi le faisons-nous? Demandez à vos élèves de venir au tableau et écrire les réponses possibles, peut-être qu'ils diront des choses comme: Ils sont nécessaires, nous avons besoin de l'argent pour vivre, etc.

Beaucoup de gens vivent sous le régime du succès de la société et non sous le concept du succès biblique. Le succès de la société dit: «Vous dépendez de vous pour obtenir tout ce que vous voulez»; le succès biblique dit: «Ayez confiance en Dieu» et concentrez «votre meilleur effort pour lui plaire».

Confier en Dieu, ne signifie pas que nous devons adopter une attitude passive dans la vie et "ne rien faire" affirmant que Dieu fournira tout. La question dans cette leçon est le désir de développer et de la façon dont elle conduit à la perte de la perception de la providence divine, détourne notre cœur de Dieu, nuages notre vision et nous éloigne du centre du vrai culte, nous mettre à la croisée de Dieu ou la richesse?

Dieu, à travers les Écritures, loue que l'homme travaille. Dans Genèse 1:28, il a donné un travail à l'homme et aux femmes en tant que gardiennes de la création. Dans Proverbes 6: 6-11, les Écritures louent le travail acharné de la fourmi et reproche aux paresseux. Dans 1 Timothée 5: 8, Paul a confronté le croyant qui ne fournit pas les ressources nécessaires pour leur famille.

Jésus ne censura pas de possessions, ni la jouissance d'entre elles, au contraire, il nous a tout donné comme notre jouissance (1 Timothée 4: 4). La mise en garde est que notre confiance, notre propre valeur, je ne le trouve pas dans la propriété, mais en Dieu (1 Timothée 6:17). Si notre sécurité, notre confiance et notre courage sont trouvés en Dieu, alors nous pouvons comprendre le principe biblique de Matthieu 6:33.

3. La comparaison

Dieu nourrit les oiseaux et habille les fleurs, ne valez-vous pas beaucoup plus qu'eux? (Matthieu 6:26). Nous ne devrions pas nous inquiéter de ce que Dieu a promis de fournir. Le désir peut endommager notre santé physique et mentale, affecte la façon dont nous communiquons avec les autres et diminue notre capacité de confiance en Dieu.

La planification et l'anxiété ne sont pas les mêmes. Nous devons également faire notre part, prévoir notre avenir, mais complètement ancré dans la vérité que Dieu se soucie de nous. Il doit occuper notre cœur et doit être en qui nous devons avoir notre vision, il est le Seigneur qui a promis de prendre soin de moi. L'empressement est une expression d'incrédulité dans la promesse que Dieu ajoutera tout cela de ce qu'il sait déjà nous avons besoin.

Révisez/Application: Répondre aux questions suivantes.

1. Quel est l'empressement? (Travail excessif, sollicitude et détresse.)

2. Selon Matthieu 6:25, pourquoi ne pas chercher à manger, à boire et à se vêtir? (Parce que la vie est plus que la nourriture et le corps plus que le vêtement.)

3. Les biens matériels sont-ils mauvais? (Non, le mauvais est de s'inquiéter pour les obtenir.)

4. Quelle est la différence entre la définition du «succès» du point de vue social et celle du point de vue biblique? (Le succès de la société dit «vous dépendez de vous-même pour obtenir tout ce que vous voulez «; le succès de la Bible dit «confiance en Dieu» et se concentre «Votre meilleur effort pour lui faire plaisir».

5. Nommez quatre aspects néfastes qui (préjudicient notre santé physique et mentale et affecte la manière dans lequel nous sommes en relation avec les autres et diminue notre capacité à faire confiance à Dieu.)

6. Dieu a assigné une tâche à l'homme et à la femme Dans Genèse 1:28, qu'est-ce que c'était? (En Reproduisant, multipliez-vous, remplissez la terre, soumettez-la et maîtrisez les poissons de la mer, les oiseaux des cieux et toutes les bêtes qui bougent sur la terre.)

7. Nous devons suivre l'exemple de la fourmi qui selon Proverbes 6: 6-11: (Prépare sa nourriture en été, et il rassemble au moment de la récolte son entretien.)

8. Dans 1 Timothée 5: 8 Les Écritures nous enseignent à propos de ceux qui ne fournissent pas à leurs familles? (Qu'ils sont pires qu'un incroyant.)

9. Quelle est ma conclusion sur le thème de l'empressement? (L'empressement est méfiant que Dieu fournira pour nos besoins.)

Défi: L'une des meilleures façons d'apprendre à ne pas conserver les biens matériels est de les abandonner. Vérifie tes biens cette semaine, sélectionnes-en quelques-uns et fais-en don aux personnes qui en ont besoin. Il vaut mieux donner que recevoir.

Ne Juge Pas

Objectif: Que l'étudiant comprenne que juger les autres nuits à leur propre vie et ne plait pas à Dieu.

Pour mémoriser: «*Ne jugez point afin que vous ne soyez point jugés. Car on vous jugera du jugement dont vous jugez, et on vous mesurera avec la mesure dont vous mesurez*» Matthieu 7:1-2

Avertissement
Demandez à vos élèves s'ils pourraient développer l'activité suggérée la semaine dernière.
Accepter

Connecter | Télécharger

Dynamique d'introduction (12 à 17 ans).

- Matériaux: Deux grands mouchoirs à bander les yeux, deux volontaires à maquiller (si vous ne les avez pas trouvés, imprimez deux dessins du visage d'une jeune fille en noir et blanc), maquillage comme, crayons des yeux, crayons à lèvres et tout ce que vous voulez ajouter. En outre, marqueur ou cire (Crayons) couleur que vous voulez dessiner et colorez les cheveux.

- Instructions: Collez les dessins sur un mur ou un tableau ou demandez aux filles de s'asseoir devant. Demandez deux volontaires, qu'ils soient hommes ou des femmes, pour peindre les visages ou les filles. Ceux qui peignent doivent avoir les yeux bandés ou couverts.

  À la fin, demandez aux participants s'ils pensent qu'ils ont bien fait les choses et s'ils pensent qu'ils ont mieux réussi sans bandages. Alors, dites-leur que la même chose se passe dans la vie réelle. Beaucoup d'enfants sont même capables de voir leurs propres erreurs, mais ils corrigent les autres et ce qu'ils obtiennent est juste aggraver les choses.

Dynamique d'introduction (18 à 23 ans).

- Matériaux: Lunettes noires, un morceau de papier rouge cellophane.

- Instructions: Depuis une semaine auparavant demandez que chacun apporte des lunettes noires aux yeux. Alors, sans qu'ils l'aient déjà vu, montrez-leur le papier et demandez-leur de quelle couleur est. Cela ne vaut pas une réponse «Je ne sais pas». Ce qui est normalement, qu'ils fassent une erreur de couleur.

  Cela les aidera à comprendre comment une personne peut croire qu'elle a raison, ce n'est vraiment pas, quand réellement ce n'est pas ainsi.

Connecter | Télécharger

Comme c'est inconfortable d'avoir une petite paille dans les yeux! N'est-ce pas vraie? Nous ne pouvons pas nous reposer, notre œil commence à l'eau et ça fait mal. Probablement plus d'une fois nous avons dû cesser de faire ce que nous étions en raison de l'inconfort que nous ressentons et parce que la paille ne peut pas bien voir ce qui est fait. Demandez:

Que penserions-nous si seulement le dentiste qui va se faire les dents a ce problème? Pourriez-vous faire un bon travail? Personne ne serait autorisé à s'occuper de ce dentiste au moins jusqu'à ce que l'inconfort de l'œil et voir mieux. Les passages de Matthieu 7: 1-6 et Jacques 4: 11-12 nous donnent les raisons pour lesquelles avant de juger, nous devons enlever ce qui nous empêche de voir correctement.

1. Ce que Dieu n'aime pas

Lorsque Jésus était parmi nous, il nous a transmis la volonté du Père. Dans le sermon sur la montagne il couvrait beaucoup de problèmes et l'un d'eux était de ne pas juger les autres; c'était un mandat ou une règle qu'il nous a laissé. Cependant, ce n'était pas la première fois que cela était discuté. Dans l'Ancien Testament, Dieu le fit connaître sa volonté à son peuple en relation directe avec lui et avec leur prochain.

Dans Exode 20:16, le neuvième commandement dit: «Tu ne porteras pas de faux témoignage contre ton prochain». Le faux témoignage est une manière indirecte de juger; c'est une mauvaise contribution pour que l'autre personne soit jugée mauvaise. Par exemple, si je dis des choses fausses à propos de quelqu'un à d'autres, ceux qui m'entendront créeront dans leur esprit un préjugé contre la personne dont j'ai parlé et ils ne pourront pas le voir comme avant.

Si nous cherchons la signification du mot juger, selon le DRAE, c'est: «Formez une opinion sur quelque chose ou sur quelqu'un». (Dictionnaire de l'Académie royale espagnole en ligne http://leme.rae.es/drae/?val=juzger).

Quand on pense à quelqu'un, il faut faire attention, car on peut parler mal; et par conséquent, aller contre l'avant-dernier commandement de notre Seigneur.

Nous devons éviter de juger les autres parce que c'est un commandement de Dieu, mais aussi, pour ce faire, cela nous aidera à avoir des relations personnelles plus saines et solides. Dieu nous a donné cet ordre en pensant à nous-mêmes, car il veut voir son amour se refléter en nous et parmi nous.

2. Avec la même mesure

Si on essaie de mettre un vêtement qui n'est pas sa mesure, on aura des problèmes. Ou ce sera grand ou ce sera petit.

En utilisant cet exemple, nous pouvons faire une comparaison avec la réalité. De nos jours, les gens essaient de faire des merveilles pour s'adapter aux paramètres qui existent dans notre monde, par exemple la mode en vêtements. Nous jugeons les gens selon le style du moment et si quelqu'un s'habille différemment, c'est démodé. Mais, cela ne se produit pas seulement dans la sphère séculière, mais malheureusement aussi dans l'église. La suivante illustration en parle:

«Nous l'appellerons Jean. Il est décoiffé, pieds nus, avec un trou dans sa chemise et son pantalon. Alors il s'est habillé pendant ses quatre années d'études universitaires. Il est brillant mais quelque peu silencieux et converti à Christ en étudiant.

Devant l'université, il y a une église conservatrice, des gens raffinés. Ils ont le désir de servir les jeunes étudiants, mais ils ne savent pas comment. Un jour, Jean décida de visiter l'église. Il est entré avec son apparence comme d'habitude (le culte avait commencé), il descendit l'escalier à la recherche d'une place, mais ne le trouva pas. Les gens ont vu quelque chose d'inconfortable, personne n'a osé parler. Jean s'approcha de la chaire, mais ne trouvant pas de place, il s'assit sur la moquette. Il y avait des tensions dans l'environnement. Le ministre a observé comment un vieux diacre aux cheveux gris et bien habillé se dirigeait lentement vers Jean. C'était un homme pieux, cultivé et raffiné. En marchant, les gens pensaient en lui-même: «Nous ne pouvons pas lui rendre coupable pour ce qu'il va faire. Après tout, il ne faut pas s'attendre à ce qu'un vieil homme comprenne un jeune homme et beaucoup moins, assis comme ça par terre». Il a fallu aller au front, le silence était absolu, vous ne pouviez même pas entendre le souffle des personnes présentes. Le ministre ne pouvait pas non plus prêcher à ses attentes. Pour le moment, ils ont regardé le vieil homme relâcher sa canne et, avec beaucoup de difficulté, se sont assis par terre à côté de lui. Jean dans le but d'adorer Dieu avec lui «. «Adapté du site des ressources chrétiennes». Http: // www.webselah.com/el-ancien-diacre [Requête: 11 septembre 2012].

Dans l'illustration précédente, tous jugeaient le jeune homme par ses habilles et en s'asseyant sur le sol du temple. En conclusion, le jeune homme ne correspondait pas à leur esprit fermé.

Nous ne pouvons pas nous attendre à ce que chacun ait notre même «mesure». Nous avons tendance à voir les autres par rapport à ce qui semble bon ou mauvais, sans réfléchir à leur situation ou à leur point de vue. Nous devons nous rappeler les paroles du Christ au verset 2b: «Avec la mesure que vous mesurez, elle vous sera mesurée». La façon dont nous traitons les autres nous traitera.

Cela nous fait voir que nous devons savoir un peu plus, faire une analyse de notre personnage. L'être humain projette souvent ses propres défauts ou ses propres échecs (Romains 2: 1). Dans Matthieu 22:39, il y a le deuxième grand commandement: «Tu aimeras ton prochain comme toi-même». Il est important que nous nous aimions afin d'aimer les autres tels qu'ils sont et tout cela ne peut être réalisé qu'avec l'aide de Dieu.

3. C'est Dieu seul qui juge

En allant un peu plus loin dans le passage de Matthieu 7: 1-6, en particulier dans les versets 3 et 4, Jésus a fait Deux questions qui clarifiaient l'enseignement que je donnais. Et plus tard, au verset 5, Jésus a réprimandé aux auditeurs de ne pas continuer comme ça.

Jacques 4: 11-12, nous reprend de ne pas parler de personne ou de juger, car nous ne jugeons pas seulement au peuple mais aussi à la loi de Dieu. Étant plus précis, si je juge quelqu'un, je juge la loi parce qu'avec cette attitude je dis que mon opinion est meilleure que la loi de Dieu, mais qui sommes-nous pour juger?

Par conséquent, seul celui qui a fait la loi a le pouvoir de juger, puisque notre jugement est conforme à la chair (Jean 8: 15-16), mais le sien est parfait et saint, car il est saint (Lévitique 11:44).

Jésus termine en disant: «Ne donne pas ce qui est saint, ou jette tes perles devant les porcs, de peur que piétiner et tourner et vous déchirer». Ce que ce verset essaie de dire, c'est que nous ne devrions pas gaspiller notre temps avec des gens insensés et rebelles qui ne veulent pas écouter les conseils, encore moins nous comme eux. Dieu veut travailler dans nos vies de manière extraordinaire, mais si nous ne cédons pas, Il ne nous forcera jamais et nous laissera simplement se vautrer dans notre saleté comme des pourceaux.

Révisez/Application: Guidez vos élèves pour ordonner les lettres et trouver les mots qui complètent le texte biblique. *«Ne donnez pas les choses saintes aux <u>chiens</u>, et ne <u>jetez</u> pas vos <u>perles devant</u> les pourceaux, de peur qu'ils ne <u>foulent aux pieds</u>, et <u>retournent</u> et vous <u>déchirent</u>.»* Matthieu 7:6

Défi: Aujourd'hui, le Seigneur nous met au défi de monter de niveau. Il veut que nous mûrissions spirituellement. Prends la décision de changer; et chaque fois que tu renvoies quelqu'un avec l'intention de le juger, arrêtes-toi, ferme les yeux et dis à Dieu: «Seigneur, aide-moi à voir cette personne avec tes yeux.» Tu verras comment ta perspective des choses va changer. Pratiques-le pendant la semaine et écris combien de fois tu pourrais éviter de juger quelqu'un.

Règle D'or

Objectif: Que l'étudiant comprenne que ses actions envers son prochain auront toujours des conséquences.

Pour mémoriser: *«Alors, tous ce que vous voulez que les hommes fassent pour vous, faites-le de même pour eux; car c'est la loi et les prophètes.»* Matthieu 7:12

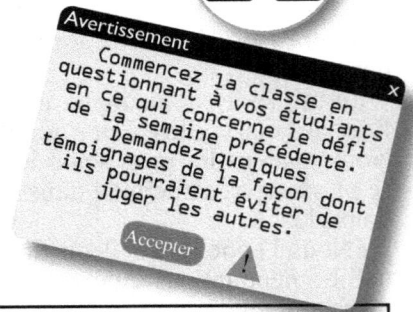

Avertissement
Commencez la classe en questionnant à vos étudiants en ce qui concerne le défi de la semaine précédente. Demandez quelques témoignages de la façon dont ils pourraient éviter de juger les autres.
Accepter

Connecter | Télécharger

Dynamique d'introduction (12 à 17 ans).

- Matériaux: Tableau noir et craie ou gros papier et crayon.
- Instructions: Demandez à vos élèves de faire une liste de la façon dont ils aimeraient que d'autres personnes les traitent (par exemple, que ma mère ne me crierait pas dessus si je ne retire pas la corbeille rapide, que mon superviseur dans le travail / enseignant en classe apprécient de plus quand je m'efforce). À la fin de la liste et après que tous ceux qu'ils souhaitaient aient partagés, demandez-leur de réfléchir sur la façon dont ils peuvent commencer à faire chaque choses qui sont sur la liste (envers d'autres personnes). Demandez-leur: quels résultats auraient-ils?

Dynamique d'introduction (18 à 23 ans).

- Matériaux: Tableau noir et craie ou gros papier et crayon.
- Instructions: Demandez à vos élèves de faire une liste de cinq situations compliquées qu'ils savent parmi les gens (un divorce, un conflit entre parents et enfants, conflit entre camarades de travail ou d'école, par exemple). En complétant la liste, réfléchissez à la façon dont vous pouvez appliquer la «Règle d'or» (du titre de la leçon) à chaque situation. Si vous n'êtes pas sûr, rappelez-leur que les sujets seront étudiés dans les points de la leçon.

Connecter | Télécharger

Avez-vous déjà entendu l'expression «la règle d'or», que pensiez-vous qu'elle voulait dire? Peut-être un instrument de mesure d'hématocrites en matériau brillant? Dans la leçon d'aujourd'hui, nous étudierons plus étroitement cette phrase si célèbre mais si peu appliquée parfois.

Dans l'histoire de l'humanité, certaines phrases ont été répétées de génération en génération et ces phrases sont liées à des vérités importantes pour la vie qui n'ont cessé de s'appliquer à l'expérience humaine. Il n'est pas surprenant que l'une de ces phrases ait été dite par Jésus, puisque toutes ses paroles étaient des vérités de grande importance pour les êtres humains. Dans le sermon sur la Montagne, Jésus a enseigné une réalité qui a retenti aux oreilles des auditeurs: «Tous ce que vous voulez que les hommes fassent pour vous, faites-leur pour eux aussi». Dans la leçon d'aujourd'hui, nous étudierons la signification de cet enseignement pour nos vies d'aujourd'hui.

1. Pourquoi Jésus a-t-il enseigné la règle d'or?

L'être humain a été destiné d'une capacité unique d'interagir avec d'autres êtres humains et ceci contrairement à tout autre être vivant. Dieu lui a donné la capacité de ressentir l'amour agape, la capacité de pouvoir penser du point de vue d'une autre personne et même de la fonction du langage pour communiquer des pensées et des idées. Dieu nous a aussi donné le besoin interne de se sentir aimé, accepté et apprécié. Il est indéniable que les êtres humains ont besoin les uns des autres pour une vie pleine et satisfaisante. C'était la conception de Dieu! Cependant, il est intéressant de noter que l'une des situations les plus stressantes dans la vie est le conflit dans les relations interpersonnelles. C'est-à-dire les mêmes relations qu'un être humain doit se sentir bien dans sa vie, peut en même temps être la cause d'une grande affliction et amertume et dans certains cas même arriver à produire des pensées de vouloir se quitter la vie.

Simultanément, le commandement principal de Dieu pour la vie du chrétien comprend une exigence pour la vie sociale (Matthieu 22: 37-39).

C'est pour cette raison que Jésus a pris le temps d'enseigner des vérités spirituelles qui peuvent nous aider à avoir de l'harmonie dans les relations interpersonnelles. L'une de ces vérités par excellence est l'enseignement qui a été connu sous le nom de «règle d'or», car il s'agit d'une loi morale de grande valeur. Jésus a déclaré dans Matthieu 7:12, « Alors, tous ce que vous voulez que les hommes fassent pour vous, faites-le de même pour eux; car c'est la loi et les prophètes».

Nous voyons que Jésus a enseigné la règle d'or dans le but d'aider ses disciples à remplir les commandements le plus important de la loi de Dieu et en même temps jouir d'une des plus belles bénédictions que Dieu veut nous donner: Avoir des relations interpersonnelles saines et satisfaisantes.

2. Comment devrions-nous appliquer la règle d'or?

La règle d'or est une phrase qui est comprise clairement, logiquement et simplement. Jésus a expliqué que la meilleure façon de savoir comment traiter les autres est de penser de quelle manière nous aimerions que les autres nous traitent et mettre cela en pratique envers les autres. À première vue, l'objectif semble facile à atteindre; cependant, une seconde réflexion se traduira par la réalisation de la règle d'or qui exigera beaucoup d'efforts et projet pour la vie.

«Le christianisme ... est ... autre chose. La règle d'or avait été établie de manière négative avant l'apparition du Christ. Confucius a dit: «Ne faites pas aux autres ce que vous ne voulez pas qu'ils vous fassent». Les rabbins juifs avaient un dicton similaire. Mais il est généralement reconnu que c'est Jésus qui a présenté son aspect positif, qui est quelque chose de très différent. Refusez de voler est une chose; mais étendre le coup de main en est un autre. (Commentaire Biblique Beacon, Volume 6, MNP, Missouri, p. 90).

L'enseignement de la règle d'or demande aux disciples de Jésus de rechercher toujours le bien-être des autres que nous voulons pour nous-mêmes. Il est important de noter que cela ne serait pas d'accord au désir de Jésus d'exiger que les autres nous l'appliquent de manière forcée ou non appropriée. Ce que Jésus voulait communiquer à ses disciples était qu'ils étaient la source de très bonnes actions envers les autres de manière intentionnelle, motivée et constante.

Les possibilités d'appliquer la règle d'or seront présentées dans la vie du chrétien encore et encore et cela doit être prêt à tout moment pour répondre avec amour. Il y aura des circonstances dans lesquelles appliquer la règle d'or sera très coûteuse, soit économiquement, soit en termes de temps ou d'émotion. Le disciple de Jésus est appelé à démontrer la règle d'or envers les autres, même lorsqu'il n'est pas confortable de son agenda personnel ou lorsqu'il exige un sacrifice spécial de ses biens. La clé de la règle d'or est d'être intentionnel dans son application et rappelez-vous que les résultats seront une grande bénédiction dans la vie du chrétien et également pour la gloire de Dieu.

3. Comment pouvons-nous appliquer la règle d'or?

En lisant les paroles de Jésus, nous réalisons que même si la phrase est facile à comprendre, elle ne sera pas nécessairement facile à appliquer dans la vie quotidienne. Notre fierté, notre égoïsme et notre cupidité sont les grands obstacles pour appliquer l'enseignement de Jésus. Lorsque notre mémoire ou une autre personne nous rappelle la règle d'or de Jésus pour nous encourager à l'appliquer dans certaines situations, notre orgueil peut aussi dire: «Mais comment vais-je m'excuser si c'est l'autre personne qui a été à l'origine de tout cela!» Ou «Je ne veux pas aider avec cela, en plus, l'autre personne est entrée dans cette situation difficile à cause de ses propres décisions!» Cependant, la règle d'or continue d'être à jour pour les disciples de Jésus.

Bien qu'il soit facile pour nous de faire une liste de souhaits sur la façon dont nous aimerions que les autres nous traitent (que mes frères n'utilisent pas mes affaires, que mes parents comprennent ce que les camarades de classe ne se moqueront pas de moi) nous savons que dans nos vies quotidiennes, nous n'appliquons parfois pas ces mêmes choses aux autres quand cela nous coûte des efforts. De plus, peut-être que nos proches diraient que nous faisons bien au contraire parfois: que nous ne pardonnons pas, que nous n'aidons pas, que nous ne contrôlons pas notre colère. Il arrivera le moment d'où nous devions réaliser que même si nos intentions de remplir la règle d'or sont nobles et honnêtes, par nos propres moyens, il sera impossible.

Dieu a fait des provisions pour nous aider à accomplir ses commandements, et Jésus a promis que quand il ne serait plus ici sur terre, le Père enverrait le Saint-Esprit pour nous donner le pouvoir (Actes 1: 8).

Le Saint-Esprit a été envoyé par le Père pour que nous puissions vivre une vie de victoire dès que faire la volonté de Dieu. Dieu ne nous a pas laissés seuls dans cette situation, mais au contraire, Il est là.

Révisez/Application:
Guidez vos élèves pour compléter les mots manquants sans regarder dans la Bible. Puis demandez-leur d'écrire les textes dans leurs propres mots.

«Et de la même manière, l'Esprit nous aide dans notre faiblesse; Eh bien, que devons-nous demander comme il se doit, nous ne savons pas, mais l'Esprit Lui-même intercède pour nous avec des gémissements indicibles.» (Romains 8:26).

«Mais le Consolateur, le Saint-Esprit, à qui le Père va envoyer en mon nom, il va vous apprendre toutes les choses, et Il vous rappellera tout ce que je vous ai dit.» (Jean 14:26)

Défi:
Quelle est ta vision de la règle d'or? Après la leçon d'aujourd'hui, tu as appris ce que Jésus a enseigné et tout ce que cette courte phrase englobe. La chose la plus importante est de se rappeler que le Saint-Esprit est disponible pour t'aider à l'appliquer dans ta vie quotidienne. Prépare cinq actions que tu aimerais que les autres fassent avec toi et fais-les avec différentes personnes.

Un Bon Fruit

Objectif: Que l'étudiant comprenne que la vie chrétienne doit se manifester par des actions et que nous serons jugés par elles.

Pour mémoriser: «*Le bon arbre ne peut pas porter de mauvais fruits, ni le mauvais arbre ne peut porter de bons fruits*» Matthieu 7:18

Avertissement

Avant de commencer avec le développement des leçons, prenez quelques minutes pour parler à vos élèves concernant le défi de la semaine précédente. Demandez s'ils pouvaient rencontrer les cinq actions qui béniraient les autres.

Accepter

Connecter | Télécharger

Dynamique d'introduction (12 à 17 ans).

- Matériaux: Une bonne quantité de graines de différents fruits, divisés en plusieurs sacs pour chaque groupe, papier et crayon.

- Instructions: Formez des groupes en fonction du nombre d'élèves que vous avez en classe. Livrez à chaque groupe un sachet de graines de fruits (faites en sorte que le contenu soit le même dans chaque sac), papier et crayon. L'idée du jeu est que chaque groupe devine à quel fruit appartient chaque graine, en écrivant les noms sur le papier. Le groupe qui devine le plus dans les plus brefs délais sera le gagnant. Il est facile d'identifier les graines car nous connaissons généralement ou nous avons déjà goûté le fruit auquel elles appartiennent. Nous savons qu'un pépin de pomme produira des pommes.

  Tout être humain, mais surtout le chrétien, sera connu par les fruits qu'il produit, peu importe qu'il soit pasteur, leader ou laïque.

Dynamique d'introduction (18 à 23 ans).

- Matériaux: Feuilles de papier et crayons pour chaque étudiant.

- Instructions: Demandez à chaque élève d'écrire cinq choses à son sujet, trois vraies et deux fausses. Quand tout le monde finit, chacun doit lire leur liste à haute voix dans l'ordre que vous croyez nécessaire de confondre le groupe. Le groupe doit deviner ce que les choses ne sont pas vraies sur la liste.

  Nous pouvons tous essayer de tromper les autres à propos de ce que nous sommes, mais tôt ou tard la tromperie se révélera.

Connecter | Télécharger

Un chrétien de Corée a rendu visite à l'un des missionnaires présents et lui a dit qu'il avait appris le sermon sur la montagne et qu'il voulait le répéter devant lui. Puis il répéta mot à mot les trois chapitres qui composent le sermon susmentionné. Quand il a fini, le missionnaire lui a dit qu'il fallait mettre ces enseignements; à qui ce croyant a répondu: «C'est ce que j'ai appris: j'ai essayé de l'apprendre, tout d'un coup et les mots me quittaient. Puis j'ai mémorisé un verset, je suis allé à la recherche d'un de mes voisins et avec lui j'ai pratiqué les enseignements de ce verset et les mots sont restés avec moi. Alors j'ai essayé d'apprendre de cette façon tout le sermon, et c'est comme ça que je l'ai appris" (500 illustrations, Alfredo Lerin, Mundo Hispano, 2003).

1. Le monde moderne, la porte étroite ou la porte large?

Notre société moderne est une société de communication de masse. Twitter, Facebook, téléphones intelligents, etc. permettant à un message d'atteindre des milliers de personnes en quelques secondes et notre ennemi le diable, qui marche comme un lion rugissant à la recherche de quelqu'un à dévorer, a trouvé un moyen d'utiliser ces moyens massifs pour tenter de détruire peu à peu les valeurs et les principes établis par Dieu. Beaucoup de messages envoyés quotidiennement sont loin de répondre aux attentes de Dieu concernant ses enfants. Chaque jour nous pouvons voir des milliers de messages, certains sans importance et d'autres très controversés, qui, sans réfléchir et analyser beaucoup leur donner un simple «comme» ou «j'aime» parce que c'est «viral». Serait-ce aussi ce que Jésus voulait se dire lorsqu'il s'est référé quand il a parlé de ne pas entrer par la porte large qui mène à la perdition? Jésus savait que la foule peut influer sur la vie des individus. De même, les groupes de manifestations ou revendications agissent. Aussi le fameux «harcèlement».

Comment aller à contre-courant? Aujourd'hui, les foules sont plus dangereuses que jamais, la foule nous dit que la liberté sexuelle, l'homosexualité, la drogue et tout ce qui nous fait sentir bien va bien et libérer les désirs «naturels». Il est difficile de lutter plus que jamais contre les masses aujourd'hui parce que nous pouvons nous exposer à des humiliations dans le monde entier en une minute grâce à la technologie. Mais aller à contre-courant, c'est l'appel de Dieu pour ses enfants.

Quand Jésus a fait l'appelle d'entrer par la porte étroite, il pensait probablement à un exemple clair pour nous enseigner que nous sommes individuellement responsables de nos décisions dans la vie. L'exemple de la porte étroite utilisée par Jésus nous fait penser qu'en entrant par l'une d'elle, c'est ce nous faisons généralement un par un. C'est pourquoi il appelle à la sainteté à chacun de nous de manière personnelle. Si nous examinons sa Parole, nous y trouverons un moyen d'affronter les défis quotidiens de notre vie avec l'aide du Saint-Esprit.

2. Des loups voraces vêtus de moutons

Nous avons parlé des médias et c'est précisément ce que les faux prophètes de notre temps utilisent pour nous faire tomber dans leurs réseaux. Habituellement, quand les gens lisent ce passage, ils parlent immédiatement de grands prédicateurs, mais même autour de nous, tout près de nous, il y a des faux enseignants sur lesquels nous devons être vigilants, car ils viennent avec des idées nouvelles qui s'adaptent naturellement aux souhaits des jeunes. Jésus-Christ a dit qu'il y aurait des moments où les hommes allaient appeler mauvais, bon et bon, mauvais. Demandez: Pouvez-vous donner des exemples de cela? Des sujets comme la virginité, la fidélité ou la pudeur deviennent des mythes et des sujets de ridicule à travers des vidéos, des blogs ou des publicités sur Internet. Les masses nous poussent à travers la large porte. Ils sont les loups affamés desquels Jésus nous parlait.

3. Le bon arbre porte de bons fruits

Si nous avons la possibilité de vivre dans un pays d'Amérique latine, nous savons que les arbres fruitiers dans cette région du monde est spéciale. Ils sont généralement plus sucrés, colorés et savoureux que dans d'autres régions de la planète. Mais peu importe la qualité du climat que nous avons dans la région, si les arbres ont un peu de peste, leurs fruits ne seront pas bons. Les chrétiens sont appelés à porter de bons fruits (Matthieu 7: 16-23).

Lorsque nous parlons d'entrer par la porte étroite, nous devons comprendre que Dieu va demander des comptes rendus individuels de notre performance dans ce monde. Demandez: Comment réagissons-nous individuellement à la pression des foules? Comment agissons-nous individuellement face à la déclaration de fausses doctrines diffusées par les médias? La réponse que nous donnons à ces questions est importante pour déterminer quel type de fruits nous portons.

Jésus a dit que "tout arbre qui ne porte pas de bons fruits est coupé et prendre le feu" (Matthieu 7:19). Ceci est un avertissement sérieux pour nous en tant que chrétiens, d'autant plus qu'il ajoute que "ceux qui me disent, Seigneur, n'entrera pas tous dans le royaume des cieux, mais celui qui fait la volonté de mon Père qui est dans les cieux" (Matthieu 7:20), nous pouvons essayer de tromper les gens avec de fausses apparences, mais Dieu sait comment nous agissons, ce que nous disons , ce que nous écrivons, ce que nous lisons ou voyons. Tôt ou tard, les fruits de ce que nous sommes vraiment seront mis au jour. Les jeunes doivent savoir que même si maman ou papa, ou membres de l'église ne regardent pas leurs messages texte, leur page de Facebook ou Twitter, Dieu voit et sait quel genre de fruit qui se trouve là-bas. Dieu voit ce que nous «aimons». Son désir est d'être prudent, ne pas entrer par la grande porte par laquelle des milliers viennent tous les jours, la plupart sans savoir ce qu'ils font.

Jésus-Christ est le même hier, aujourd'hui et pour toujours et le désir que nous vivons pour ce monde en évolution est que nous restons ferme en lui. Au lieu de nous cacher dans les progrès de la science et de la technologie avancée pour proclamer ses enseignements. Son désir est que nous soyons lumière, mais quand on se met dans les réseaux, on arrive à découvrir des images qui font douter que ce jeune homme ne peut prétendre suivre le Christ dans sa vie publique. Soyons prudents avec ce que nous publions et de ce que nous sommes.

Révisez/Application: Guidez vos élèves à lire Matthieu 7: 13-23 et répondez aux questions suivantes de manière personnelle.

1. Qu'est-ce que cela signifie pour vous d'entrer par la porte étroite?
2. Qui pourrait être les soi-disant faux enseignants de notre époque?
3. Quels sont les risques d'être emportés par la foule?
4. Comment devrions-nous agir lorsque nous faisons face à quelque chose qui tout le monde dit que c'est bon, mais selon les enseignements bibliques, est-ce faux?
5. Que devrions-nous faire avec la technologie et la science actuelle?

Guidez vos élèves pour qu'ils utilisent leurs compétences technologiques présentées le message du Christ. Par exemple:

- Préparez une liste de sites Internet où vous pouvez trouver des dévotions chrétiennes. L'idée est de trouver des alternatives pour aider avec la technologie et la communication en masse pour en savoir plus sur Dieu.
- Rédigez les versets bibliques de la leçon de manière créative.
- Créez un réseau de contacts pour votre classe du dimanche et pendant la semaine, envoyez des SMS pour vous encourager à porter de bons fruits, à prier les uns pour les autres, etc.
- Guidez-les pour faire le projet suivant: Faites une peinture murale pour aider les jeunes de votre église à se souvenir qu'ils doivent rester fidèles aux enseignements de Jésus. (Utilisez la technologie si vous avez la possibilité).

Défi: Observe une journée normale de ta vie. Pourrais-tu dire que ton comportement à la maison, à l'école, au travail ou lorsque tu es seul est abondant en fruits dignes d'un chrétien consacré? Dieu voit tes messages texte sur le téléphone et les choses que tu aimes sur Internet, penses-tu qu'il te considère comme un arbre avec de bons fruits?

Décisions

Natalia Pesado • EUA

Objectif: Que l'élève reconnaisse l'importance de construire sa propre vie sur la base de Christ.

Pour mémoriser: «*Quelqu'un, alors, qui entend ces paroles et les fait, je le comparerai à un homme prudent, qui a construit sa maison sur le roc*» Matthieu 7:24

Avertissement
Rappelez à vos élèves les leçons développées pendant l'unité. Demandez s'ils peuvent noter que leur vie chrétienne est croissante ou fortifiée après avoir étudié le Sermon su la Montagne.
Accepter

Connecter Télécharger

Dynamique d'introduction (12 à 17 ans).

- Matériaux: Papier et crayon pour chaque élève.

- Instructions: Demandez aux élèves de faire une carte décrivant le chemin qu'ils doivent suivre pour se rendre de l'église à leur maison, s'ils peuvent, qu'ils utilisent le nom exact des rues qu'ils devraient prendre et combien de temps ils devraient voyager pour chaque rue. A la fin, réfléchissez à ce que cela se produirait si quelqu'un ne connaissait pas le chemin correctement, il se plierait incorrectement là où il pourrait être détourné. Vous pouvez le comparer avec des situations qui peuvent vivre un jeune homme qui prend de mauvaises décisions et il se trouve dans des situations difficiles.

Dynamique d'introduction (18 à 23 ans).

- Matériaux: Feuille de papier et crayons.

- Instructions: Demandez à vos élèves de dessiner la "maison de leurs rêves" en petits groupes. Après quelques minutes, demandez-leur de réfléchir avec vous à ce qui pourrait arriver à cette maison s'ils ne construisent pas bien la base et le sol commence à se fissurer, puis les fissures commencent à monter les murs. Comparez-le avec des fissures qui peuvent nuire à la vie d'un jeune (ayant des relations prénuptiales et grossesse d'âge précoce, se mêler de drogues ou d'alcool, etc.).

Connecter Télécharger

1. Pourquoi dois-je décider?

Dans Matthieu 7:24-29, Jésus décrit qu'il y a deux types de personnes que nous pouvons distinguer, une personne qui «entend ces paroles et les met en pratique» (Matthieu 7:24) et une autre personne qui «entend ces paroles et ne les met pas en pratique» (Matthieu 7 :26). Cette comparaison nous aide à comprendre que chaque personne a la capacité et la responsabilité de prendre une décision concernant leurs actions. Demandez: quelles sont les choses que nous décidons quotidiennement?

Dieu nous permet de jouir de la communion avec lui, de profiter de la nature qu'il a mise sur la planète, nous donne la chaleur d'autres humains, famille, amis, frères et sœurs de la famille spirituelle, de la nature et de beaucoup d'autres choses.

Avec tous ces privilèges, de grandes responsabilités viennent également. L'une des plus importantes responsabilités de chaque être humain est de décider comment il va vivre sa vie ici-bas. La décision de comment nous allons vivre commence à un moment donné de notre enfance, dans laquelle nous atteignons la raison pour comprendre que nous avons fait quelque chose de mal que nous aurions pu faire différemment et à partir de ce moment-là. A l'avance, chaque jour, nous prendrons d'innombrables décisions qui détermineront la trajectoire que notre vie. Les décisions imprévisibles incluent: s'endormir tôt ou tard, faire ou ne pas faire ses devoirs de la classe. Aller ou ne pas aller à l'école du dimanche le dimanche, parmi beaucoup d'autres). Certainement il y a des gens qui peuvent avoir l'idée qu'ils n'ont pas besoin de décider des voies de Dieu et peuvent prendre une «position neutre», mais ce n'est pas vrai; la vérité est que si un être humain n'est pas intentionnel et prend en charge ses décisions, vous réaliserez bientôt que quelque chose ou quelqu'un d'autre a pris le contrôle de sa vie (par exemple, la paresse, un autre être humain, la drogue ou l'alcool). Nous pouvons conclure alors que nous devons décider parce que cela fait partie de l'existence humaine, comme respirer, manger ou dormir.

2. Que dois-je décider?

Dans le passage pour l'étude d'aujourd'hui, Jésus est très clair sur les deux options parmi lesquelles nous devons décider. Dans tous les enseignements de Jésus dans le sermon sur la montagne, les auditeurs ont une décision centrale qu'il faut prendre à propos de chaque situation à laquelle ils sont confrontés; nous pourrions dire que chaque personne, face à une situation doit choisir s'il va agir comme Jésus enseigne de faire ce qui est juste ou s'il fera le contraire. Quelles amitiés aurai-je? Comment serais-je responsable? Est-ce que je servirai Dieu avec mes cadeaux? Qui vais-je épouser? Je continuerai à étudier? Que vais-je étudier? Quel genre de personne vais-je être?

Demandez: Pensez-vous pendant un instant à la semaine qui est terminée ou va arriver? Ils ne doivent pas être des décisions compliquées, elles peuvent être aussi simples comme, ai-je étudié pour l'examen que j'ai eu?

En conclusion, nous voyons qu'il y a beaucoup de décisions à prendre tout au long de la vie, mais la décision finale sera une: je ferai toujours ce que Dieu aime.

3. Quand dois-je décider?

Les êtres humains arrivent à un moment de leur développement dans lequel ils ont la capacité de raisonner de leurs actions et prendre des décisions concernant ces actions. Les décisions varieront selon l'âge; enfant quatre ans (mentir à maman au sujet de s'il a mangé les biscuits ou si elle a frappé sa petite sœur) ou personne de dix-huit ans (respecter ses amitiés avec ses paroles et ses actes, ou ingérer de la drogue ou de l'alcool). La capacité de raisonnement est perfectionnée avec la maturité acquise au fil du temps. Avec l'étude séculière et la parole de Dieu auront plus de capacité et de responsabilité pour prendre la meilleure décision.

Nous devons garder à l'esprit qu'il y a des personnes ayant des problèmes de développement (par exemple, une personne avec Syndrome de Down) qui peut ne pas être capable de raisonner de la même manière qu'une personne sans handicap, Dieu connait le niveau de responsabilité de chaque être humain. Nous devons reconnaître qu'il est d'une importance vitale prendre correctement les décisions fondamentales dès que possible dans notre vie. Nous devons souhaiter acquérir la sagesse et non le contraire, souhaitant ne pas savoir pour avoir moins de responsabilités. En sachant que prendre les décisions qui plaisent à Dieu et construire nos vies sur des bases solides, nous allons profiter de grandes récompenses et des bénédictions et l'un d'eux comprend d'éviter les situations douloureuses et nuisibles à notre être (corps, âme et esprit).

4. Comment devrais-je décider?

Décider comment construire sa vie sur le roc peut sembler difficile à mettre en pratique tous les jours, mais ce n'est pas nécessairement le cas. Choisir la base solide est similaire à ce qui se passe à l'école: Pour obtenir la meilleure note en matière de mathématiques, l'étudiant doit faire plusieurs choses, comme assister à la classe, faire attention aux explications de l'enseignant, faire ses devoirs et étudier, cela peut être résumé en résultat naturel et recevra une bonne qualification. De même, dans notre vie, nous prenons de nombreuses décisions comme le style de vêtement est modeste et je devrais porter, comment devrais-je interagir avec mes amis ou petit ami / fille, comment devrais-je interagir avec mes parents et mes frères et sœurs, comment devrais-je lutter à l'école / au travail, que dois-je faire avec de l'argent que j'ai, que dois-je faire pour prendre soin de ma santé physique, mentale et spirituelle ces décisions se traduira par les fondations que ma vie aura. Le moyen le plus pratique de construire notre vie sur le ciment fort pour qu'elle ne soit pas détruite, c'est chercher chaque jour à savoir plus de la volonté de Dieu pour nous (c.-à-d. lire la Bible et un livre de dévotion, prier, parler avec nos parents ou personnes de confiance et recevoir ses conseils, aller à l'église et à l'école du dimanche, faire partie du groupe de jeunes de l'église, lire des livres chrétiens qui traitent des problèmes des adolescents et des jeunes); plus on sait ce que Dieu veut pour notre vie et plus nous nous efforçons à le faire, notre vie sera plus protégée. Toujours la volonté de Dieu est le meilleur et être dans le centre de sa volonté est le plus certain.

Au temps de Jésus, en Palestine, les maisons ont été construites avec des pierres et des briques d'argile séchées au soleil et quand la saison des pluies est venue, l'eau a suinté le mélange et a affaibli les murs, cela qui pourrait arriver à s'effondrer. L'eau des tempêtes est tombée sur toutes les maisons de la région, mais ceux qui avaient construit leur maison sur les pierres, ils ne craignaient pas d'avoir les gens qui avaient construit sa maison sur le sable, puisque le sable se déplaçait avec l'eau et entraînait les murs jusqu'à la chute. Aujourd'hui, la construction la plus importante est notre vie; si une personne ne prend pas les décisions de sa vie selon Jésus, sa vie risque d'être détruite (par exemple: une maladie grave due à la drogues ou alcool, un suicide dû à un problème familial grave, etc.); mais celui qui décide de prendre des décisions selon les enseignements de Jésus, est construit en sécurité, sachant que des moments difficiles viendront, mais la vie continuera. La décision est à nous. Construisons sagement!

Révisez/Application: Prévoyez du temps pour que les personnes répondent les questions suivantes:

1. Quelles décisions ai-je prises ces jours-ci? (Tous les types des décisions peuvent être très simples ou plus complexes).

2. Quelles sont les décisions Devrais-je prendre dans les prochains jours? (Tous les types de décisions qui peuvent être très simples ou plus complexes)

Ensuite, qu'ils se réunissent en groupes et d'écrire une parabole comme les deux fondations, mais avec un certain courant avec un exemple pour demander un garçon de son âge. (Par exemple: Un jeune homme a décidé de ne pas étudier et tromper les enseignants tout au long de son temps d'étude (sable) et un autre a décidé d'étudier et d'utiliser son temps comme étudiant (rock) Lorsque les deux ont terminé, ils avaient la possibilité d'une bourse pour étudier ensemble à l'université avec tous frais payés et quand on présente l'examen, celui qui n'avait pas étudié n'a pas obtenu de point et l'autre oui).

Défi: Pendant la semaine, demande à Dieu de t'aider à prendre les bonnes décisions qui peuvent t'aider à renforcer ta vie et à suivre ta fondation sur le rocher qu'est Jésus. Écrire sur une feuille chaque décision que tu prends pendant une semaine t'aidera à analyser le type de construction que tu fais dans ta vie.

Les Poteaux Opposés!

Jessica Castro • Espagne

Objectif: Que l'étudiant reconnaisse la différence qui existe entre les œuvres de la chair et les œuvres de l'Esprit.

Pour mémoriser: «*Je dis, marchez selon l'Esprit et vous n'accomplirez pas les désirs de la chair*» Galates 5:16

Avertissement

Commencez la classe en demandant sur la façon dont ils ont déterminé les zones fortes dans leur vie et comment ils ont pu les renforcer.

Accepter

Connecter | Télécharger

Dynamique d'introduction (12 à 17 ans).

- Matériaux: Quatre récipients de fruits. Placez dans deux d'entre eux de bons fruits mélangés avec des fruits pourris et les deux autres doivent être vides.

- Instructions: Divisez la classe en deux groupes. Donnez à chaque groupe un panier de fruits (bon et pourri) et un autre vide. Puis leur demander de bouger les fruits d'un contenant à un autre en utilisant uniquement la bouche. Le groupe qui le fait en premier gagne. Prévoyez un temps et observez comment ils réagissent. Si aucun des groupes passent les mauvais fruits, terminez la dynamique par un tirage au sort. Alors, réfléchissez avec eux à propos de ce qui s'est passé, vous pouvez leur demander comment ils se ressentaient? Est-ce que tous les fruits étaient les mêmes? Pourquoi est-ce que tous les fruits ne bougeaient pas? Quels sont les sentiments produits par les mauvais fruits?

  Les œuvres de la chair sont comparables aux fruits détériorés, qui ne font que déplaire à ceux qui les goûtent. Le fruit de l'Esprit est comparable aux bons fruits qui plaisent à tout ce qui les déguste.

Dynamique d'introduction (18 à 23 ans).

- Matériels: Objets tranchants, si possible rouillés et mous, objets délicats qui ont de bonne odeur.

- Instructions: Bandez les yeux de deux étudiants et leur demander de sentir et de toucher ces objets. Demandez, quel objet aimeriez-vous prendre avec vous?

  Expliquez que le fruit de l'Esprit est comparable à de bons objets qui attirent les autres, il donne un bon sentiment à ceux qui sont à leur côté et que les œuvres de la chair sont similaires à des objets pointus qui ne font que blesser et peuvent même nous conduire à la mort.

Connecter | Télécharger

Le courant actuel ou postmoderniste dit que tout le monde devrait vivre comme bon leur semble, faisant ce qu'il veut et suivre tous les désirs de leur esprit et de leur corps, pour cette raison il y a beaucoup de débauche. Les gens ne savent pas comment fixer des limites à leurs propres impulsions et plus ils sont éloignés de Dieu, moins ils peuvent le faire. Depuis que l'homme a quitté Dieu, il est devenu de plus en plus corrompu (Proverbes 3: 5-7). Mais l'homme fait tout le contraire; c'est pourquoi la Bible déclare dans Galates 5:17 que les convoitises de la chair sont contre l'Esprit et vice versa. Mais nous, les enfants de Dieu, qui connaissons déjà la vérité, devons faire ce que sa parole dit; mais le faisons-nous? Le passage dans Galates 5: 16-24 ne s'adresse pas aux incroyants mais aux chrétiens. Alors, est-il possible qu'un enfant de Dieu vive de manière charnelle au lieu d'être conduit par l'Esprit de Dieu?

1. Les œuvres de la chair

«Œuvre» signifie: «Chose faite ou produite par un agent». (L'Académie Royale Espagnole en ligne) [Consultée:19 février 2013]. Lorsque nous parlons des œuvres de la chair, nous nous référons aux événements ou aux actes produits par une personne qui suit ses propres souhaits. Selon l'apôtre Paul, le corps a le désir de faire des choses qui déplaisent à Dieu; Comme nous le voyons dans Romains 7: 14,16-23 et Psaume 51: 5, le péché qui habite en nous fait que nous sommes enclins à faire le mal, même si nous savons à l'avance que nous ne devrions pas le faire.

A. Et quelles sont les œuvres de la chair?

Galates 5: 19-21 mentionne un par un les œuvres de la chair, qui sont: Or, les œuvres de la chair sont manifestes, ce sont l'impudicité, l'impureté, la dissolution, l'idolâtrie, la magie, les inimitiés, les querelles, les jalousies, les animosités, les disputes, les divisions, les sectes, l'envie, l'ivrognerie, les excès de table, et les choses semblables. Je vous dis d'avance, comme je l'ai déjà dit, que ceux qui commettent de telles choses n'hériteront point le royaume de Dieu. (Dans cette partie de la leçon, divisez votre classe en plusieurs groupes. Préparez à l'avance des affiches avec les syllabes des mots des œuvres de la chair. Distribuez à chaque groupe la quantité de mots que vous estimez utiles pour ordonner les syllabes, formant les mots. Le groupe qui termine premier sera le gagnant.

Evidemment, ce ne sont pas les seuls, il y en a beaucoup d'autres qui ne sont pas spécifiquement mentionnés, par exemple, la drogue ou mensonge, mais tout cela est inclus dans la phrase qui dit: «... et des choses semblables» (Galates 5:21). Selon le passage dans Galates 5:17, toutes ces pratiques sont opposées au désir de l'Esprit; c'est-à-dire, elles ne plaisent pas à Dieu.

B. Quelles sont les caractéristiques de celui qui pratique les œuvres de la chair?

1. Ne marchez pas selon l'Esprit de Dieu. Cela signifie qu'il n'a pas été rempli du Saint-Esprit. En n'ayant pas l'Esprit de Dieu dans sa vie, on ne peut pas être guidé par Lui. La Parole de Dieu nous demande de marcher selon l'Esprit (Galates 5:16). Ce n'est que de cette façon que nous pourrons vaincre tout désir pécheur. Dans 1 Thessaloniciens 4: 3 dit que la volonté de Dieu est notre sanctification; alors, si un croyant ne le donne pas l'importance qu'il mérite et ne cherche pas à être sanctifié, malheureusement il vivra un christianisme charnel et non spirituel.

2. Il a négligé sa relation avec Dieu, son Créateur. Si nous négligeons notre communication avec Dieu à travers la prière et la lecture de sa Parole, nous serons plus enclins à tomber dans les tentations du diable. Quand un chrétien arrête de chercher Dieu, il commence à s'inquiéter de plus sur des choses de la chair que pour celles de l'Esprit, comme il est dit dans Romains 8:5.

C. Ils déchaînent des résultats exécrables

Nous pouvons analyser le domaine humain en premier. Par exemple, l'adultère et la fornication peuvent infecter les maladies vénériennes telles que la gonorrhée, la syphilis et même le sida. Un autre exemple est la colère, elle peut conduire la personne à blesser les autres et même à tuer. La consommation d'alcool est également nocive pour la santé parce qu'elle peut provoquer une cirrhose dans le foie et causer de graves dommages sociaux (dommages à la famille, etc.).

Les œuvres de la chair entraînent de nombreuses complications physiques et sociales, puisque les œuvres de la chair sont des querelles et des dissensions. En analysant le domaine spirituel, les œuvres de la chair peuvent nous conduire à la mort éternelle (Romains 6: 23a; 8: 6a). Selon Galates 5: 21b, «... ceux qui pratiquent de telles choses n'hériteront pas le royaume de Dieu «, ce verset est facile à comprendre, nous serons tout simplement hors de la présence de Dieu.

2. Le fruit de l'esprit

Le mot «fruit» signifie, entre autres, «Produit ou résultat obtenu» (Académie Royale Espagnole en ligne). [Consultée: 21 février 2013]. Appliquant ce concept aux Saintes Écritures, quand un croyant est conduit par Dieu, il obtient le fruit de l'Esprit en conséquence. C'est quelque chose qui se passe d'une certaine manière naturelle et est reçu par la foi en Jésus-Christ. Quand un croyant est sanctifié dans son cœur, il n'a plus cette inclination au mal (Romains 8: 5). Le fruit de l'esprit est quelque chose qui devrait caractériser le chrétien, seulement de cela comme il pourra ressembler à Jésus-Christ.

A. Quel est le fruit de l'Esprit?

Demandez aux élèves de vous aider à définir chaque mot en les écrivant au tableau ou sur du grand papier blanc. Vous pouvez demander qu'est-ce que c'est ...? L'amour (sentiment, décision, livraison, sacrifice); joie (allégresse, réjouissance, satisfaction); paix (harmonie, tranquillité); patience (tolérance, compréhension); bénignité (bienveillance, compassion, piété); bonté (gentillesse, altruisme); la foi (confiance, sécurité, certitude, fidélité); douceur (humilité, obéissance); la tempérance (maîtrise de soi, volonté, modération).

Contrairement à la liste des œuvres de la chair, celle la comporte que neuf caractéristiques, mais elles sont essentielles pour la vie chrétienne victorieuse.

B. Quels sont les avantages?

En pratiquant toutes ces choses, nous obtiendrons la vie (Romains 8: 6), nous serons reconnus comme des enfants de Dieu (Romains 8:14), nous serons libres de toute condamnation (Romains 8: 1) et nous jouirons de la plénitude de la vie sur cette terre, tant que nous faisons ce qui plait à Dieu.

Posez la question suivante: Avez-vous déjà regardé le comportement des aimants lorsque vous souhaitez les joindre au même pôle? Ils se repoussent, non? (Si possible, apportez deux aimants pour faire la démonstration). Car la même chose se produit dans la vie spirituelle avec les œuvres de la chair; nous ne pouvons pas prétendre être des enfants de Dieu si nous vivons selon les habitudes et les manières d'agir des non-croyants. Nous devons chercher Dieu et vivre selon son Esprit, chercher la sainteté, parce que sa Parole exige cela (Hébreux 12:14); alors seulement nous pouvons recevoir et développer les caractéristiques merveilleusement attrayantes du fruit du Saint-Esprit dans notre personnalité (Galates 5:24), et enfin, faire la volonté de Dieu.

Révisez/Application: Prévoyez du temps pour qu'ils répondent les questions suivantes.

1. Quel est le fruit de l'Esprit? (Amour, joie, paix, patience, bienveillance, bonté, foi, douceur et tempérance.)

2. Quels sont les avantages pour ceux qui vivent selon l'Esprit de Dieu? (Ils obtiendront la vie, ils seront reconnus comme enfants de Dieu et ils seront libres de toute condamnation.)

3. Quelles sont les œuvres de la chair? (L'impudicité, l'impureté, la dissolution, l'idolâtrie, la magie, les inimitiés, les querelles, les jalousies, les animosités, les disputes, les divisions, les sectes, l'envie, l'ivrognerie, les excès de table.)

4. Qu'est-ce qui caractérise celui qui pratique les œuvres de la chair? (Il n'a pas été sanctifié et a négligé sa relation avec Dieu.)

5. Quelles sont les conséquences de la vie selon les œuvres de la chair? (Elle provoque des problèmes physiques et sociaux; de plus, cela empêche d'hériter le Royaume de Dieu et conduit à la mort éternelle.)

Défi: Romains 13:14 dit: «Mais revêtez-vous du Seigneur Jésus Christ, et n'ayez pas soin de la chair pour en satisfaire les convoitises.» Dieu t'ordonne de revoir sa présence, comment? Je le cherche quotidiennement. Accepte le défi d'établir un moment spécial pour se communiquer avec Dieu.

L'amour,
L'amour...

Objectif: Que l'élève comprenne que l'amour est le fruit du Saint-Esprit et doit être cultivé tous les jours.

Pour mémoriser: «*Mais le fruit de l'Esprit est amour, joie, paix, patience, gentillesse, foi, douceur, tempérance; contre de telles choses, il n'y a pas de loi.*» Galates 5:22-23

Avertissement
Demandez à vos élèves s'ils pourraient relever le défi d'avoir chaque jour un temps de communion avec Dieu. Laissez-les présenter leurs cartes ou partager leurs expériences.
Accepter

Connecter / Télécharger

Dynamique d'introduction (12 à 17 ans).

- Matériaux: Une grande feuille de papier et un crayon ou un tableau noir.

- Instructions: Divisez les élèves en plusieurs groupes. Demandez à chaque groupe de mentionner cinq chansons d'amour, populaire à la radio. Ensuite, demandez-leur de choisir une et écrire un verset dont ils se souviennent, analysent les paroles et expliquent pourquoi il leur semble que ces chansons parlent d'amour.

   Ensuite, faites-les partager avec les autres et pense que si tu es d'accord que ces chansons parlent du véritable amour.

Dynamique d'introduction (18 à 23 ans).

- Matériaux: Une grande feuille de papier et un crayon ou un tableau noir.

- Instructions: Divisez vos élèves en groupes et leur demander de choisir trois caractéristiques plus importantes qu'ils aimeraient trouver chez leur partenaire idéal. Puis demandez-leur de faire les mimiques pour que les autres groupes découvrent ce qu'ils sont. Enfin, demandez-leur pourquoi ils ont choisi ces caractéristiques et s'ils croient que cela leur garantirait un vrai amour.

Connecter / Télécharger

El amour, l'amour, l'amour. Beaucoup d'entre nous ont eu ou ont toujours une mauvaise idée de ce qu'est l'amour; probablement en raison de l'influence dans cet aspect des médias. Il y a autant de chansons que d'artistes qui nous parlent d'amour. Les livres ont été écrits sur l'amour et c'est l'un des mots les plus recherchés sur Internet. Aussi la Bible, qui est la base de nos croyances nous dit quel est la véritable signification de l'amour, ce qu'il produit dans nos vies et comment nous pouvons le cultiver.

1. La vraie signification de l'amour

Ce que la Bible nous dit, c'est que «Dieu est amour» (1 Jean 4: 8). L'amour de Dieu n'a pas besoin d'un sujet pour exister, car c'est son essence même. L'amour de Dieu pour l'être humain se trouve dans chaque livre de la Bible depuis Genèse jusqu'à l'Apocalypse. En ce sens, nous pourrions considérer la Bible comme le plus grand récit d'amour.

Dans l'Ancien Testament, nous voyons l'amour de Dieu qui se reflète dans l'élection d'Israël et dans les événements puissants faites en faveur de cette nation.

Mais son expression maximale d'amour se reflète dans la vie et la mort de Jésus-Christ. «Car Dieu a tant aimé le monde qu'il a donné son Fils unique, afin que quiconque croit en lui ne périsse point, mais qu'il ait la vie éternelle» Jean 3:16.

Demandez: Est-ce la même chose d'aimer votre mère que vos amis? Est-ce la même chose d'aimer votre animal de compagnie que vous aimez votre petit ami ou petite amie? Ils diront que non, ce n'est pas le même sentiment. Demandez: Comment décririez-vous la différence? Les Grecs n'avaient pas un seul mot pour désigner l'amour, ils utilisaient généralement quatre mots différents, un pour chaque type d'amour. Quand il s'agissait de l'amour d'un jeune homme pour une jeune fille, ils utilisaient le mot Erós, un amour qui comprend la passion; pour exprimer l'amour pour les proches ou les amis, ils ont utilisé le mot Filía. Pour le type d'amour entre parents et enfants, Storgué était utilisé. Et finalement ils ont eu le mot Agapé qui signifie bienveillance sans limites, aimer quelqu'un sans condition. Cela signifie que peu importe ce qu'une personne puisse nous faire par des insultes, des offenses ou des humiliations, nous ne ferons qu'essayer le meilleur pour elle. C'est donc un sentiment à la fois d'esprit et du cœur. Cela implique la volonté et émotions. Décrivez l'effort délibéré (que nous ne pouvons faire qu'avec l'aide de Dieu) pour rechercher le meilleur pour les autres, y compris ceux qui cherchent à nous nuire.

Dieu veut que nous ayons ce genre d'amour, pour être comme lui». C'est mon commandement: Aimez-vous les uns les autres, comme je vous ai aimés» Jean 15:12. Et c'est précisément ce dont parle l'apôtre Paul dans sa lettre aux Galates. Mais comment pouvons-nous avoir ce genre d'amour? L'amour en nous est le fruit de l'Esprit Saint, qui est, d'avoir le genre d'amour que Dieu désire en nous, nous devons avoir l'Esprit-Saint. Alors seulement nous pouvons aimer comme Dieu aime.

2. Qu'est-ce que l'amour produit dans nos vies

Le passage de 1 Corinthiens 13, connu sous le nom de «l'hymne à l'amour» est probablement la meilleure description d'un chrétien rempli d'amour de Dieu. Quand on a l'amour de Dieu dans nos vies, celui-ci a l'air reflété en amour pour notre prochain, amoureux de ceux qui nous entourent, mais pas seulement d'un amour sentimental, mais un amour qui cherche le bien-être des autres. L'amour de Dieu dans nos vies nous mènera à des meilleurs enfants, meilleurs élèves, meilleurs camarades d'études, meilleurs citoyens. L'amour de Dieu dans notre vie fera notre désir de lui plaire et de servir notre prochain. Aussi, l'amour de Dieu dans notre vie nous permettra de pardonner les offenses afin de ne pas garder des rancunes dans nos cœurs, cela fera que nous puissions obéir à nos parents et les respecter. L'amour de Dieu dans notre vie nous rendra de plus en plus semblables à Jésus. Demandez: Comment pouvons-nous refléter l'amour de Dieu, demander des exemples pratiques?

3. Cultiver l'amour de Dieu

Cultiver, c'est «Mettre les moyens nécessaires pour maintenir et renforcer les connaissances, le traitement ou l'amitié». (http://lema.rae.es/drae/?val=cultiver) Cultiver l'amour signifie que nous devons tout faire pour que l'amour qui est en nous, puisse croitre et se développer chaque jour par la présence du Saint-Esprit. Demandez: Que se passerait-il si nous nous arrêtions d'arroser une plante? Peut-être que ça se dessécherait, ça ne porterait pas de fruit et finalement elle mourrait. Dites-leur ce qui est pareil avec amour, si nous ne mettons pas tout en œuvre pour le faire grandir, il sera perdu, nous n'aurons pas cet amour dans notre vie. Dans notre monde, nous avons de nombreuses occasions de montrer et de cultiver l'amour de Dieu qui demeure dans nos vies. L'amour de Dieu se traduira toujours par l'amour du prochain parce qu'il est intimement lié». "Si quelqu'un dit qu'il aime Dieu, mais qu'il déteste son frère, il est un menteur. Parce que s'il n'aime pas son frère, comment peut-il aimer à Dieu qu'il ne voit pas" (1 Jean 4:20).

Il y a plusieurs façons de montrer de l'amour à notre prochain. D'abord, nos prochains sont avant tout, ceux qui vivent avec nous, puis ceux qui vivent près de nous et enfin ceux avec qui nous parlons tous les jours mais qui vivent loin de nous. Dans le premier groupe sont nos parents et frères et sœurs et la façon de les aimer est de leur montrer l'obéissance, le respect, un bon traitement et de les aider lorsqu'ils le demandent. Dans le second groupe nous avons trouvé nos prochains et amis de quartier. Comment leur montrons-nous l'amour? Être poli, les aider quand on les voit dans le besoin, par exemple avec des sacs de marché. Il y a des personnes âgées qui seraient heureuses d'une petite visite et de jeunes couples qui ont parfois besoin de quelqu'un pour prendre soin de leurs petits-enfants. Enfin, le grand groupe implique des personnes à l'école ou à la place de travailler ou n'importe qui dans notre ville. Il est possible de visiter des maisons de retraite, des foyers de mineurs, des hôpitaux et apporter un peu de joie et d'espoir. C'est cultiver l'amour.

Mais, le plus important et nécessaire c'est que chaque jour, la relation avec le Seigneur soit plus profonde et réelle, seulement ainsi on peut recevoir l'amour et être préparés pour continuer à aimer les autres.

Révisez/Application: Guidez vos élèves pour souligner les réponses correct

1. Les différents types d'amour décrits par les Grecs étaient:
      a. Romantique   **b.** eros   **c.** Platonique   **d.** Filía   **e.** Storgué   **f.** Agapé   **g.** idéal

2. Le passage appelé «Hymne de l'amour» est:
      a. Jean 15: 12-20   **b.** 1 Corinthiens 13   **c.** Matthieu 17   **d.** Éphésiens 4: 1-16

3. Selon 1 Jean 4:20, un menteur est:
      a. celui qui raconte des mensonges   **b.** Celui qui n'aime pas son prochain
      c. Celui qui n'aime pas Dieu   **d.** Celui qui ne donne pas sa dîme

4. Répondez: Que se passe-t-il si tu ne cultives pas l'amour dans ta vie? Que feras-tu pour commencer à le cultiver?

Défi: Pendant quelques instants, pense à quelqu'un qui t'a fait sentir mal ces derniers temps. Ce pourrait être un ami qui a trahi ta confiance ou peut-être ton père ou ta maman qui t'a embarrassé devant tes amis. L'une des caractéristiques de l'amour est le pardon. Pendant la semaine, prie pour que cette personne demande à Dieu de te bénir et de t'aider à pardonner.

Qu'est-ce la Joie?

Objectif: Que les étudiants reconnaissent que la joie dans la vie chrétienne repose sur la relation personnelle avec Christ et non dans les circonstances.

Pour mémoriser: «*Réjouissez-vous toujours dans le Seigneur. Encore une fois je dis: Réjouissez-vous!*» Philippiens 4:4

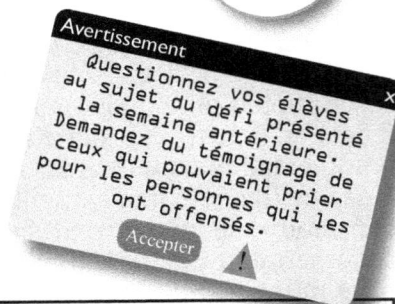

Avertissement

Questionnez vos élèves au sujet du défi présenté la semaine antérieure. Demandez du témoignage de ceux qui pouvaient prier pour les personnes qui les ont offensés.

Accepter

Connecter | Télécharger

Dynamique d'introduction (12 à 17 ans).

- Matériaux: Crayon, feuille de papier et tableau noir.
- Instructions: Demandez aux adolescents de dessiner deux chiffres sur la feuille, la première d'une personne contente et la seconde d'une personne triste. Puis leur demander de montrer les dessins à leurs collègues pour décrire ce qu'ils voient dans la personne contente et ce qu'ils voient dans la personne attristée.

  Discutez sur la base des questions: «Qu'est-ce qui caractérise une personne contente?» Et les réponses peuvent être écrites sous forme de concepts dans le tableau.

Dynamique d'introduction (18 à 23 ans).

- Matériaux: Crayon et feuille de papier.
- Instructions: Demandez aux jeunes d'écrire sur une feuille une circonstance extrême qui peut leur causer de la tristesse .Ils peuvent utiliser une expérience qu'ils ont traversée.

  À la fin, qu'ils partagent leur exemple et parler de: «Est-il possible que dans ces circonstances une personne peut montrer de la joie?»; permettez toutes les réponses.

Connecter | Télécharger

Toutes les personnes ont une expérience de nos vies, certaines sont bonnes et certaines sont mauvaises; certaines nous causent des douleurs, d'autres nous apportent de la satisfaction; certaines sont des tests auxquels nous ne nous attendions pas, d'autres ce sont des conséquences de nos propres actions. Toutes les personnes vivent des circonstances différentes et nous traversons des situations qui nous aident à affirmer notre humanité. Cependant, bien que tous nous partageons beaucoup d'expériences humaines, nous ne partageons pas tous la même réponse à de telles circonstances.

Avez-vous remarqué que la même expérience à la maison produit des réactions différentes chez les membres de la famille? Deux frères de sang qui ont passé leur vie ensemble, réagissent différemment face à une même situation. La même chose en couple, même s'ils sont mariés depuis cinquante ans.

Mais dans la leçon de ce jour, nous nous sommes posé la question: «Y at-il une caractéristique qui définit le peuple chrétien en toutes circonstances?»

1. Le lieu des circonstances

La première chose que les chrétiens nous devons prendre en compte est que les circonstances affectent la vie mais elles ne le déterminent pas.

Pensons, à titre d'exemple, à l'apôtre Paul. Nous savons que, pendant le temps, il a écrit la «Lettre aux Philippiens», il était incarcéré (Philippiens 1: 13-14). Et si nous lisons attentivement cette brève lettre, nous réaliserons qu'il était un peu douloureux parce que certaines églises avaient cessé d'envoyer de l'aide missionnaire; cependant, dans le chapitre quatre, il a exhorté les membres de l'église de Philipe à se réjouir toujours. La raison? Il était aussi joyeux au milieu des tribulations.

Ce n'est pas étrange que Paul. Dans Actes des Apôtres (16: 11-40), lui et Silas sont venus à Philippes et prêchant l'Évangile, ils les ont placés dans le cachot le plus profond de la prison (v.24); mais à minuit ces deux hommes ont prié et chanté des cantiques à Dieu! (Actes 16:25), de telle manière que les prisonniers les ont entendus.

Les circonstances ne nous concernent que positivement ou négativement, mais elles ne détermineront jamais notre vie.

Laissez-nous nous amuser! Ce qui détermine notre vie est la présence de Dieu; et quand Dieu habite dans notre être, Cela nous apporte de la joie. Une joie qui nous fait chanter dans le donjon le plus sombre. La joie comme fruit de l'Esprit Saint est cultivé et devient plus fort au milieu des circonstances difficiles. Cette joie dépasse une émotion ou une simple joie. Cela vient d'une relation intime avec Dieu.

2. Remercions Dieu en tout

Le même apôtre Paul à la fin de la première épître aux Thessaloniciens a écrit plusieurs conseils; un parmi eux, il dit: «Rends grâce à Dieu en toute chose» (1 Thessaloniciens 5:18).

La deuxième chose dont nous devons nous rappeler est que nous ne devrions pas remercier Dieu pour toutes les choses qui nous arrivent, mais nous devons rendre grâce en toutes circonstances.

Nous ne remercions pas Dieu pour les maladies, mais au milieu d'elles et parce qu'il peut nous guérir totalement, si c'est sa volonté. Nous ne remercions pas Dieu pour les crises, mais dans les crises, car cela apportera sa réponse parfaite pour notre cri. Pas pour les morts, mais entre tant de réalité mortelle, parce que nous croyons qu'il y a de la vie au-delà de la mort. Et nous le remercions parce que nous savons qui il est et ce qu'il fait avec tout cela.

La Parole déclare que Dieu a transformé «notre lamentation en danse» (Psaume 30:11). Nous le connaissons! Nous savons qu'il peut changer chaque circonstance négative en une bénédiction. Il est un Dieu d'amour et travaille pour notre bien.

Lorsque nous apprenons à remercier Dieu en toutes circonstances, nous pouvons sourire. Parce que nous savons que toutes les circonstances que nous traversons sont temporaires ...

Soyons heureux! Le pouvoir de Dieu apportera la rédemption et la restauration, comme cela a toujours été le cas. Si nous cherchons la direction du Saint-Esprit, Il nous aidera à rendre grâce et à avoir de la joie au milieu de toutes les circonstances.

3. Une joie pour partager

Avec cela, nous n'encourageons pas le déni de la réalité. En cas de crise ou de maladie, nous ne devons pas dire comment prêchent: «Déclarons qu'il n'y a pas de maladie»; Bien sûr, il y a une crise! Des circonstances inconfortables qui nous font vaciller. La foi en Jésus-Christ est une perspective qui voit toujours dans le futur.

C'est donc un christianisme qui favorise une vie de résurrection et non de mort. Elder John a écrit que «Dieu essuiera toute larme ... et il n'y aura plus de mort; il n'y aura ni deuil, ni pleurs, ni douleur" (Apocalypse 21: 4).

Acceptez la réalité: en cas de crise, de maladie, de douleur ou de mort, acceptez cette circonstance. Mais n'acceptez jamais d'être vaincu par les circonstances! Parce que bientôt Dieu manifestera son pouvoir et sa gloire dans notre vie.

Il l'a toujours fait. Nous le lisons dans les histoires bibliques. Nous pouvons le corroborer dans l'histoire du christianisme. Nous l'avons vu dans notre congrégation locale. Nous l'avons prouvé dans notre vie. La nuit s'assombrit, plus tôt l'aube se lève ... ou comme le dit Proverbes 4:18, «le chemin des justes est comme la lumière de l'aurore qui grandit jusqu'au jour est parfaite».

Paul a écrit: «Nous sommes troublés par tout, mais pas en détresse; en difficulté, mais pas désespéré; persécuté, mais pas abandonné; renversé, mais pas détruits; porter dans le corps toujours pour tous, la mort de Jésus, afin que la vie de Jésus se manifeste aussi dans nos corps «(2 Corinthiens 4: 8-10). Lorsque notre foi est éprouvée et renforcée, les gens autour de nous observeront notre joie en Dieu.

La joie du Seigneur qui habite le cœur de tout peuple chrétien ne doit pas être gardée. Cette joie doit être partagée. Selon la Parole, la joie est une caractéristique du fruit de l'Esprit (Galates 5: 22-23); c'est une preuve indéniable que nous jouissons d'une vie différente. Ainsi, quand on affirme que Dieu change toutes choses, ça comprend tout! Même notre personne: Mauvaise humeur, l'irritation, les froncements de sourcils, les réactions violentes ... Si le Seigneur est avec nous, si son Saint-Esprit nous est habité, laissons-nous vivre joyeusement!

As-tu souri à quelqu'un aujourd'hui? As-tu pris un temps aujourd'hui pour partager des nouvelles? As-tu partagé quelque chose de précieux avec une autre personne, quelque chose qui la rendrait heureuse? As-tu fait ce que tu peux pour faire pour que les gens autour de toi se sentent bien à tes côtés? Les gens veulent-ils rester à tes côtés? Ce serait une bonne façon de tester si l'Esprit de Dieu porte des fruits dans notre vie.

Montrons à tous la joie de vivre en Christ! Partagez la lumière de Jésus-Christ aujourd'hui avec un sourire sincère.

Révisez/Application: Guidez vos élèves à répondre aux questions suivantes et ensuite écrire une phrase à la recherche de la joie comme un fruit du Saint-Esprit dans leur vie.

1. Comment notre perspective chrétienne change-t-elle pour connaître que l'apôtre Paul, lorsqu'il était en prison, a enseigné que nous devrions toujours nous réjouir dans le Seigneur?

2. Quelles sont les différences qui existent entre «Remercier Dieu pour tout» et "remercier Dieu en tout"? Quel est le sens biblique?

3. Si la joie est une caractéristique du fruit de l'Esprit (comme la patience, l'amour ou la gentillesse), comment devrais-je travailler dans ma vie quotidiennement pour que cela soit quelque chose digne de Lui?

Défi: Cette semaine, essaie de partager l'Évangile de Jésus-Christ différemment: égaie la vie de ceux qui vous entourent avec le sourire. Prépare un dessin qui représente la joie de Dieu dans ta vie et partages-le avec tes amis via Facebook ou d'autres moyens de communication.

Existe-t-elle la paix?

Objectif: Que l'élève comprenne que la paix est le résultat d'être rempli de l'Esprit de Dieu.

Pour mémoriser: «*Je vous laisse la paix, je vous donne la paix; Je ne vous la donne pas comme le monde la donne ...*» Jean 14 :27

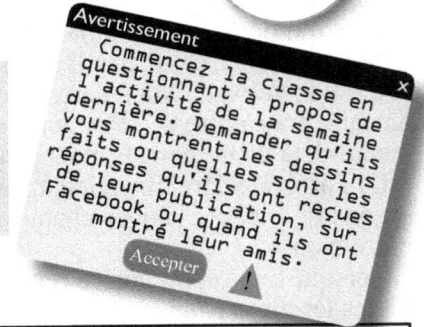

Avertissement

Commencez la classe en questionnant à propos de l'activité de la semaine dernière. Demander qu'ils vous montrent les dessins faits ou quelles sont les réponses qu'ils ont reçues de leur publication, sur Facebook ou quand ils ont montré leur amis.

Accepter

Connecter | Télécharger

Dynamique d'introduction (12 à 17 ans).

• Matériaux: Corde et un espace qui a deux extrêmes entre lesquels vous pouvez attacher la corde pour construire une clôture (comme la toile d'araignée), environ deux mètres de large. Cela devrait être fait en laissant des espaces de différentes tailles, les plus grands sur un mètre.

• Instructions: Divisez la classe en deux groupes. Demandez à chaque groupe de traverser la clôture sans toucher les cordes. Vous pouvez demander au groupe qui sont piégés et que la seule issue est à travers cette barrière électrifiée et ils devraient chercher la solution pour s'en sortir avec l'aide des autres. Tout le monde doit passer par là. Pendant le développement, observez le comportement des participants (s'ils se mettent en colère, s'ils se battent, s'ils s'entraident). À la fin de la dynamique, demandez à chaque groupe. Comment les décisions ont-elles été prises? Il y avait des désaccords? Comment peuvent-t-ils les résoudre? A la fin, vous pouvez mentionner quelque chose des désaccords observés et faire un peu de recommandations.

Dynamique d'introduction (18 à 23 ans).

• Matériaux: Avant l'arrivée des élèves, collez les questions suivantes au dos de certaines chaises (une par chaise):

Que ferais-tu si ...

• t'a dit que ton meilleur ami a subi un accident et il est grave à l'hôpital?

• te faire virer du travail?

• tes parents te disent qu'ils vont divorcer?

• le jour de ton mariage on te laisse tout seul (e)?

Dites aux élèves que certains ont une question au dos de leur chaise, donc ils doivent se lever, le chercher et de répondre. Donnez-leur le temps prudentiel de réfléchir à chaque option, puis permettez-leur de partager leurs réponses.

Connecter | Télécharger

Nancy, une fillette adolescente du pasteur, avait une tumeur maligne. Après un traitement coûteux et infructueux, elle a été expulsée. Au crépuscule de sa courte vie, elle chantait: "Paix, paix, quelle douce paix! C'est celle que le Père me donne. Je vous supplie d'inonder mon être pour toujours, dans ses vagues d'amour céleste».

En hébreu, SHALOM signifie un état de tranquillité intégrale ainsi que la satisfaction des besoins fondamentaux de l'être humain. En grec, EIRENE se réfère à «un signe de prospérité prévalant parmi les nations gouvernée avec justice». (Alganza Roldán, Minerva, Eirene et autres mots grecs sur la paix.

Institut de paix et de conflits, Université de Grenade. p.128. http://www.ugr.es/~eirene/publicaciones/item10/eirene-10cap4.pdf. Consulté le 19 novembre 2012). En latin, elle a été utilisée pour définir un pacte, les pactes que les armées romaines ont établis avec les territoires conquis, on l'appelait la PAX romaine. Ils sont des mots faisant référence à la paix dans trois des plus anciennes langues.

Certaines des définitions de la paix sont les suivantes: «Tranquillité et calme, le contraire de la gêne. Elle peut se référer aux relations entre les personnes (Matthieu 10:34), entre les nations (Luc 14:32), ou entre Dieu et l'homme (Romains 5: 1) (Dictionnaire biblique illustré, Nelson, Wilton M. Caribbean, Miami: 1977, p.491).

1. Origine de la paix

De nombreux peuples, nations, groupes et individus s'efforcent de réaliser cette société en vivant en paix, mais leurs efforts échouent souvent à obtenir des résultats permanents. Au Guatemala, en 1996, l'Accord pour la «Paix ferme et durable entre le gouvernement et la guérilla, mais le pays souffre encore de nombreux problèmes sociaux parce que la paix authentique vient de l'individu, pas de l'environnement. Chaque jour nous entendons des nouvelles de violence dans différentes parties de la planète. La Bible enseigne qu'en vivant dans le péché, nous sommes des ennemis de Dieu et donc de notre prochain, mais en recevant Christ comme Seigneur et Sauveur, nous avons la paix avec Dieu (Romains 5: 1) et nos relations avec notre prochain sont en voie de guérison.

L'expérience de la paix ne dépend pas des circonstances, mais de la volonté de Dieu. Pour cela, les efforts humains, bien qu'admirables, sont insuffisants. L'humanité ne peut pas avoir la paix les uns avec les autres, tant qu'il n'a pas la paix avec Dieu parce que personne ne peut donner ce qu'il n'a pas. Dieu peut nous donner de la paix parce qu'Il est Dieu de paix et il a décidé de le partager avec ses enfants (Jean 14:27, 2 Corinthiens 13:11, 1 Thessaloniciens 5:23). Avant sa mort sur la croix, il a assuré à ses disciples qu'ils seraient en lui en paix (Jean 16:33). Afflictions du monde seraient beaucoup et malgré eux, nous pouvons ressentir la paix de Dieu en nous.

2. Paix, fruit de l'Esprit

La réconciliation avec Dieu ne se fait pas sans laisser de trace. Il est impossible d'être rempli de la sainte présence de Dieu et vivre dans les procès et la discorde. La plénitude de l'Esprit génère des preuves claires qui montrent que nous sommes des personnes transformées par son pouvoir. Les gens se battent souvent pour des bêtises. Demandez: Quels sont les combats les plus courants parmi vous? La Bible nous enseigne qu'être rempli de l'Esprit produit des changements dans notre vie comme la capacité de vivre en paix avec ceux qui nous entourent, famille, camarades de classe ou travail (Galates 5:22). Demandez: Ressentez-vous que vos vies ont changés dans un aspect spécifique?

C'est triste quand on sait que quelqu'un cause des problèmes là où il va. Les confinements ne viennent pas de Dieu (Jacques 3:14), parce qu'ils causent des dégâts, ils ne construisent pas et ils ne manifestent pas la présence du Seigneur dans la vie de ceux qui les provoquent. Comme il est naturel que le pommier donne des pommes, il est naturel que le chrétien vive en paix dans ses différentes relations, car la présence de Dieu dans sa vie produit la paix intérieure. Jacques 3:18 affirme «le fruit de la justice sème la paix, pour ceux qui font la paix». Alors il faut qu'après avoir expérimenté la paix qui vient de Dieu, nous en sommes également les promoteurs, encourageant ceux qui entourent pour chercher la réconciliation avec Dieu et avec ceux avec qui nous pouvons avoir des différences.

Les chrétiens doivent être des pacificateurs, nous ne devons pas être contentieux, les Écritures exigent que nous dépendions de nous, soyons en paix avec tous (Romains 12:18). Mais cela n'est possible que si la présence de L'esprit est réelle dans notre vie. Le climat de la paix ne dépend pas toujours de nous, mais de tout ce qui est notre portée, nous avons la responsabilité d'être pacifiques au lieu d'être les promoteurs de la dissension. Evitons d'être une pierre d'achoppement, une cause de division dans la famille ou dans l'église et un obstacle pour les autres à Christ. Parfois, nous pouvons subir les dommages causés par d'autres personnes et nous sentir dans le droit légitime de reproduire l'offense, mais ce n'est pas ce qui plaît à Dieu (Romains 12:19).

3. Paix, preuve de communion avec Dieu

Lorsque Moïse est revenu de la montagne, après avoir reçu la loi du Seigneur, le peuple a pu constater qu'il était en présence de Dieu. Le remplissage du Saint-Esprit n'est pas une émotion temporaire, c'est l'intervention de Dieu dans notre être de nous transformer à son image et à sa ressemblance et cela devient évident. La capacité d'interagir en paix rend évident que nous avons été en communion avec Dieu. Le soin du jardin produit de belles flammes et la communion avec Dieu produisent des vies qui reflètent sa présence.

Vivre en paix est une exigence du Seigneur (Hébreux 12:14). Être en communion avec Dieu, l'Esprit nous guide et nous permet de vivre en paix.

La paix n'est pas synonyme de passivité, la paix se manifeste souvent non seulement par le fait de ne pas être conflictuelle, mais aussi par la capacité de promouvoir un climat de paix. Notre société souffre de la violence dans tous les domaines. Dans les maisons, il y a des cris, à l'école il y a de l'envie, des combats, au travail il y a du mécontentement; à l'église il y a des désaccords. Mais la majorité n'intervient pas pour pacifier les gens, au contraire ils font des côtés à en faveur de l'un ou de l'autre. Cependant, après que les chrétiens aient fait l'expérience de la plénitude de leur esprit, nous ne pouvons pas rester immobile devant les conflits sans faire quelque chose pour les résoudre (Matthieu 5: 9). Par conséquent, promouvoir la paix nous distingue en tant qu'enfants de Dieu.

Révisez/Application: Demandez à vos élèves de se réunir en groupe pour répondre aux questions suivantes.

1. Quels sont les problèmes les plus courants dans une famille qui menace de nous priver de la paix? (Rébellion des enfants, combats entre parents ou frères, problèmes économiques, etc.)

2. Quels sont les problèmes sociaux qui ont volé la paix de la population? Pour quoi? (Crime, manque de travail, désintégration famille, etc.)

3. Mentionnez quelles sont les alternatives pour résoudre les problèmes qui menacent de voler notre paix dès que c'est à nous d'être en paix avec tout? (Se confier dans les promesses de Dieu.)

4. Faites une liste des passages de la Bible qui nous enseignent à pratiquer la paix dans nos relations quotidiennes. (Galates 5:22, Romains 5: 1; Matthieu 5: 9; Hébreux 12:14 et autres.)

5. Si un de tes amis a été licencié du travail et il est désespéré que conseillerais-tu en fonction à la leçon d'aujourd'hui?

6. Si deux de tes amis sont en colère, peux-tu appliquer l'enseignement d'aujourd'hui pour les aider?

7. Penses-tu aux problèmes de ta famille et comment peux-tu intervenir afin qu'il y ait la paix en elle?

Défi: Actuellement, beaucoup de gens parlent aujourd'hui de paix, mais ils ne tiennent pas compte du fait que la paix est le résultat d'une relation personnelle avec le Christ. Au cours de cette semaine, prépare un poème qui parle de la paix qui vient du Christ et apporte-la la prochaine fois que nous nous rencontrerons et si tu veux le publier parmi tes amis. Si tu n'es pas très bon en poésie, tu peux peut-être faire un dessin.

Sain ... Te Patience!

Avertissement

Commencez la classe en demandant qu'ils lisent le poème sur la paix qu'ils ont écrite pendant la semaine. Parlez avec eux sur la façon dont ils pourraient être les acteurs de paix au milieu d'un conflit au cours de la semaine.

Accepter

Objectif: Que l'élève comprenne que la patience en tant que fruit du Saint-Esprit est une vertu que le chrétien doit montrer au milieu de sa promenade quotidienne.

Pour mémoriser: *«En toute humilité et douceur, supportant avec patience aux autres en amour.»* Ephésiens 4:2

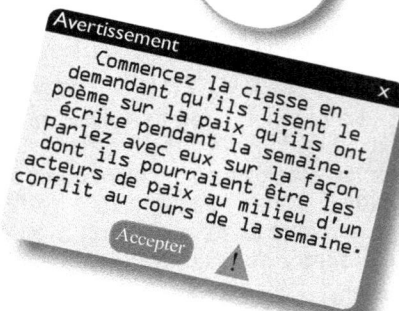

Connecter | Télécharger

Dynamique d'introduction (12 à 17 ans).

- Instructions: Formez deux groupes et demandez à chaque groupe qu'il pense à une situation quotidienne où on puisse voir un moyen d'agir avec patience et un autre non. Ensuite, donnez du temps pour être dramatisé et discuté avec le reste de la classe.

Dynamique d'introduction (18 à 23 ans).

- Instructions: Demandez-leur de se rencontrer dans 2 ou 3 équipes de travail et de penser à deux situations dans laquelle cela demande beaucoup de patience. Puis demandez de penser à ce que feraient une personne guidée par le Saint-Esprit et une autre qui n'est pas guidée dans cette situation. Puis à la fin, donnez du temps pour qu'ils partagent leurs idées avec les autres équipes. Nous devons savoir ce que nous devrions faire quand nous sommes dans des situations différentes dans lesquelles il éprouvera notre patience pour que le nom de Dieu soit glorifié.

Connecter | Télécharger

On considère que la patience est l'œuvre de l'Esprit chez le croyant par rapport aux autres, c'est-à-dire que par rapport aux autres, la patience est démontrée. Quel privilège que Dieu nous a donné! Être des lettres ouvertes aux autres pour connaître le Seigneur. La patience révèle notre foi dans les plans, la toute-puissance et l'amour de Dieu.

Nous vivons dans un monde où les choses vont de plus en plus vite, les gens marchent plus vite, presque on a le temps pour beaucoup de choses qu'on veut faire et donc on est constamment dans un état d'irritation. Dans un tel monde, le manque de patience est évident et même s'ils s'éduquent eux-mêmes les gens doivent se rappeler que la source de la patience est le Saint-Esprit, en tant que produit d'une intime la communion avec Dieu. La patience est un trait de caractère chrétien qui nous permet de traverser des situations chaotiques sans se briser, cela nous permet d'accepter nos compagnons sans devenir déprimé et reflétant l'amour de Dieu aux autres.

Les auteurs qui écrivent à propos de la patience en font deux grands types: la patience passive et active.

1. Patience passive

Dans 2 Timothée 2:10, Paul a parlé de tout endurer «pour l'amour aux élus, de sorte qu'ils obtiennent le salut aussi». Seulement si nous persévérons, nous avons de la patience, nous souffrons dans la tribulation et nous résistons aux épreuves, nous gagnerons notre âme (Luc 21:19, Romains 12:12). Ainsi dit le Seigneur, nous recevrons la couronne de la vie qu'il a promise à ceux qui l'attendent (Jacques 1:12). (Demandez à vos élèves des exemples de tests que les enfants de Dieu passent). Des exemples des épreuves ont également souffert à cause de l'évangile. La Bible nous montre dans plusieurs passages à propos de ce genre de patience intérieure. Dans 2 Corinthiens 6:4, Paul recommande aux serviteurs de Dieu d'avoir de la patience dans les tribulations, les besoins et les angoisses du service Chrétien. Dans 2 Timothée 3:10, Paul parle de la patience de Timothée dans le développement de son ministère. Hébreux 12:7 parle de la patience sous la discipline de Dieu. Dans 1 Pierre 2:20 on parle de la patience dans les afflictions imméritées. Jacques 5:7-11 nous exhorte à faire preuve de patience en renforçant nos cœurs et attendre la venue du Seigneur pendant que le fermier attend le fruit de la terre.

Dans ces situations, la patience est démontrée dans notre attitude interne face aux circonstances que nous ne pouvons pas contrôler et qui exigent la foi.

2. Patience active

Demandez aux élèves de lire les versets suivants: Romains 2: 7, Luc 8:15, Hébreux 12: 1, Jacques 1: 4. La persévérance est la patience en mouvement. Il caractérise ceux qui suivent activement un travail auquel ils sont convaincus que Dieu les a appelés. C'est continuer avec la vie fidèlement, en croyant que si on fait le travail honnêtement et bien, avec une bonne attitude et un bon esprit, ils servent Dieu réellement. Un exemple biblique excellent d'une personne qui montra ce genre de patience fut Joseph dans le livre de Genèse 39-50. L'histoire de Joseph est l'un des récits les plus longs et les plus dramatiques de la Bible. Après avoir été vendu comme esclave par ses frères cruels et conspirateurs, il a été transporté en Egypte, où il a souffert et enduré beaucoup des regrets. Si quelqu'un avait raison de rester amer, de nidifier la haine et de perdre la foi en Dieu, c'était Joseph. Mais la foi et l'espoir de Joseph en Dieu était plus ferme que jamais. Il a décidé de ne pas se venger. Il n'a pas nié sa foi en Jéhovah ni se résigner à un destin misérable et une fin amère. Bien qu'il ait dû faire l'expérience profonde et sombres étapes de l'âme, il n'a pas fini désespéré. Plutôt, il a offert sa vie à Dieu encore et encore.

C'est une sorte de patience active. Il est resté ferme dans sa confiance en Dieu. Il a eu de la patience pour recevoir ce que Dieu lui avait préparé.

Lorsque nous apprenons que la patience est un aspect de l'amour fondé sur les piliers de la résilience et de la persévérance, nous réalisons que c'est une vertu essentielle pour vivre dans ce monde. Beaucoup des traducteurs de la Bible ont choisi correctement l'expression qui signifie littéralement «longue souffrance» comme terme le plus précis symboliquement pour la patience. Dans un monde parfait, comme celui qu'Adam et Eve ont connu, la patience n'aurait aucun sens. L'exercice de la patience est venu avec le péché. Déjà que si le péché n'était pas apparu, nous vivrions dans un état de satisfaction perpétuelle sans lutte ou la douleur. On ne «supporte» pas une expérience joyeuse et agréable. Nous ne «persévérons» pas non plus dans une tâche qui ne propose des défis.

Il est étonnant que certains des héros de la foi énumérés dans Hébreux 11, certains ont montré une grande patience tandis que d'autres ont montré de l'impatience. Noé est un excellent exemple de patience. Sa tâche de 120 ans de construction de l'arche doit être l'un des exemples les plus étonnants de persévérance dans l'histoire. Entouré d'une civilisation maléfique devenue violente et impie, il construisit patiemment l'arche.

La patience est une vertu pratique de tous les jours. Nous devrions le montrer surtout par des petits moyens et presque imperceptibles. Malheureusement, la simple signification de la patience est souvent démontrée de manière dramatique par nos actes d'impatience. Nous avons presque tous été touchés par des actes de l'impatience qui ont eu des conséquences terribles et beaucoup d'entre eux affectent négativement nos relations avec les autres.

Alors, comment pouvons-nous faire preuve de patience avec les gens qui nous entourent? Après avoir vu à la lumière de la Parole de Dieu que nous devons agir patiemment, revenons maintenant à la liste des situations de la dynamique initiale et passer en revue nos réponses, montrant la patience dans notre promenade quotidienne.

Révisez/Application: Demandez à vos élèves de répondre aux questions suivantes à l'aide des versets de la Bible.

1. Quelle devrait être notre réponse sous la persécution? (1 Corinthiens 4:12; 2 Thessaloniciens 1: 4). (Supportons la persécution avec patience.)

2. Que dit Paul au sujet de soutenir les frères? (Colossiens 3: 13-14) (Nous devons nous supporter et nous pardonner comme le Christ l'a fait.)

3. Pourquoi le serviteur du Seigneur devrait-il être souffert sous mauvais traitement? (2 Timothée 2: 24-26). (Pour montrer Dieu dans ses actions et les gagner aux autres pour le Seigneur.)

4. Comment est-il possible de «courir avec patience» notre carrière? (Hébreux 12: 1-2). (On court avec patience en nous dépouillant du péché et en mettant nos yeux sur Jésus.)

5. Avec qui devrions-nous être patients? (1 Thessaloniciens 5:14). (La Bible enseigne que nous devons être patients AVEC TOUS.)

Défi: Au cours de cette semaine, fais une liste des situations dans lesquelles tu as eu besoin de patience. Il peut s'agir de situations à la maison, à l'école, au travail ou entre amis. Revoies mentalement les faits de chacun d'eux et demande à Dieu de t'aider à faire preuve de patience.

Es-tu Bénin?

Leçon

19

Oscar Pérez • République Dominicaine

Objectif: Les élèves comprennent que la bonté est une composante du fruit de l'Esprit nécessaire pour les relations avec les autres.

Pour mémoriser: «*Ainsi donc, comme des élus de Dieu, saints et bien-aimés, revêtez-vous d'entrailles de miséricorde, de bonté, d'humilité, de douceur, de patience.*» Colossiens 3:12

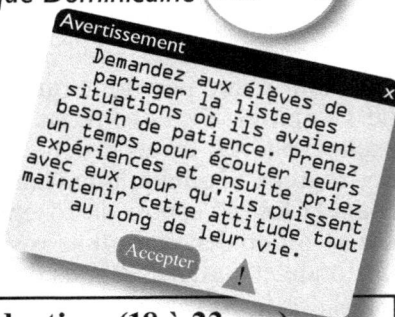

Avertissement

Demandez aux élèves de partager la liste des situations où ils avaient besoin de patience. Prenez un temps pour écouter leurs expériences et ensuite priez avec eux pour qu'ils puissent maintenir cette attitude tout au long de leur vie.

Accepter

Connecter | Télécharger

Dynamique d'introduction (12 à 17 ans).

- Matériaux: Neuf cartons de 12 x 6 pouces de (30 x 15 cm.) Neuf crayons de différentes couleurs. Neuf aiguilles pour placer les lettres sur les vêtements des participants. Neuf étudiants volontaires

- Instructions: Demandez aux neuf volontaires d'écrire l'un des neuf fruits mentionnés dans Galates 5:22, sur chacune des cartes. Puis demandez que les neuf fruits soient divisés en triades: trois font référence à la relation du croyant avec le Saint-Esprit, trois font référence à la relation du croyant avec les autres et trois à sa relation avec soi-même. Les étudiants devraient proposer quels sont les triades et grouper les protagonistes.

  Les étudiants doivent organiser les triades comme suivant: Amour, joie et paix (relation du croyant avec le Saint-Esprit); patience, gentillesse, bonté (relation du croyant avec le prochain); et foi, douceur et tempérance (relation du croyant avec lui-même, surtout avec son personnage). Cette division leur permettra de mieux comprendre le sens et l'application du fruit spirituel dans sa vie chrétienne intégrale.

Dynamique d'introduction (18 à 23 ans).

- Matériaux: Neuf signes de couleurs différentes (12 x 6 pouces ou 30 x 15 cm.), Chaque lettre doit enregistrer un fruit du Saint-Esprit. Neuf cartes de taille normale avec la définition de chaque fruit. Ruban adhésif, ciseaux.

- Instructions: Placez les signes avec les neuf noms des fruits sur le mur ou au tableau. Puis lisez les définitions (vous pouvez les trouver dans chaque leçon) et demandez de découvrir à quel fruit il se réfère. Celui qui soulève sa main en premier placera la définition du fruit sous le fruit. La définition de chaque fruit sera enregistrée dans leur esprit avec une plus grande précision; aussi, pendant le cours ils observeront les cartes et de cela ils renforceront ainsi l'apprentissage.

Connecter | Télécharger

Le fruit du Saint-Esprit, énoncé par Paul dans Galates 5: 22-23, fait partie d'un paragraphe dans lequel cela fait la différence entre vivre dans l'Esprit et vivre dans la chair. Actions ou attitudes négatives qui fait allusion aux œuvres de la chair qui, en raison de leur nature pécheresse, doivent cesser d'exister dans la vie du chrétien, que ce soit un enfant, un adolescent, un jeune, un adulte ou un plus âgé. Il est au devoir du chrétien de vivre en Esprit et fécondité dans l'Esprit. Ce n'est que de cette façon que nous ferons la volonté de Dieu. Nous vivrons en harmonie avec ce que nous croyons et témoigner en tant que chrétiens.

Précisement, la gentillesse comme fruit de l'Esprit nous aidera à améliorer les relations fraternelles avec notre prochain. Cela comprend notre famille, nos amis, nos prochains, tous ceux qui, d'une certaine manière, se rapportent avec nous. Bien sûr, nous traiterons aussi ceux que nous ne connaissons pas, avec la gentillesse, qui est le désir de Dieu.

Voyons donc le sens et l'application de la bonté comme fruit de l'Esprit Saint.

1. Signification de bénignité

Le mot bénignité est la traduction espagnole du mot grec chrestotes. Dans le Lexique Greco-Espagnol du Nouveau Testament d'Alfred E. Tuggy, nous trouvons le sens de la bénignité dans les termes qui suivent: «Bienveillance, gentillesse, miséricorde, bien, droit, honnêteté» (Tuggy 5544). Le terme grec mentionné, avec quelques variables, se trouve huit fois dans le Nouveau Testament. Nous allons essayer d'expliquer chaque verset pour comprendre sa signification:

1. Romains 2: 4. Paul, se référant au vrai jugement de Dieu envers les pécheurs, nous fait savoir que c'est à cause de sa «bonté» (celle de Dieu), qui nous conduit à la repentance. Le terme bénignité est associé à la patience et à la longanimité, attributs de Dieu qui attirent l'être humain vers lui, précisément à cause du bon traitement (gentillesse) que Dieu donne au pécheur.

2. Romains 3:12. Paul reproduit dans ce verset, Psaume 14: 3. Dans le contexte de l'épître, il essayait d'affirmer que tout être humain est un pécheur; mais, n'est pas «bénin» avec le prochain, est également pécheur.

3. Romains 11:22. Paul, essayant d'expliquer la grâce salvatrice de Dieu aux grecs, a averti que c'était par sa «bonté», nous sommes également bénéficiaires de l'amour rédempteur divin. Sa gentillesse se manifeste en contraste avec sa sévérité, qui s'applique aux Juifs, tandis que sa gentillesse, c'était en faveur des grecs.

4. 2 Corinthiens 6: 6. Paul a essayé de justifier son ministère auprès des Corinthiens. Il leur a dit que sa mission est revêtu de pureté, de science, de longanimité, d'amour et, parmi ces vertus, de "bonté". Bien qu'il ait eu être fort dans la correction d'un problème grave, nous remarquons un traitement très gentil, aimable et bienveillant en faveur des Corinthiens.

5. Galates 5:22. Le terme «bénignité» apparaît ici comme le fruit du Saint-Esprit; cela veut dire, ce que l'Esprit fait dans la vie de chaque croyant authentique. Contrairement aux œuvres de la chair, le fruit distingue la spiritualité du fidèle croyant. Nous devons vivre le fruit du Saint-Esprit.

6. Éphésiens 2: 7. La «bonté» est étroitement liée à la jouissance des bénédictions célestes en Christ après avoir obtenu le salut par la grâce divine.

7. Colossiens 3:12. Paul illustre dans le texte que «la gentillesse» fait partie des vêtements du chrétien. Nous devons projeter une image aux autres que nous sommes de vrais enfants de Dieu, et la gentillesse aide une telle personne.

8. Titre 3: 4-5. Le salut de l'être humain est opéré par la «bonté» de Dieu et par le renouvellement du Saint Esprit.

Une définition précise et concise de la bénignité est difficile à construire. Mais nous pouvons comprendre sa signification, en comprenant que Dieu se soucie et traite humblement chaque pécheur et que nous, les êtres humains, nous devons nous rapporter de la même manière, à des fins salvatrices ou de construction.

2. Applications de la bénignité

La gentillesse de Dieu envers l'être humain nous inspire vers une passion rédemptrice pour notre prochain. Communiquer les vérités du salut nécessite de s'exprimer avec douceur, gentillesse, compassion et miséricorde, désireux de comprendre le message de notre interlocuteur de manière à pouvoir jouir de l'invitation de Dieu à vivre sous sa volonté et sa grâce. Dans la mesure du possible, nous devrions éviter d'être des critiques implacables et condamnables contre notre prochain. La bonté de Dieu nous enseigne le désir rédempteur en faveur de la victime du mal à faire le péché. Soyons bénins avec les autres.

La douceur comme fruit du Saint-Esprit nous permet de grandir dans la vie et c'est une expression pratique de la sainteté. Vivre ce fruit, c'est imiter Jésus Christ dans son mode de vie, c'est se projeter vers l'éternité approuvée par Dieu.

Dans nos relations fraternelles avec les autres, cela nous aide à être doux avec tout le monde. Paul, a exhorté les Philipiens: «Que votre douceur soit connue de tous les hommes» (Philipiens 4:5a). Le terme gentillesse est la traduction d'un mot grec qui n'est pas le même utilisé pour la bénignité, mais ils ont un sens semblable et même plus, dans son expression pratique dans les relations fraternelles. Être bénin dans nos relations avec les autres aboutira à l'amour qui devrait caractériser chaque relation comme un lien parfait (Colossiens 3:14).

3. La source de la bénignité

Le chrétien ne peut pas faire l'expérience ou faire preuve de gentillesse s'il ne vit pas en Esprit». Je dis donc: «Marchez selon l'Esprit, et vous n'accomplirez pas les désirs de la chair. Car la chair a des désirs contraires à ceux de l'Esprit, et l'Esprit en a de contraires à ceux de la chair; ils sont opposés entre eux, afin que vous ne fassiez point ce que vous voudriez. Si vous êtes conduits par l'Esprit, vous n'êtes point sous la loi. Si nous vivons par l'Esprit, marchons aussi selon l'Esprit» (Galates 5: 16-18 et 25)

Marcher selon l'Esprit est une action permanente, il ne s'agit pas d'une connexion sporadique. Le seul moyen pour ne pas être dominé par les désirs de la chair, il faut rester fidèle à Dieu chaque jour. Être guidé par le Saint-Esprit ne doit pas être une situation particulière, ce doit être style de vie du chrétien.

De même, Colossiens 3:12 nous dit à quoi devrait ressembler notre «vêtement», la manière que nous nous présentons devant les autres: «Revêtez-vous, comme les élus de Dieu, les saints et les êtres chers, de la chère miséricorde.»

Révisez/Application: Guidez vos élèves à créer un poème qui décrit le mot bénignité:

La bonté de Dieu démontrée
Au milieu de tous les péchés
Rien que l'homme puisse faire
Indigne devant Dieu était
Merci à Jésus Christ de venir
Né dans l'humble crèche
Indiquer le chemin vers le père
Donner un espoir éternel
Louons sa gentillesse et
Consacrons notre être à Lui

Défi: Pendant la semaine, pense à ta façon de juger les gens qui vivent dans le péché. S'il est vrai que Dieu déteste le péché, il aime le pécheur. Écris au moins trois idées sur la façon dont un groupe de personnes marginalisées par la société pourrait être atteint avec l'Évangile et montres-leur l'amour de Dieu.

Un Fruit Différent

Objectif: Que l'élève comprenne que la bonté en tant que fruit du Saint-Esprit doit se manifester par un bon comportement et travaille en faveur de son prochain.

Pour mémoriser: *«Laisse ta lumière briller devant les hommes pour qu'ils voient ton bon œuvre et glorifie ton Père qui est dans les cieux»* Matthieu 5:16

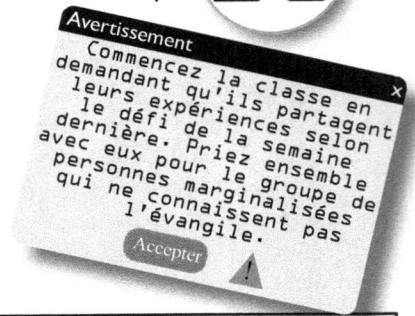

Avertissement
Commencez la classe en demandant qu'ils partagent leurs expériences selon le défi de la semaine dernière. Priez ensemble avec eux pour le groupe de personnes marginalisées qui ne connaissent pas l'évangile.

Accepter

Connecter | Télécharger

Dynamique d'introduction (12 à 17 ans).

- Matériaux: Feuilles de papier, crayons et Bible
- Instructions: Demandez aux élèves de former des groupes de quatre membres et pour chaque groupe de répondre aux trois questions suivantes et développer l'activité qui suit.

  1. Quels sont tes sentiments quand certaine personne proche de toi reçoit quelque chose de mieux que ce que tu as reçu?

  2. Comment as-tu réagis lorsque tu vois une personne traverser une situation douloureuse ou désagréable?

  3. Quelle est ta réponse physique ou verbale quand tu es dépassé par quelqu'un dans un sport ou événement public?

- Faites correspondre les réponses précédentes avec une chanson que vous connaissez.

Dynamique d'introduction (18 à 23 ans).

- Instructions: Demandez aux élèves de former des groupes de quatre membres et pour chaque groupe, répondez aux trois questions suivantes et développez l'activité qui suit.

  1. Quelles sont les expériences vécues lorsque deux ou plus de gens se disputent un poste de travail?

  2. Quelle est l'attitude des gens quand elles participent pour obtenir une promotion professionnelle?

  3. Comment la réaction d'un candidat à une position de l'élection populaire si celui-ci n'est pas élu?

- Préparez une explication de la raison d'être des réponses précédentes.

Connecter | Télécharger

Les puits sont les meilleures sources d'eau naturelle de la planète, car la ressource, avant de faire son apparition à la surface terrestre, a parcouru des kilomètres de roches, de sédiments et de sols comme filtres naturels pour éliminer tous les types de polluants et, dans de nombreux cas, les ont enrichis en minéraux précieux et substances dont les êtres humains ont besoin (http://www.imta.gob.mx) [Consulté le: 13 Février 2013]. Lorsque l'eau d'une source coule à un niveau inférieur, elle est incorporée à d'autres cours d'eau faisant partie de cours d'eau et de rivières, ce qui provoque la contamination de l'eau, ce qui en fait inutile pour de nombreuses utilisations, y compris la consommation humaine.

Tout comme l'eau, l'âme humaine est contaminée à cause de la désobéissance de nos premiers parents (péché originel) et de nos propres péchés. Par conséquent, comme tout être humain, nous sommes séparés de la justice originelle, nous sommes séparés de l'état de pureté de nos premiers parents au moment de sa création et nous sommes continuellement enclins au mal.

1. Un moyen de montrer que Christ vit en moi

Avant que l'eau puisse être consommée par nous, elle doit passer par un processus de purification. Donc de plus, notre vie, pour être une bénédiction pour les autres, doit être purifiée. Ce travail dans notre vie montrera que le Saint-Esprit habite en nous et que nous pouvons refléter l'amour de Dieu envers les autres. Après avoir vécu ce processus, nous commencerons à agir selon le fruit du Saint-Esprit agissant dans notre vie.

L'apôtre Paul expose dans son épître aux Galates le thème de la liberté du chrétien et de la nature de sa nouvelle vie en utilisant l'expression «fruit de l'Esprit» par opposition aux «œuvres de la chair» (Galates 5: 16-25). Pour l'apôtre «le fruit de l'Esprit est» l'application du principe que produit le bon arbre du bon fruit.

De même que le fruit d'un arbre, le fruit de l'Esprit dans la vie du chrétien sera très notoire (évident, clair, brevet) que la personne a été lavée avec le sang du Christ. Quand la personne vit une nouvelle vie en Lui, sa propre vie sera une bénédiction pour les autres car il aura quelque chose de spécial à partager, apporter réconfort et encouragement à ceux qui en ont besoin.

2. Il est préférable de se réjouir et faire le bien

Nous avons été créés à l'image et à la ressemblance de Dieu dans un but spécifique (Ecclésiaste 3:12). Notre vie doit être dirigée pour réaliser le plan de Dieu et cela implique de remplir les paroles de Jésus-Christ. Notre Seigneur dans Matthieu 5:16 «Que ta lumière brille devant tous les hommes pour qu'ils voient tes bonnes œuvres et glorifient ton Père qui est au ciel».

De la citation ci-dessus, il est clair que le fruit de l'Esprit dans notre vie chrétienne doit produire le bien que nous pouvons exprimer dans les termes suivants: «Qualité du bien. Inclinaison naturelle vers le bien. Bonté, douceur du caractère. Courtoisie. Faveur». (Http://www.wordreference.com.) [Consultée le: 20 de Février 2013].

Rappelez-vous que la «qualité du bien» n'est pas naturelle en nous, «Nulle n'est bon, mais seulement Dieu» (Marc 10:18). C'est-à-dire que personne n'est intrinsèquement bon, donc personne n'est bon de naissance ou seul. Et du «penchant naturel vers le bien», je pense qu'il n'est pas nécessaire de commenter, bien au contraire, que l'être humain par sa nature est continuellement enclin au mal, à faire le mal. La Bible nous enseigne que nous devrions nous réjouir de faire le bien parce que c'est la volonté de Dieu. Aussi parce que son plan pour nous est que nous vivions en reflétant et en partageant avec ceux qui nous entourent la bonté qu'il nous a donnée par son Esprit Saint. Ce sera une grande bénédiction pour les autres et nous remplira de paix et de joie.

Afin de manifester la bonté envers les autres, il est nécessaire que cela soit un fruit de l'Esprit dans notre vie. Voyons: «D'autre part, le fruit de l'Esprit est l'amour, la joie, la paix, la patience, la bonté, bénignité, la fidélité, l'humilité et la maîtrise de soi. Il n'y a pas de loi qui condamne ces choses» (Galates 5:22-23 NVI). De manière analogue, comme l'eau qui a été contaminée ne peut pas se purifier par elle-même, les êtres humains ne peuvent pas produire de bons fruits par eux-mêmes, ils doivent être nettoyés et purifiés par le sang précieux du Christ à se produire dans leur vie les fruits de l'Esprit, dans ce cas la bonté.

3. Un fruit à partager

Si nous reconnaissons la qualité comme la qualité du bien que quelqu'un possède, cette qualité devra être évaluée ou déterminée par d'autres personnes, et non par nous-mêmes. Je ne peux pas dire «je suis bon» ou «j'ai des bons sentiments», seulement parce que certains événements m'ont amené à la compassion et j'ai fait une» bonne action», puisque ce qui précède ne reflète que nous avons la capacité d'être gentil, mais pas que nous sommes ça. S'il y a de la bonté en nous, nous devons porter des fruits de bonté! C'est-à-dire que nos fruits doivent être abondants et permanents (pas rares et momentanés) et doit se manifester chaque jour de notre vie et être le contenu générale de nos actions.

Par conséquent, il sera facile de découvrir que chez moi il y a de la bonté en tant que fruit du Saint-Esprit, j'ai une disposition continue vers le bien, si je manifeste ceci dans mon cœur avec mes vœux envers les autres, si mes pensées sont de paix et de bénédiction, si je suis disposé à soutenir les autres dans leurs besoins et si je suis prêt à leurs écouter. De cette manière, ce sera une bénédiction pour moi de pouvoir les aider à porter leurs fardeaux.

La bonté se manifestera également dans notre contact quotidien et direct avec les autres, notre caractéristique, en ce qui concerne les autres, sera bonté et la gentillesse du caractère envers nos semblables avec courtoisie et diligence.

La bonté sera présente et continue dans notre être, seulement en tant que fruit du Saint-Esprit. Nous ne pourrons jamais être de bonnes personnes grâce à nos propres efforts, du moins avec la pureté du but que Dieu veut. Seul le travail régénérateur de Dieu peut nous faire prospérer dans notre vie. La présence de la bonté dans le cœur de chacun deviendra évidente dans la conduite et les relations avec les autres.

Demandons à Dieu de nous aider à vivre le prochain verset «Mes petits-enfants, que notre amour ne soit pas seulement de parole, mais qu'il soit montré avec des actes» (1 Jean 3:18).

Révisez/Application: Guidez vos élèves à penser et à écrire des situations de la vie quotidienne qui les motivent à être gentils ou non.

a). Ces situations de la vie quotidienne qui nous encouragent à être agréables. (Réponses possibles: La pauvreté, maladie, les sans défense, les marginalisés, l'indifférence, etc.)

b). Les situations de la vie quotidienne qui nous poussent à ne pas être complaisant. (Réponses possibles: Mauvais traitement, malhonnêteté de certains, ingratitude, manque de ressources, les limitations physiques, etc.)

Qu'en apprennent les passages suivants? Romains 12:17; Galates 6:10; Luc 6: 30-34?

Défi: Dieu veut que nous fassions preuve de bonté envers notre prochain. Au cours de cette semaine, effectue au moins deux actions de ceux mentionnés en mettant la meilleure attitude. Partage la semaine prochaine ce que tu as fait et ce que tu as ressenti.

Être Trouvé Fidèle

Objectif: Que l'étudiant comprenne que la foi, fruit du Saint-Esprit, est une vertu éthique qui distingue le chrétien dans ses relations et ses expériences.

Pour mémoriser: «*Du reste, ce qu'on demande des dispensateurs, c'est que chacun soit trouvé fidèle*» 1 Corinthiens 4:2

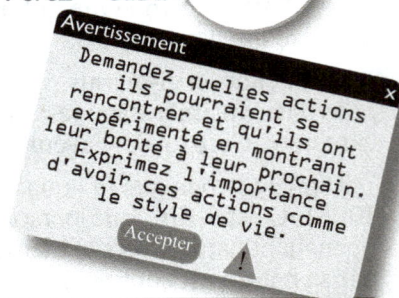

> **Avertissement**
>
> Demandez quelles actions ils pourraient se rencontrer et qu'ils ont expérimenté en montrant leur bonté à leur prochain. Exprimez l'importance d'avoir ces actions comme le style de vie.
>
> Accepter

Connecter | Télécharger

Dynamique d'introduction (12 à 17 ans).

- Matériaux: Feuilles qui reproduisent l'image qui apparaît à côté et des crayons de couleur.
- Instructions: Portez l'image systématiquement coloré les cercles d'une seule couleur, les triangles d'un autre, et ainsi de suite chiffres. Par groupes ou d'une manière, les individus demandent que dans une minute ils colorent la figure. Puis leur demander de colorier une seconde fois, mais il doit être exactement le même que l'échantillon. Après cinq minutes, demandez les dessins peints et comparez qui l'a copié avec plus de précision. Il faut observer, étudier et être constant dans un travail pour être plus précis.

Dynamique d'introduction (18 à 23 ans).

- Matériaux: Bandages pour les yeux bandés.
- Instructions: Formez des couples et demandez-leur de décider qui aura les yeux bandés et qui sera le guide. Que ceux qui s'en aillent bander les yeux quittent la salle de classe. Formez avec les guides un parcours d'obstacles. Demandez à la moitié des guides qui indiquent la bonne manière à leurs compagnons. Aux autres, le chemin à travers où ils trouveront des obstacles.

Parlez de la façon dont ceux qui étaient mal guidés et ceux qui étaient bien guidés. Si nous faisons confiance à une personne, nous répondrons dans une façon fiable ou fidèle.

Connecter | Télécharger

Galates 5:22 nous dit qu'une partie du fruit de l'Esprit est la foi. Dans ce passage, la foi se traduit par la fidélité. Paul a écrit aux Galates sur les bonnes relations entre frères, il ne s'est donc pas référé seulement à la foi que l'on a envers Dieu, mais au résultat de cette foi: La loyauté.

1. Être fidèle comme Dieu est fidèle

En cherchant le sens de la fidélité dans le dictionnaire, on trouve: 1. La loyauté, le respect de la foi que quelqu'un doit à quelqu'un d'autre. 2. Ponctualité, précision dans l'exécution de quelque chose (Dictionnaire de la langue Espagnole, en ligne) [Consulté le 12 juin 2013]. À l'heure actuelle, nous trouvons des divers loyautés, chaque fois de plus inconstant, par exemple, on peut être fidèle à une philosophie, un groupe musical, une mode qui change selon la saison.

En tant que chrétiens, nous devons être fidèles à Dieu, et si quelque chose doit être accomplie exactement c'est la Parole de Dieu. De cette manière, la fidélité doit affecter notre vie quotidienne, sinon elle devient un dogme et en mots vides. Nous pouvons appliquer cette idée dans deux directions: tout d'abord, nous pouvons vivre par la foi dans l'autorité de la parole du Seigneur. Celle-ci est une œuvre du Saint-Esprit qui crée en nous cette conviction, aussi longtemps que nous nous soumettons à Lui.

Deuxièmement, nous pouvons être fidèles l'un à l'autre, autant que Dieu est fidèle. Le Saint-Esprit produit en nous la fidélité. En raison du fait qu'Il est digne de confiance, nous pouvons également être confiants entre nous.

Comme la nature de Dieu c'est d'être fidèle, le Fils de Dieu a été fidèle jusqu'à la mort. Foi ou conviction en Dieu et ses promesses doivent nous guider à être fermes en lui et à générer de la fidélité dans tous les aspects de notre vie.

Il est important de savoir que c'est Dieu qui produit en nous le vouloir comme le faire (Philippiens 2:13) et de la même manière, la fidélité à Dieu ne dépendra pas de la force humaine mais de la disposition que chaque chrétien possède de que l'Esprit travaille dans sa vie.

Les Écritures nous décrivent constamment que l'amour, la fidélité et l'obéissance à Dieu se traduiront par des actions concrètes envers les autres, dans un véritable témoignage où chaque chrétien est conforme aux enseignements du Christ.

Dans la Bible, nous trouvons plusieurs exemples d'hommes qui, à cause de leur foi, étaient fidèles à Dieu; Abel, qui a fait une offrande agréable à Dieu, Noé qui, par obéissance, a construit l'arche pour se sauver, Abraham qui a quitté sa patrie et ses proches, par sa fidélité, Moïse, capable de sortir le peuple d'Israël d'Egypte (Hébreux 11). C'est par la confiance en Dieu que les hommes et les femmes ont toujours quitté tout ce qu'ils avaient et ont mis leur vie en danger, pour la décision de rester fidèle à Dieu.

2. Être fidèle à qui?

La vie du chrétien est toujours dans un mouvement vertical et horizontal: vers Dieu et envers son prochain, pour que la fidélité soit démontrée dans les deux domaines, dans la relation avec Dieu et le prochain.

A. La fidélité à Dieu

Les chrétiens ont reçu une mesure de la grâce de Dieu qu'ils doivent administrer et utiliser pour sa gloire (Matthieu 25: 14-30, 1 Pierre 4:10). Il y aura une responsabilité envers Dieu à propos de ce qui nous a été donné, de sorte qu'Il soit nécessaire de faire une révision constante: De quelle manière en tant que jeune chrétien je montre la gloire de Dieu? A quoi ou qui suis-je fidèle? À Dieu ou à mes souhaits ou à ma volonté? Parfois, nous sommes plus fidèles à des études, à des amis, à un courant philosophique, à la petite amie ou au petit ami, à mes objectifs plutôt qu'à Dieu. Au milieu de tout, Dieu est déplacé.

Le chrétien doit être fidèle dans la prière (1 Thessaloniciens 5:17), l'étude de la Parole (Actes 17:11), la communion (Hébreux 10:25) et évangélisation (Matthieu 28: 19-20). En ce sens, il y a des actions très concrètes où nous montrons la fidélité à Dieu, demandez: combien de temps consacrez-vous à lire la Parole, à la prière, le service et la communication du message du salut?

B. Fidélité envers le prochain

Le monde doit considérer les chrétiens comme des personnes de confiance. Les chrétiens doivent être de employés fidèles, qui obéissent avec «la crainte et le tremblement, avec la simplicité de leur cœur» (Ephésiens 6: 5). Ils doivent amis fidèles (Proverbes 18:24, Jean 15:13). Et ils doivent être de vrais prochains de toute la race humaine (Luc 10: 30-37; Romains 12: 14-21).

De toute évidence, la fidélité à Dieu conduira à un comportement approprié envers les autres. À de nombreuses occasions, les croyants font des discours spiritualistes, mentionnent Dieu, ont un vocabulaire religieux, mais ils ne veulent pas s'impliquer dans un service ou un ministère et quand on leur demande de l'aide, ils ne peuvent jamais.

Chaque chrétien doit assumer l'engagement d'aimer, de respecter, d'être fidèle, d'obéir et d'honorer les autres, comme Dieu nous aime et reste fidèle à nous.

3. Être fidèle avec des preuves claires

Le chrétien fidèle à la Parole et à la voix de Dieu ne présentera pas d'œuvres selon la chair. Paul mentionne au moins dix-sept œuvres telles que l'adultère, la jalousie, l'envie, l'idolâtrie, les orgies, etc. (Galates 5: 19-21), le Chrétien évitera toutes les œuvres de la chair, que ce soit la pensée ou l'action. Ceci est d'être fidèle. Non seulement être d'accord avec une affirmation, mais avoir la ferme conviction que l'affirmation est la réalité et accepter les conséquences pour soi-même.

La fidélité est une attitude d'engagement solide et profond qui implique la totalité de notre vie, non seulement des parties. La fidélité affecte la vie intérieure et le comportement externe. Alors, pour être un engagement complet avec le Seigneur, des actions et des attitudes se présentent selon sa Parole.

En résumé, la fidélité est la conviction ferme qui produit une reconnaissance totale de la parole du Seigneur comme vérité et acceptation des conséquences pratiques dans la vie quotidienne.

Bien que notre société moderne ait décidé de dévaluer la fidélité, sans cette vertu persévérante et constante, nous ne pouvons pas atteindre le «prix de l'appel suprême de Dieu en Jésus-Christ» (Philippiens 3:14). La lamentation de notre Seigneur s'applique toujours au présent: «Quand le Fils de l'Homme viendra, trouvera-t-il la foi sur la terre? «(Luc 18: 8).

La fidélité est la qualité primordiale d'un apôtre, Paul le mentionne dans 1 Corinthiens 4: 2 «il faut que les administrateurs trouvent chacun d'eux». La principale exigence du chrétien est la vérité et fidélité à Dieu. Ce qu'il faut, ce n'est pas l'éloquence de la parole, ni les grandes capacités, mais la fidélité à Dieu dans sa vie quotidienne.

Dans un monde postmoderne où tout est si changeant, nous devons rester fidèles à Dieu, non pas comme une obligation mais comme un avantage pour nos vies, puisque marcher en Dieu se traduit par le bien-être du croyant. Si on a bien réfléchi, chaque croyant peut témoigner de la fidélité de Dieu, mais il convient de réfléchir quand nous avons été fidèles à Dieu.

Révisez / Application:
Guidez vos élèves pour avoir une table de discussion avec les questions suivantes. Essayez que tous participent et guidez les réponses.

1. En tant que chrétien, qu'est-ce qui t'aide le plus pour mettre ta foi en Dieu?
2. Qu'est-ce qui te fait croire en Dieu?
3. Partage une expérience dans laquelle tu as appris à te confier en Dieu.
4. As-tu du mal à faire confiance à Dieu dans tes expériences actuelles?

Défi:
Il est important de réfléchir au cours de la semaine sur la façon dont nous avons montré notre fidélité à Dieu dans notre jeunesse. Pense à une action que tu as faite avec d'autres (famille, voisins, école ou partenaires de travail) où tu peux démontrer ta fidélité à Dieu et la réaliser, partage ton expérience dans la classe suivante.

Soyons Débonnaire

Helen Andújar • Porto Rico

Objectif: Que l'élève comprenne que la douceur comme fruit du Saint-Esprit est une vertu intérieure qui se manifeste dans la sagesse pour faire face à des situations conflictuelles.

Pour mémoriser: «*Si nous vivons par l'Esprit, marchons aussi par l'Esprit*» Galates 5:25

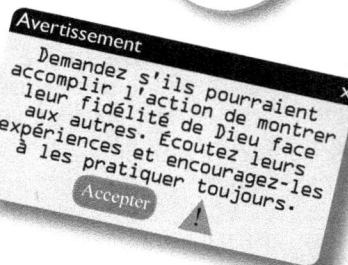

Avertissement

Demandez s'ils pourraient accomplir l'action de montrer leur fidélité de Dieu face aux autres. Écoutez leurs expériences et encouragez-les à les pratiquer toujours.

Accepter

Connecter | Télécharger

Dynamique d'introduction (12 à 17 ans).

• Matériaux: Papier et crayons.

• Instructions: Demandez à vos élèves de répondre aux questions suivantes:

1. Comment définiriez-vous la «douceur»?

2. Nommez quelques exemples de douceur selon ce que vous savez.

Dynamique d'introduction (18 à 23 ans).

• Matériaux: Feuille de travail avec les questions suivantes.

• Instructions: Donnez une feuille à chaque élève. Demandez-leur de répondre aux questions suivantes.

1. Soutiendrais-tu tes amis s'ils se disputaient?
   A) Oui B). Peut-être C). Non

2. Tolères-tu les enfants bruyants sans protester?
   A) Oui B). Peut-être C). Non

3. Quand quelqu'un te crie, est-ce que tu réponds aussi? A) Oui B). Peut-être C). Non

4. Si quelqu'un t'incite à te battre, es-tu prêt à te battre? A) Oui B). Peut-être C). Non

5. Si quelqu'un t'offense, prévois-tu une revanche?
   A) Oui B). Peut-être C). Non

Qualification des réponses:

1. A) 4 pts. 2. A) 4 pts. 3. A) 2 pts. 4. A) 2 pts. 5. A) 2 pts.
   B) 3 pts.   B) 3 pts.   B) 3 pts.   B) 3 pts.   B) 3 pts.
   C) 2 pts.   C) 2 pts.   C) 4 pts.   C) 4 pts.   C) 4 pts.

Résultats: 20 à 18 pts.   Tu reflets avoir de la douceur
17 à 15 pts.   Tu peux améliorer
14 à 0 pts.   Tu dois mieux procurer

Connecter | Télécharger

La douceur est une attitude de ceux qui aiment Dieu «est la sérénité et l'absence d'égoïsme» (Dictionnaire théologique Beacon, MNP, E.U.A.: S / f, p.417). C'est une qualité qui est mentionnée dans le fruit de l'Esprit, quiconque a l'Esprit doit le posséder. C'est une attitude d'humilité et de gentillesse qui fait que le croyant soit patiemment soumis à l'offense reçue sans céder au désir de vengeance ou de rétribution.

1. Conduite qui plait à Dieu

La soumission à la volonté de Dieu est un comportement qui plaît à Dieu (Colossiens 3: 12-14). Chaque croyant doit repousser toute attitude pécheresse et se vêtir selon la ressemblance du Christ, régénéré et conduit par le Saint-Esprit. Le chrétien doit être plein de miséricorde, de bonté, d'humilité, de douceur et de patience. Cela témoignera d'un comportement et d'une attitude qui reflète le caractère de Christ dans sa vie quotidienne.

Nous devons rejeter l'injustice, l'envie, la haine, la jalousie ou toute autre attitude pouvant affecter notre relation avec d'autres personnes. Pratiquer avec diligence l'amour, la compassion, l'humilité et la douceur feront refléter le Christ dans la vie du croyant. C'est la volonté de Dieu.

La raison qui nous pousse à agir avec douceur avec les autres est de jouir du pardon du Christ. «De la manière dont Christ vous a pardonné, vous aussi faites-le» (Colossiens 3: 13b).

Nous ne pouvons pas donner ce que nous n'avons pas reçu. Le pardon de Dieu apporte l'amour à nos vies, qui est le «lien parfait» et nous guide pour cultiver le fruit de l'Esprit comme une douceur.

2. Être prêt pour apprendre

Quelque chose qui nous aide à cultiver la douceur est la Parole de Dieu implantée dans la vie du croyant. Jacques souligne combien il est important de se débarrasser de tout péché afin de recevoir l'enseignement de la Parole de Dieu (Jacques 1: 21-25). La principale raison qu'il présente est que la Parole peut sauver l'âme. Il est donc important de suivre les conseils de Jacques, étant des faiseurs laissant que la Parole de Dieu soit celle qui façonne notre vie comme chrétien et non les actions du monde.

La connaissance de la Parole aide le croyant à persévérer avec un cœur ferme pour recevoir la couronne de la vie qui a été promise aux humbles et aux humbles de cœur. Avec une volonté d'apprendre, notre vie sera plus facilement façonnée par le Saint-Esprit et montrera le fruit de la douceur.

Dans Jacques 1: 13-16, il nous montre l'importance de refléter les caractéristiques du Christ dans la vie quotidienne. Un comportement qui ne reflète pas le fruit de la douceur est ce qui vient de l'envie, de la jalousie, amertume, haine, égoïsme et autres. Cependant, comme l'arbre est connu par ses fruits, le croyant par ses fruits, il sera annoncé. Seule la Parole de Dieu transforme et change la vie du croyant. Il doit le garder avec diligence et surtout le mettre constamment en pratique, en étant non seulement son écouteur. Écouter la parole et ne rien faire est le signe d'un cœur trompé. Jacques exhorte le croyant à être un bon acteur de la Parole qui a été implantée dans son cœur. Par conséquent, on doit pratiquer ce qu'on prétend croire.

L'invitation à s'efforcer de rechercher Dieu chaque jour fera que le Christ manifestera dans notre vie envers les autres. L'appel est clair, nous devons être saints dans tout notre mode de vie, car Il est saint. La sainteté n'est pas quelque chose qui peut être imitée, copiée ou apprise. C'est le résultat d'une dépendance totale dans la grâce du Christ. Il a donné sa vie sur la croix du calvaire pour pardonner nos péchés, mais aussi pour nous donner une nouvelle vie. Une vie avec l'Esprit.

3. Considérer les autres

Les êtres humains ont besoin les uns des autres, personne ne peut vivre complètement indépendant. Ceux qui sont des chrétiens appartiennent au corps du Christ et ont besoin les uns des autres pour accomplir la mission de l'église.

L'apôtre Paul a demandé aux frères en Christ de supporter les fardeaux les uns des autres. Cela a également motivé le fait que si quelqu'un était pris en défaut, ils aideraient dans le processus de restauration et qu'ils ne jugent pas, parce que n'importe qui pourrait tomber dans la même tentation (Galates 6: 1-3). Paul a indiqué que nous faisons cela avec douceur. Le frère devrait aider avec gentillesse et sans orgueil. La personne qui a de la douceur peut mieux accomplir la loi de Dieu que celle qui observe seulement les rituels et manque d'amour dans son cœur.

Finalement, nous pouvons dire que la douceur est une disposition au calme et à l'équilibre. Il est important que la douceur dans l'utilisation du pouvoir et de l'autorité sans abuser et face aux critiques ne soit perçue et les attaques restent sous contrôle et ne se déprimer pas. «Si le prince a été élevé contre toi, ne laisse pas ta place; car la douceur fera cesser les grands délits" (Ecclésiaste 10: 4); la réponse douce calme la plus grande colère, Proverbes 15: 1 déclare: «La réponse douce enlève la colère; mais la parole dure soulève la fureur». La douceur dans la conduite nous fait accepter avec joie, sans nous disputer ou y résister. Christ était le maximum exemple de douceur. Tout croyant qui aspire à vivre comme le Christ doit l'imiter, pratiquer toujours cette belle vertu.

Révisez/Application: Demandez à vos élèves d'écrire les réponses aux questions suivantes.

1. Selon Galates 5:22 Qu'est-ce que la douceur? Partie du fruit du Saint-Esprit.

2. Comment interprètes-tu Ecclésiaste 10: 4 et Proverbes 15: 1? Ne vous laissez pas déprimer et restez sous contrôle (Ecclésiaste 10: 4). La réponse douce calme la plus grande colère (Proverbes 15: 1) est le comportement que nous fait accepter les choses joyeusement sans discuter ni y résister.

3. Qu'est-ce que Galates 6:1 enseigne au sujet de la douceur? Paul a motivé que si quelqu'un était pris en défaut, ils l'aideraient dans le processus de restauration avec douceur.

4. Pourquoi devrions-nous restaurer ceux qui échouent dans un esprit de douceur? Parce que nous pouvons aussi être tentés et tombés dans une erreur.

5. Écris des exemples pratiques de la façon dont il faut agir avec douceur.

Sur un papier de bristol ou de papier simple, permettez aux étudiants d'écrire des exemples pratiques de la façon de réagir avec douceur dans différentes situations. Ensuite, mettez l'écriture sur le mur du salon pour qu'ils puissent le voir tous les deux dimanches de l'unité sur le fruit de l'Esprit

Défi: Pendant la semaine, teste ton comportement face à des événements inattendus, notes-les dans un cahier et dessines deux colonnes, écris une réaction avec douceur et une autre, sans elle.

Récupérer le contrôle!

Carlos Saavedra • Pérou

Objectif: Que l'élève comprenne que la tempérance, fruit de l'Esprit Saint, se manifeste par la maîtrise de soi dans tous les aspects de notre vie.

Pour mémoriser: «*Ne vous enivrez pas de vin: c'est de la débauche. Soyez, au contraire, remplis de l'Esprit*» Ephésiens 5:18

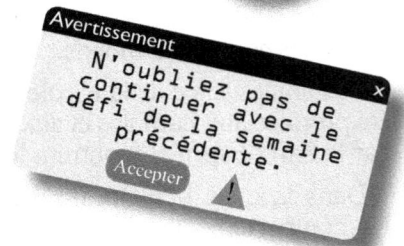

Avertissement

N'oubliez pas de continuer avec le défi de la semaine précédente.

Accepter

Connecter — Télécharger

Dynamique d'introduction (12 à 17 ans).

- Matériaux: Feuille avec les passages trouvés ci-dessous dans les instructions.
- Instructions: Définissez brièvement le terme tempérance. Demandez aux élèves de lire le passage biblique et qu'ils placent dans l'espace vide les faits qui montrent la tempérance ou son absence.

    1. Genèse 39
    2. 1 Samuel 13:12
    3. Genèse 2-3
    4. Genèse 4

    Dans la Bible, nous trouvons de nombreux exemples des personnes qui avaient la tempérance et d'autres qui non, la différence était la direction du Saint-Esprit, nous devons prendre la grâce que Dieu nous offre.

Dynamique d'introduction (18 à 23 ans).

- Matériaux: Feuille avec les passages suivants.
- Instructions: Demandez aux élèves de lire les citations bibliques et mettre en ligne le domaine où nous devons faire preuve de tempérance:

    1. Jacques 3:8
    2. Ephésiens 4:26
    3. 1 Corinthiens 9:25; 1 Pierre 2:11
    4. Colossiens 6:12
    5. 1 Thessaloniciens 5:22

    Nous devons avoir de la discipline dans tous les domaines de notre vie, nous ne pouvons pas seuls, nous devons chercher Dieu, seulement avec l'aide de son Esprit, nous pouvons avoir de la tempérance dans nos vies.

Connecter — Télécharger

«La maîtrise de soi est l'une des grâces chrétiennes (Galates 5:23, 2 Pierre 1: 6). Il est essentiel de réaliser la victoire dans la course chrétienne, ainsi que dans une compétition sportive (1 Corinthiens 9:25). Il est sous le guide du Saint-Esprit. La tempérance ou la maîtrise de soi est la force intérieure qui contrôle nos passions et nos souhaits. L'un des plus beaux passages du livre des Galates est le Fruit de l'Esprit, qui s'oppose aux œuvres de la chair» (In Search of the Spirit, Ralph Earle, MNP, E.U.A: 1994, pp. 97-98)

1. Nous devons marcher dans l'Esprit

Si nous marchons dans «la chair» (Galates 5: 19-21), selon nos désirs ou nos pensées, ce qui arrivera face à une tentation, une difficulté ou une agression seront notre nature déchue. S'ils nous insultent, nous répondrons par des insultes, s'ils nous font du mal, nous chercherons à nous venger, si nous sommes tentés de faire le mal, il est très probable que nous le fassions. C'est pourquoi nous avons besoin du fruit de l'Esprit dans notre vie, c'est-à-dire la tempérance et toutes ses caractéristiques.

La tempérance ou la maîtrise de soi donne au chrétien le contrôle des décisions. La Bible nous donne un exemple clair de la tempérance en se référant à l'utilisation de nos paroles dans Proverbes 16:23-24. Lorsque la personne a de la tempérance, il se manifestera dans son discours. Non seulement il montrera de la sagesse, mais cela bénira ceux qui l'entendent.

Dans Jacques 3: 5-6, la Parole de Dieu dit que la langue est petite mais se vante de grandes choses et qu'elle contamine tout le corps. Le verset 2 nous dit que si nous pouvons retenir la langue, nous pouvons retenir tout le corps. Ceci est un exemple clair de tempérance. Le terme retenir est utilisé en référence aux chevaux quand ils sont tenus avec le frein. Et appliqué aux gens, cela signifie dominer, apaiser. Quand l'être humain est capable de contenir ses paroles devant une situation inattendue dans le but de faire le mieux, on dit qu'il a de la tempérance.

Mais la tempérance englobe plus que nos paroles. Les médecins ont prouvé qu'une personne peut influer sur son corps en fonction de ce qu'elle dit ou pense, parce qu'il envoie des ordres à son système nerveux central: «Je suis fatigué, je n'ai pas de force, Je ne peux rien faire» et le cerveau dit:» Oui, c'est vrai».

Voici une liste d'actions dans lesquelles nous devons avoir le contrôle sur nous-mêmes: La manière où nous pensons, mangeons, parlons, gérons de l'argent, utilisons le temps, dans nos attitudes, dans se lever tôt pour chercher Dieu, l'attitude avec laquelle nous faisons les choses pour servir Dieu, dans les désirs sexuels, dans la façon dont nous nous habillons, etc.

Dieu nous a choisis et nous a donné des fruits (Jean 15:16). Il est la vigne et nous sommes les branches, nous devons rester en lui, car à part nous ne pouvons rien faire. C'est le seul moyen de vivre l'Esprit et porter des fruits, quand nous sommes connectés quotidiennement, en permanence, constamment avec Christ qui est la source de la vie.

2. Comment marcher dans l'Esprit?

«... à être renouvelés dans l'esprit de votre intelligence, et à revêtir l'homme nouveau, créé selon Dieu dans une justice et une sainteté que produit la vérité.» (Ephésiens 4: 23-24). Nous devons laisser Dieu parler par notre bouche, écouter à travers nos oreilles, caresser nos mains.

Nous devons abandonner nos pensées à Dieu et nous charger de ses pensées, rendre le bien pour le mal (Proverbes 17:13). Aimer nos frères, les respecter et les accepter tels qu'ils sont, sans se disputer avec arrogance, sans être sage à notre avis. Comme le dit Romains 12:21, «Ne te laisse pas vaincre par le mal, mais surmonte le mal par le bien».

Nous devons être prêts à marcher «le deuxième mile». Face à une infraction ou à une provocation, nous ne pouvons pas rester passive, nous devons canaliser notre réaction: «au lieu de la malédiction, la bénédiction».

Nous devons utiliser les armes spirituelles que Dieu nous a données, les pensées qui nous tentent sont comme fléchettes tirées par l'esprit. Nous devons les éteindre avec le bouclier de la foi. Ce n'est pas un péché si les pensées viennent, mais c'est si nous jouons avec elles, si nous nous inclinons et si nous restons en elles.

Joseph était capable de surmonter la tentation de pécher avec la femme de Potiphar, car il avait de la tempérance. Comment nous le faisons:

- Confessant nos faiblesses à Dieu.
- Consacrant pleinement notre vie à Dieu (Romains 12: 1-2).
- Demandant à Dieu de nous aider à éliminer les mauvaises habitudes (1 Jean 5: 14-15).
- Ayant une vie d'obéissance (1 Jean 5: 3).
- Demeurant en Christ (Philippiens 2:13).
- Demandant à être rempli par l'Esprit (Luc 11:13).
- Laissant la parole demeurer plus abondamment dans nos cœurs.
- Soumettant et marchant dans l'esprit (Galates 5:24).
- Servant le Christ (Romains 6: 11-13).

Le but de Dieu pour ses enfants est de marcher dans la pureté morale, de se prémunir contre la dépravation, pas comme une option, mais comme un mandat pour chaque croyant (1 Thessaloniciens 4: 3). Seulement quand l'Esprit tient le contrôle de notre vie, cela affectera tous les domaines de la vie quotidienne. Et c'est le seul moyen que la volonté de Dieu se réalise.

Cela ne signifie pas que nous ne serons plus tentés par le péché, mais de manière significative nous sommes libres de la «domination» du péché! (Romains 6:14) Et nous pouvons dire «non» à la tentation.

La tempérance est un fruit qui nous aidera à faire face à la tentation. C'est pourquoi il est important de le recevoir et de le cultiver dans notre vie.

Révisez / Application: Guidez vos élèves à analyser les phrases suivantes et déterminer si elles sont correctes ou incorrectes.

1. Dans Romains 7, Paul décrit l'homme naturel comme incapable de résister à la tentation. (Correctes)
2. Selon Paul, le secret de la maîtrise de soi est de marcher dans l'esprit (Correctes)
3. Sans la sainteté, la maîtrise de soi est impossible. (Correctes)
4. Selon la Bible, les seuls à avoir besoin de se maîtriser sont les leaders. (Incorrectes)
5. Avec la tempérance dans notre vie il n'y aura plus de tentations. (Incorrectes)

Défi: Au cours de cette semaine, dresse une liste des situations dans lesquelles tu as eu besoin de tempérance ou de maîtrise de toi-même et note les moments où tu as agi guidés par l'Esprit.

Premier Amour

Objectif: Que l'étudiant connaisse l'avertissement, l'invitation et la promesse que Dieu a faite à l'Église d'Éphèse et l'applique à sa vie.

Pour mémoriser: *«Mais ce que j'ai contre toi, tu as laissé ton premier amour.»* Apocalypse 2:4

Avertissement

Dialoguez avec vos étudiants en ce qui concerne le défi qu'ils ont eu durant la semaine. Encouragez-les à continuer à prier pour pouvoir cultiver fruit de l'Esprit.

Accepter

Connecter | Télécharger

Dynamique d'introduction (12 à 17 ans).

- Matériaux: Feuilles de papier et stylos ou crayons pour écrire.
- Instructions: Demandez à vos élèves d'écrire sur un papier trois façons dont ils savent qu'une personne les aime (Par exemple, un câlin, un cadeau, une lettre, des mots d'encouragement, etc.). Puis collez les papiers sur le tableau et parlez avec eux sur l'importance de manifester l'amour à travers des actions.

Dynamique d'introduction (18 à 23 ans).

- Matériaux: Un grand morceau de papier et un crayon ou un tableau
- Instructions: Demandez à vos élèves de mentionner les échantillons d'amour que font les couples (cadeaux, câlins, sorties ou choses qui leur viennent à l'esprit). Ecrivez-les au tableau. Ensuite, parlez de que se passerait-il si à tout moment ils s'arrêtaient de manifester l'amour les uns aux autres.

Connecter | Télécharger

L'amour est un sentiment qui est vraiment beau et puissant. Magnifique car il nous fait vivre des sensations que nous n'avons jamais imaginé sentir et apprécier. Puissant parce qu'il a transformé notre façon de voir la vie, d'améliorer nos actions et attitudes. Lisez Apocalypse 2: 1-7.

1. Avertissement de ne pas abandonner le premier amour

A. L'omniscience de Dieu

Il est extrêmement important de souligner l'affirmation du Seigneur «Je connais tes œuvres» (Apocalypse 2: 2). Dieu n'a pas besoin que les gens commentent le comportement des autres et encore moins le nôtre. Il connait tout, il sait tout. Personne d'autre que Dieu ne nous connaît parfaitement (Jean 2: 24-25). Les effets de l'omniscience de Dieu sur l'homme et la femme de foi ont incité l'Eglise d'Éphèse à attendre la réponse de Dieu à la diversité des problèmes auxquels ils ont été confrontés, ils ont confié que Dieu connaissait leur situation. David, dans Psaume 40: 1, a déclaré: «J'ai attendu patiemment Jéhovah et Il s'est incliné son oreille vers moi, et il a entendu mon cri». Il est important d'utiliser la prière comme moyen de communication directe avec notre Créateur pour exprimer nos peurs, nos préoccupations et nos besoins et il renforcera notre foi et notre espoir.

B. Les œuvres de l'église d'Éphèse

Bien que nous ne trouvions pas la qualification de bonnes œuvres, nous supposons que le Seigneur, en soulignant les vertus de l'église s'y référait implicitement. Premièrement, il a souligné son travail acharné (v.2a). Il n'y a aucun doute que l'église d'Éphèse était une église active. Son travail n'était pas centré sur la construction de bâtiments ou dans l'acquisition de richesses ou de biens, mais plutôt dans la prédication de l'Evangile, dans la suite ou la croissance de nouveaux convertis et la sanctification des croyants. Deuxièmement, le Seigneur a mis l'accent sur la patience à deux reprises (vv.2b, 3). Cette vertu a renforcé la force de l'Église face aux menaces, aux persécutions, aux injustices, à la souffrance et à la diversité des procès auxquels ils ont été confrontés. Troisièmement, l'église n'a pas permis le mal dans la congrégation. Quand l'église a découvert des gens qui avaient intelligemment mélangés entre eux et que leurs buts étaient étranges à la volonté de Dieu, il les a expulsés (vv.2b, 6) après avoir vérifié leurs faux intérêts dans l'œuvre de Dieu (Psaume 97: 10a). Dieu connaissait même le plus petit détail du dur labeur accompli par l'Église d'Éphèse et mis en évidence ses vertus à cet égard.

2. L'invitation à se repentir et à pratiquer les premières œuvres

Dieu a traité d'une manière très spéciale et avec beaucoup de subtilité la situation vécue par l'Église d'Éphèse. Il les a encouragé en avouant qu'il connaît tout. Il a souligné et reconnu son travail acharné et a exalté chacun de ses vertus. Mais leur travail acharné, en dépit d'être bon, n'était pas agréable devant Dieu, car ils ont abandonné leur premier amour (v.4). Avec beaucoup d'amour et de détermination, Dieu a exprimé son mécontentement, son aversion envers eux parce qu'ils ont laissé leur premier amour et les ont invités à se repentir de leur cœur pour leur péché. Jésus a affirmé que pour notre service est agréable aux yeux de Dieu, il faut obéir à l'amour de Dieu (Matthieu 7: 21-23). Dieu ne nous reconnaîtra que par les actions que nous accomplissons en son nom (Psaume 127: 1a). Nous pouvons faire ou construire beaucoup de bonnes choses au nom du Seigneur mais si nous ne l'aimons pas de tout notre cœur, ce sera en vain. Cependant, l'amour de Dieu qui dépasse toute compréhension offre une nouvelle opportunité pour la repentance à l'église d'Éphèse (v.5a).

«Pratiquez les premières œuvres» (v.5b), la vraie repentance implique un changement d'attitude, un changement de direction, bien sûr (Jean 14:15). C'est-à-dire que le premier et indispensable travail était de retourner à Jésus, son premier amour, afin que ses œuvres soient motivées par l'amour du Christ. L'église doit recommencer en retournant à son premier amour et travaillant dur, cette fois, motivée par l'amour de Jésus. De cette manière, son travail ministériel serait au goût de Dieu.

3. La promesse de Dieu aux vainqueurs

Dieu ne fait pas acception de personnes, tous les membres de l'Église d'Éphèse ont eu l'occasion d'être victorieuse, il leur a dit «À celui qui vaincra ...». Tout le monde connaissait cette exigence divine, tout le monde voulait l'atteindre mais tous n'étaient pas préparés spirituellement pour y parvenir. Il ne suffit pas de désirer ou de vouloir obtenir quelque chose, mais on doit se préparer à atteindre l'objectif proposé.

L'église d'Éphèse manquait d'amour. L'amour est volontaire, l'Eglise d'Ephèse était responsable de sa décision à cet égard.

L'amour de Dieu est vraiment merveilleux. Dans l'Ancien et le Nouveau Testament, ils sont preuves de son amour. A ceux qui l'aiment, Dieu a promis sa présence, son soutien et la garantie qu'Ils vaincraient n'importe quel ennemi ou circonstance de la vie. Différentes citations comme Josué 1:5,9; Romains 8:37; Philippiens 4:13 nous parle de la présence et du soin de Dieu pour nous. Non seulement Dieu a exigé que l'église soit sainte, compatissante et victorieuse, mais elle garantissait aussi la sécurité de sa présence et leur pouvoir pour remporter la victoire.

Dans Genèse 3:22-23, il est rapporté que nos premiers parents, Adam et Eve, à la suite de leur péché ont perdu l'accès à l'arbre de vie et ont été expulsés du jardin. Chez l'homme, Adam a été privé du Paradis et le privilège de goûter le fruit de l'arbre de la vie, mais en Christ les gagnants seront restaurés à leur état d'origine et encore une fois le privilège de profiter du paradis de Dieu et de manger les fruits de l'arbre de vie (v.7).

L'église d'Ephèse était enthousiaste, dynamique, laborieuse, patiente et jalouse dans l'exercice du ministère, mais malgré son travail acharné dans le ministère, elle n'a pas plu à Dieu parce qu'elle avait oublié le meilleur, l'amour de Dieu et à leurs semblables. L'activisme ou l'action sociale pour peu de profit si elle n'est pas motivée par l'amour de Dieu vers nos semblables. La victoire de l'église dépendait toujours et dépendra de sa relation personnelle avec Dieu. Mangeons toujours le pain de la vie, Christ, pour renforcer notre foi, atteindre la victoire et avoir accès au paradis de Dieu et de l'arbre de vie.

Révisez/Application: Demandez à votre classe de répondre aux questions suivantes.

1. Qu'est-ce que le Seigneur a souligné en premier à l'Église d'Éphèse? (Son travail acharné.)
2. Quelle vertu a fait la force de l'église face aux menaces et les persécutions? (Patience.)
3. Qu'implique la vraie repentance? (Un changement d'attitude, changement de direction, bien sûr.)
4. Pour qui est la promesse de manger de l'arbre de vie? (Pour ceux qui ont vaincu.)
5. Sur quoi dépend la victoire de l'église? (De sa relation d'amour avec Dieu.)

Défi: Rappelles-toi quand tu viens de donner ta vie à Jésus. Que faisais-tu à ce moment-là? Tu as peut-être beaucoup lu la Bible, prié régulièrement, essayé de ne pas manquer les services religieux. Pendant quelques instants, réfléchis à ce que tu as cessé de faire et demande au Seigneur de t'aider à avoir cette chaude communion que tu as eue avec lui au début.

Convictions Fermes

Aldo Genes • Paraguay

Avertissement
Commencez la classe en questionnant à propos de l'analyse de leur vie depuis qu'ils ont accepté Jésus comme leur sauveur.

Accepter !

Objectif: Que l'étudiant connaisse la relation que Dieu a établie avec l'Eglise Smyrne et l'appliquer à sa vie.

Pour mémoriser: *«... Sois fidèles jusqu'à la mort, et je te donnerai la couronne de vie»* Apocalypse 2:10c

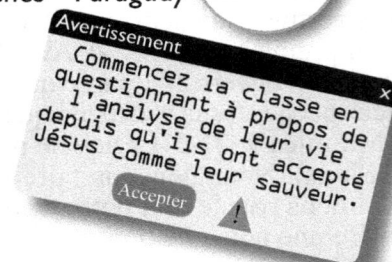

Connecter | Télécharger

Dynamique d'introduction (12 à 17 ans).

- Matériaux: Papier découpé ou carton de la taille d'une carte d'invitation (12 x 8), crayons ou stylos.

- Instructions: Demandez à vos élèves d'écrire une carte d'invitation à leurs anniversaires. Il faut que celle-là soit une carte formelle qui devrait inclure: La date, le lieu et l'heure, mais aussi, un avertissement qui indique que sur chemin pour arriver sur le lieu d'anniversaire il y a un serpent venimeux. En tant qu'organisateur, promettez de fournir des moyens, personne ou ressource pour surmonter une telle adversité. La carte ne doit pas contenir plus de cent mots. Puis demandez-leur de lire certaines cartes. Ensuite, vous pourrez commencer la leçon et expliquer que les chrétiens de Smyrne qui étaient déjà privés de leur liberté ont été avertis que des situations difficiles se présenteraient et elles ne seraient pas facultatives.

Dynamique d'introduction (18 à 23 ans).

- Instructions: Construisez des groupes et chacun, à travers les mimiques «raconte» une certaine expérience dans laquelle la personne a été embarrassée. Cela peut être un confinement pour une punition dans la maison ou l'école; un confinement dans un ascenseur ou un confinement dans une toilette avec une clé interne mais pas externe. Même si quelqu'un avait la triste expérience d'être enfermée dans une garde a vue ou la prison, on peut le partager également. Ensuite, demandez: «Qu'as-tu ressenti pendant cette situation?» L'idée de cette activité est de comprendre mieux, développer l'empathie et la solidarité avec les chrétiens de Smyrne qui étaient déjà privé de leur liberté et averti qu'ils subiraient plus de claustration et de persécutions.

Connecter | Télécharger

«La fidélité à Dieu au milieu de la pauvreté et de l'adversité», serait un titre magnifique pour la situation que les chrétiens de Smyrne vivaient. Dans les temps où le message du Seigneur a été enregistré à cette église, Smyrne était une ville prospère et belle qui rivalisait avec Éphèse et Pergame pour un titre convoité: «Première Ville d'Asie». Mais la communauté chrétienne de cette ville était pauvre et persécutée par la communauté juive, qui les a dénoncés et a ordonné leur emprisonnement tout en confisquant leurs biens. Dans ce contexte, les chrétiens de Smyrne étaient une communauté riche en convictions et fidélité au Seigneur.

1. Avertissement

A. Ils seront éprouvés

Les épreuves viennent de Dieu et elles sont destinées à développer le caractère, la patience, la dépendance et une plus grande recherche de lui. Comme dans le cas de Job, Satan ne peut agir sans «autorisation» de Dieu. Et même avoir «Sa venue» ne peut pas toucher nos vies (Job 1-2). Tout le commentaire de la phrase précédente, obéit à ce que le texte dit: «Le diable va jeter certains d'entre vous en prison pour que vous soyez prouvés». Demandez: Lequel de vous aimerait être privé de sa liberté? Les croyants de Smyrne étaient averti que, à cause de leur fidélité à Dieu, ils continueraient à être éprouvés dans une telle fidélité et un tel amour de Dieu, a point d'être enfermé dans une prison.

B. Vous aurez des afflictions

Le Seigneur, loin de les encourager dans la situation dans laquelle ils se trouvaient, les préparait à de plus mauvais fléaux, mais il les a assuré que ce serait bref (v.10). Les dix jours pourraient être une référence à l'épreuve des amis de Daniel (Daniel 1: 12-14). L'ère que nous devons vivre avec le postmodernisme rejette tout ce qui souffre et douleur pour céder la place à tout ce qui produit du plaisir et de la satisfaction. Les chaires et les prédicateurs chrétiens, n'ont été exemptés de cette tendance et il est plus facile d'écouter des prédications auto-motivantes, des promesses de bénédiction et de prospérité. La «prédication» que recevaient les membres de Smyrne étaient que «le paiement» à leur fidélité serait une tribulation plus grande (1 Pierre 1:6-7).

2. Invitation

A. Ne crains pas ce que tu dois surmonter

Au lieu d'être découragés, les chrétiens de Smyrne devaient se fier au même Seigneur Jésus-Christ qui a donné l'avertissement, il leur a également donné des invitations et promis de surmonter la difficulté qu'ils traverseraient. (1 Corinthiens 10:13)

Dans l'expression "Ne crains pas du tout ce que tu as à souffrir" (v.10), on voit presque une réplique de ce que Jésus a vécu quelques heures avant la croix. Dans "que ta volonté soit faite" de Luc 22: 42-43, nous voyons Dieu, non l'empêchant de traverser l'expérience douloureuse mais d'envoyer des anges pour le renforcer. De la même manière, Jésus n'a pas dit au Smyrne: «à cause de la grande épreuve qui vient pour toi, je te délivrerai d'un tel mal»; Il leur a dit: «N'aie pas peur de ce que tu auras à souffrir». En d'autres termes, le Seigneur a permis la situation difficile mais les a invités à ne pas craindre, car Dieu connaissait la fidélité des Smyrniens et connaît les cœurs et la fidélité de chacun.

L'exhortation à ne pas craindre est au centre du message de la révélation. Les lâches sont les premiers parmi ceux qui n'entreront jamais dans le royaume (Apocalypse 21: 8). Les croyants de Smyrne doivent être courageux et audacieux au milieu de leurs tribulations et montrent qu'ils étaient prêts à suivre les mêmes traces que leur maître, même si cela leur coûtait la vie comme Jésus.

B. Sois fidèle jusqu'à la mort
C'était une autre invitation que le Seigneur a faite aux Smyrniens (v.10). C'était une invitation, parce que les Smyrniens pouvaient dire: «Non, Seigneur, nous t'avons été très fidèles jusqu'à présent et nous avons beaucoup souffert pour toi, alors, ici notre amour est terminé». Continuer à être fidèle au Seigneur et continuer à souffrir pour sa cause devrait continuer à être une décision des croyants de Smyrne.

Nous devons également garder à l'esprit que cette lettre, comme d'autres, a été écrite autour de certains mots-clés. Dans cette lettre, le binôme des mots-clés sont: mort / vie. Par conséquent, nous devons donner beaucoup d'attention aux temps que l'apôtre Jean les a utilisés.

Smyrne était une église faible mais avec de fortes convictions. Dans sa faiblesse, elle était puissante avec la force de la résurrection (Apocalypse 2: 8, Éphésiens 1: 19-23). À cause de cela et en sachant que ces croyants étaient qualifiés, c'est que le Seigneur a été défié par leur fidélité, les invitant à être fidèles aux conséquences ultimes.

3. Promesse

Nous avons commencé cette leçon en observant les avertissements du Seigneur aux croyants de Smyrne. Nous avons également développé les invitations de Jésus aux Smyrniens et nous sommes arrivés à l'un des moments les plus doux de cette lettre, les promesses que le Fils de Dieu a faites. Dans notre marche avec le Seigneur, tout n'est pas souffrance et tristesse. Nous devons toujours garder à l'esprit les promesses de Dieu, alors, Il les a accompli (Nombres 23:19).

A. «Je te donnerai la couronne de vie»
L'image prise par l'apôtre Jean est celle des jeux olympiques et se réfère à la couronne de lauriers qui ont été accordés aux vainqueurs (v.10; 1 Corinthiens 9:25; Jacques 1:12). Les Smyrniens qui souffraient de toutes sortes de persécutions et de tribulations auront immédiatement posé deux questions, qui devraient rester valables pour nous aujourd'hui aussi: (1) Pour qui était la couronne de vie? Ce serait sans aucun doute «pour les fidèles jusqu'à la mort» (v.10). La couronne de vie était pour les croyants de Smyrne et ce sera pour les croyants d'aujourd'hui qui sont fidèles au Seigneur et fidèles à la mort.

Il est curieux qu'un tel prix ne soit pas promis à celui qui parle plus de langues, à celui qui prophétise plus, ni à celui qui proclame ou déclare de plus grandes bénédictions. La couronne de vie est pour ceux d'entre nous qui sont fidèles à Jésus-Christ avec persévérance.

B. Tu ne souffriras les dégâts lors de la seconde mort
Il y a ceux qui croient qu'une fois que nous mourons, tout se termine dans cette terre. D'autres pensent que dans certains moments, tous ceux qui ne vont pas au paradis seront anéantis. Ni l'un ni l'autre. Après cette vie, il y a une autre et c'est celle éternelle. Certains iront à la vie éternelle et d'autres à la condamnation éternelle. Cette condamnation est la mort qui mentionne le verset 11.

Par contre, la vie sur terre, comparée à l'éternité, est très brève. C'est aussi ce que les Saintes Écritures et nous pouvons l'appeler la fugacité de la vie. Les auteurs bibliques ont utilisé de différents images: un souffle (Job 7: 7, Psaume 144: 4); la brume (Jacques 4: 14); l'herbe ou la fleur (1 Pierre 1: 23-24).

Les Smyrniens souffraient certainement. La promesse du Seigneur était que, s'ils étaient aussi fidèles comme ils étaient jusqu'à présent, ils atteindraient la vie éternelle et par conséquent ils ne subiraient pas la seconde mort (v.10). Les avantages et les bonnes choses qui nous attendent dans la vie à venir sont incomparables à l'impermanence de cette vie.

Des avertissements, invitations et promesses aux Smyrniens, nous apprenons qu'être bon chrétien ne signifie pas c'est une question de ressources économiques, de statut ou de religiosité, mais de fidélité, de conviction et de constance avec le Seigneur Jésus.

Révisez/Application: Demandez à votre classe de répondre aux questions suivantes.

1. Trouves-tu facile de vivre ta foi chrétienne en ces temps-ci?
2. Face à une persécution contre les chrétiens, emprisonnement possible à cause de ta foi, moqueries des collègues de l'étude ou de travail, penses-tu que ce serait plus pratique nier ta foi en Jésus-Christ?
3. Crois-tu que la fidélité et les convictions des Smyrniens pourraient constituer un défi pour ta foi personnelle en Jésus Christ? Comment, et pour quoi?

Défi: Lorsque cette semaine tu as du mal à étudier, à travailler ou à travailler chez toi, pour tester ta foi en Jésus-Christ, engages-toi à faire cette prière: «Seigneur, apprends-moi à vivre la fidélité et la persévérance des Smyrnes, plutôt que de trahir ou de piétiner ton nom. Amen.»

Église de Pergame

Objectif: Que l'élève connaisse le message que Dieu a donné à l'Église de Pergame et l'applique à sa vie.

Pour mémoriser: «...*A celui qui vaincra je donnerai de la manne cachée, et je lui donnerai un caillou blanc; et sur ce caillou est écrit un nom nouveau, que personne ne connaît, si ce n'est celui qui le reçoit.*» Apocalypse 2:17

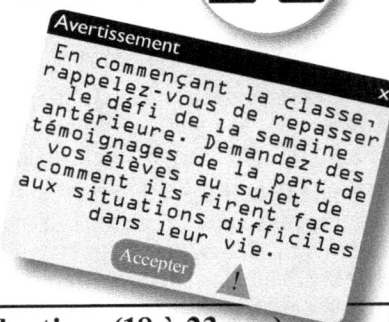

Avertissement

En commençant la classe, rappelez-vous de repasser le défi de la semaine antérieure. Demandez des témoignages de la part de vos élèves au sujet de comment ils firent face aux situations difficiles dans leur vie.

Accepter

Connecter — Télécharger

Dynamique d'introduction (12 à 17 ans).

- Instructions: Demandez à vos élèves de s'organiser par paires et de se faire face. Ensuite, demandez-leur de louer leur partenaire à propos de bonnes attitudes qu'ils ont vu en elle ou lui. Cela devrait prendre une minute par couple. À la fin de la dynamique, demandez comment ils se sont sentis quand ils ont entendu les compliments.

Dynamique d'introduction (18 à 23 ans).

- Matériaux: Tableau noir, feuilles de papier et crayons.
- Instructions: Écrivez au tableau les mots suivants: Louer, avertir, inviter et promettre. Demandez-leur de former des groupes et d'écrire une définition de chacun. Puis entre tous, qu'ils forgent une définition et le commenter. Celles-là sont des définitions du dictionnaire de l'Académie royale espagnole en ligne.
- Louer: Éloge. Louer des qualités et Mérites de quelqu'un ou de quelque chose.
- Avertir: Appeler l'attention de quelqu'un sur quelque chose, à noter ou à observer.
- Inviter: Appeler quelqu'un pour un festin ou pour assister à un acte.
- Promettre: Expression de la volonté de donner quelqu'un ou faire quelque chose pour lui.

Connecter — Télécharger

La ville de Pergame était la capitale de l'Asie Mineure. Elle a été construite sur une haute montagne. Dans cette ville de nombreux temples et autels ont été érigés où des cultes et des sacrifices qui ont été faits aux dieux romains, Empereur Auguste et de nombreux autres dieux païens. C'est pourquoi dans Apocalypse 2:13 il est appelé «le trône de Satan». Dans ce contexte, l'église de Pergame s'est développée et s'est augmentée.

1. La fidélité de l'église de Pergame

Demandez à vos élèves de lire Apocalypse 2: 12-17 et dialoguez sur des éloges qu'ils trouvent dans ce passage pour l'église de Pergame.

Premièrement: Jésus leur a dit «Je connais tes œuvres» (v.13). Notre Dieu est omniscient, Il connaît la partie la plus profonde de notre cœur et chacune de nos actions. Par cette expression nous comprenons que cette église travaillait activement à diffuser l'évangile. Deuxièmement: Jésus savait que dans ce lieu, l'opposition au christianisme était très forte, il y avait «le trône de Satan» (v.13) dans lequel les différents dieux étaient adorés et à l'empereur. La célébration de ces fêtes est devenue une débauche immorale où les orgies, l'utilisation des boissons alcoolisées et de la nourriture en excès ont été manifestés dans le cadre du culte des dieux. C'était un endroit très difficile pour l'église. Troisièmement: malgré toute cette opposition au christianisme, ils sont restés fermes dans la foi, même «lorsque les autorités romaines ont demandé aux chrétiens de dire: César est Seigneur, ils ont répondu: Jésus est le Seigneur (voir 1 Cor. 12: 3).» (Commentaire biblique BEACON, Volume 10, CNP, États-Unis: 2012, p.523).

Malheureusement, dans le temps que nous vivons, la réalité n'est pas différente. L'idolâtrie, peut-être un peu camouflé, elle est toujours dans la société, l'alcool et les drogues sont utilisées fréquemment et d'une manière ou d'une autre, nous sommes tous exposés à cette réalité. Même les jeunes qui ont le privilège d'avoir un foyer chrétien, ils sont dans des centres d'études ou travaillent avec des amis ou des collègues qui participent à ces activités. Demander: Que faites-vous quand quelqu'un vous invite à boire de l'alcool ou à essayer de se droguer?

2. Avertissement à l'église de Pergame

À ce stade, lisez avec vos élèves Apocalypse 2: 14-16 et discutez des avertissements qui se trouvent dans ces versets. Comme nous avons étudié les églises de l'Apocalypse, nous voyons que Dieu les a loué mais aussi les a avertis des mauvaises actions qu'elles pratiquaient comme l'église du Christ et les conséquences qu'elles auront si elles ne changeaient pas d'attitude devant Dieu. Jésus a averti l'église de Pergame et il a dit: «Mais ce que j'ai contre toi...» L'un des problèmes de cette église était qu'elle acceptait la doctrine de Balaam. Dans Nombres 22: 1-14 jusqu'à 24:25 et 31:16, nous trouvons l'histoire de Balaam. Cette doctrine enseignait que les enfants d'Israël devaient être détournés des voies de Dieu. Le deuxième problème était qu'elle mangeait ce qui était offert aux dieux païens, interdit aux enfants d'Israël. Et à la troisième place Il les a invités à pécher parce qu'elle a permis la fornication. Cela a affaibli l'église parce que cela leur a permis de tomber d'autres pour désobéir à Dieu et participer au culte des dieux païens. En plus de tout ci-dessus, cette église a aussi «conservé la doctrine des Nicolaïtes», qui enseignait des doctrines erronées et une indiscipline chrétienne. Demandez: ces avertissements s'appliquent-ils à votre vie ou à notre église? Pour quoi?

Jésus leur a dit que si elles ne changeaient pas leur attitude pécheresse, il allait les juger par Sa Parole et elles seraient punies. Il montre son amour à l'église en lui donnant un avertissement. Plusieurs fois nous recevons des avertissements de Dieu, parfois par Sa Parole, une prédication ou une chanson. Demandez: Quelle est notre attitude face à un avertissement de Dieu? Quelle est notre attitude face à l'avertissement qu'il fait à l'église de Pergame? Parfois, nous autorisons les «fausses doctrines» à diriger notre vie. Actuellement, il y a beaucoup de faux groupes dans le christianisme qui font la promotion de leurs fausses doctrines en moyens de communication. Par exemple, l'idée que le chrétien ne devrait pas faire face à la souffrance, problèmes; ou que Dieu travaille selon le montant monétaire de mon offrande; ou que ce que je ressens détermine ma foi chrétienne. Les jeunes doivent fonder leur foi sur une étude approfondie de la Bible pour éviter l'entrée de ces mauvais courants dans leurs vies.

3. Invitation et promesse pour l'église de Pergame

Dans le verset 17, nous trouvons l'invitation que Jésus a faite à l'église de Pergame et aux promesses s'ils sont sortis vainqueurs.

A. Invitation

En dépit de toutes les pratiques pécheresses qui existaient à l'église de Pergame, jusqu'à présent ils pouvaient encore rectifier leur comportement et se repentir de vivre une vie médiocre et un christianisme permissif avec le péché. Cette église devait laisser Dieu se battre avec ses ennemis (les Nicolaïtes).

Jésus fait la même invitation à l'église aujourd'hui: Qu'elles rectifient leurs attitudes et vivent une vie sans péché.

B. Promesses

Non seulement Dieu leur a offert la possibilité de se repentir, mais a aussi donné des promesses à ceux qui ont gagné. D'abord, il leur a promis la manne cachée, cette manne que Moïse a mise dans l'arche du témoignage par l'ordre de Dieu (Exode 16: 32-34), qui était gardé frais et non rempli de vers. La manne se décompose d'un jour pour un autre si on l'a gardé. Cette manne était un symbole du pain qui descendrait du ciel pour nous donner la vie éternelle. Et ce pain était Jésus comme il est dit: «Je suis le pain vivant qui est descendu du ciel; Si quelqu'un mange ce pain, il vivra pour toujours; et le pain que je donnerai, c'est ma chair, que je donnerai pour la vie du monde'' (Jean 6: 5-1).

Deuxièmement, il leur offre un caillou blanc. Cela «rappelle la méthode par laquelle un jury a déclaré innocent ou coupable à un accusé devant un tribunal. Un caillou blanc était un symbole d'innocence, alors que le noir indiquait la culpabilité» (Apocalypse: un message eschatologique.) Calderón, Wilfredo, Góspel Press, Floride: s / f, p.75). Le sacrifice du Christ nous a justifiés devant Dieu pour que nous soyons déclarés justes par la foi et rendu pur et saint devant Dieu.

Troisièmement, cela leur donnerait un nouveau nom qui symbolise une nouvelle vie. À Abraham, Dieu lui a donné une mission pour réaliser et accomplir cette mission, Dieu a changé le nom d'Abram en Abraham (Genèse 17: 5). Ainsi, dans ce passage, Dieu a dit à l'église de Pergame que sa vie ne serait plus la même parce qu'il donnerait une nouvelle vie. Parlez avec vos élèves des promesses que Jésus donne à tous ceux qui surmontent le péché et qu'est-ce qui vous semble le plus choquant de la conversation.

Révisez/Application: Guidez vos élèves pendant qu'ils répondent aux questions.

1. Qu'est-ce que l'expression «le trône de Satan «, selon ce qui a été étudié dans la leçon?

2. Pourquoi penses-tu que Jésus t'avertit quand ta vie ne marche pas dans l'obéissance à Dieu?

3. Qu'est-ce que Jésus t'invite à travers cette leçon?

4. Penses-tu que ces promesses peuvent être appliquées à ta vie?

Défi: Planifie avec ton professeur et tes camarades une retraite d'une journée où ils pourront réfléchir à ce que Dieu veut que chaque disciple de Christ ait une meilleure relation avec Lui. Vérifie dans ta vie s'il y a une fausse doctrine qui guide ta relation avec Dieu. Étudie ce que la Bible en dit et prie pour que ta foi reste pure.

Une Église Bonne

Jessica Castro • Espagne

Leçon 27

Objectif: Que l'étudiant connaisse l'avertissement, l'invitation et la promesse que Dieu a faite à l'Eglise de Thyatire et l'applique à sa vie.

Pour mémoriser: «*Et ne participez pas aux œuvres infructueuses des ténèbres, mais plutôt reprenez-les*» Ephésiens 5:11

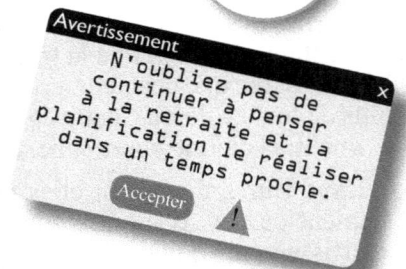

> **Avertissement**
> N'oubliez pas de continuer à penser à la retraite et la planification le réaliser dans un temps proche.
> Accepter

Connecter | Télécharger

Dynamique d'introduction (12 à 17 ans).

- Matériel: Trois gobelets jetables, peinture acrylique de couleur blanche et deux autres couleurs sombre et trois brosses pour chaque groupe. Ensuite, versez dans un verre pour chaque groupe un peu de peinture plus sombre essayant d'être même et bien étendu en arrière-plan. Puis, versez la peinture blanche essayant de couvrir complètement la peinture sombre. Dans les deux autres verres, versez seulement la peinture blanche. Essayez de faire paraître égaux les vers en quantité. Ayez tout disponible avant de commencer la classe.

- Instructions: Livrez les trois verres à chaque groupe et leur demander de vérifier la couleur de la peinture dans chaque verre en mélangeant la peinture. Laissez que celui qui a le verre avec deux couleurs de peinture soit le dernier.

  Quand ils découvrent que l'une des vers n'était pas complètement blanche, vous devriez expliquer que cet exemple représente la situation de nombreux chrétiens qui prétendent être de bons chrétiens, aux yeux de Dieu, ils ont du tort.

Dynamique d'introduction (18 à 23 ans).

- Matériaux: Stylos ou crayons bleu et rouge (desquels ils peuvent échanger des pièces de rechange). Echangez les pièces de rechange des stylos de sorte que le stylo bleu écrit en couleur rouge et vice versa. Morceaux de papiers en blanc pour qu'ils écrivent leur nom.

- Instructions: Indiquez qu'ils doivent écrire leurs noms en bleu et leurs prénoms en couleur rouge.

  Ils se rendront compte que les stylos ne correspondent pas à la couleur qu'ils ont sur le couvercle; alors, à ce moment-là, vous les demanderez s'ils avaient déjà rencontré quelqu'un de similaire aux stylos qui ont montré quelque chose à l'extérieur et à l'intérieur d'un autre. Ensuite, dites-leur que Jésus connaissait une église qui était comme ça; cela semblait bien, mais en réalité il y avait quelque chose dans laquelle ils échouaient.

Connecter | Télécharger

Thyatire était une petite ville appartenant à la région de Lydie en Asie Mineure, qui est maintenant Akhisar, appartenant à la région de Manisa en Turquie.

Thyatire était bien connue pour ses guildes, en particulier les nettoyeurs à sec. Ils ont teint les tissus de couleur pourpre, couleur très désirée par les gens aisés. Actes 16:14 dit que Lydie était une vendeuse de pourpre.

Dans cette ville ont été adoré le dieu du soleil Tirimnos (Apollon) et la déesse de l'amour Artémis (Diane). Il y avait aussi une femme qui se disait prophétesse et qui, selon Apocalypse 2:20, encourageait les gens à donner des offrandes aux idoles et se livrer à la fornication. Dieu, en voyant cela, leur a donné un message spécial.

1. L'avertissement de Dieu à l'église

Apocalypse 2:18-24 commence par une présentation. Jésus-Christ se dit «le Fils de Dieu «(v.18). Il était nécessaire de souligner ce point, car pour eux Apollon était le fils de Dieu (dans ce cas le dieu Zeus). Par conséquent, Jésus a voulu faire comprendre que Lui seul était le Fils de Dieu.

Ensuite, Jésus souligne les qualités de cette église. Il savait qu'ils travaillaient avec amour, foi, service et la patience et que chaque fois ils ont mieux fait; Cependant, ce n'était pas tout. Ils permettaient que l'idolâtrie et le paganisme entrent à l'église sans rien faire pour remédier à cette situation.

Il y avait une femme que Dieu appelait Jézabel. Cette femme bouleversait la mentalité des enfants de Dieu, leur enseignant à faire des choses contraires à la volonté de Dieu. Nous ne savons pas exactement quel était son nom, mais très probablement Dieu l'a comparé à la Jézabel de l'Ancien Testament. Dans 1 Rois 16:31 21:25 2 Rois 9:7 dit que Jézabel incitait son mari à Achab à adorer Baal, tuer les prophètes de Jéhovah et persécuter Elie avec la même intention. C'était une femme païenne.

Dieu a donné du temps à cette nouvelle Jézabel de se repentir, mais il ne le fit pas (v.21). Alors, Dieu l'a averti (Demandez aux élèves de lire les versets 22 et 23. Demandez-leur ensuite d'exprimer leur opinion et considérer les questions suivantes: Qu'a-t-il dit à la prophétesse et que dit-il à ceux qui pratiquaient la même chose qu'elle? Tout le monde avait-il un seul avertissement? Qu'est-ce qui est différent entre ce qu'il a dit à la prophétesse et ce qu'Il a dit à ceux qui la suivaient?

Définitivement, Dieu avait décidé de punir cette femme pour son arrogance d'avoir refusé de laisser ses mauvaises actions (Romains 6:23; Apocalypse 2: 22a), mais il donnait une opportunité de plus à ceux qui l'imitaient de changer et éviter tout le mal annoncé précédemment.

Analysons un peu plus cette église. (Formez quatre groupes pour relire Apocalypse 2:19 et donnez à chaque groupe une qualité: amour, foi, service, patience. Dites-leur que chaque groupe devrait mettre en scène la qualité qui l'a touché. Ils n'auront que cinq minutes pour le préparer. Les performances ne devraient pas durer plus d'une minute).

Après les jeux de rôles, discutez avec vos élèves du nombre de fois où nous prétendons être bons chrétiens et nous nous contentons de cela, en attendant, nous laissons le monde continuer à influer sur notre vie loin de Dieu. Jésus-Christ nous a appelés à être une église fidèle à ses commandements. Nous devons mettre des limites sur nos vies et de dire non aux choses que nous amènent loin de Dieu. Éphésiens 2: 8-9 dit que nous sommes sauvés par la foi et non par les œuvres. Il ne sert à rien de servir dans l'église si nous ne sommes pas de tout cœur à Dieu. Nos actions montrent ce qui est en nous, comme il est dit dans Matthieu 6:21 «Parce que là où est ton trésor, là aussi sera ton cœur».

Le pire des péchés est de faire quelque chose en sachant que c'est incorrect. Dieu ne néglige pas le péché, même s'il est déguisé.

2. L'invitation de Dieu à l'église

Inviter selon le ARE, signifie: «Encourager poliment quelqu'un à faire quelque chose». (Dictionnaire de l'Académie royale espagnole) [Consulté: le 19 novembre 2012].

Dans Apocalypse 2:25, Dieu nous invite à conserver ce que nous avons; c'est-à-dire qu'il nous stimule à ne pas perdre ce que nous avons. Mais, qu'est-ce qu'il veut dire? Qu'avons-nous et devons-nous retenir? En regardant d'autres versions de la Bible, elles disent ce qui suit: «Qu'ils continuent à croire fidèlement en moi jusqu'à ce que je revienne», «seulement, agissez comme avant, jusqu'à ma venue» (Parole de Dieu pour tous). En d'autres termes, Dieu l'a demandé de continuer à agir avec amour, avec foi, avec patience, en travaillant dur dans leur travail. En bref, qu'ils conservent encore leur salut, le salut qui le coute très cher notre Seigneur, et ne permettent pas d'influence de péché dans leur vie ou à l'église.

Il faut préciser que cette partie du texte n'est plus destinée à ceux qui ont suivi les traces de la prophétesse, mais à ceux qui sont restés à l'écart de toutes ces choses. On ne doit pas croire que pour ce groupe de personnes, c'était facile, ça leur coûtait probablement beaucoup d'efforts et de souffrance pour aller à contre-courant, mais les paroles de Jésus-Christ était comme un repos et en même temps la récompense de tout ce qu'ils avaient fait jusqu'à présent.

Cette invitation est toujours valide. Jésus-Christ continue à nous inviter à garder notre foi ferme, à continuer notre travaille avec amour et attendre avec patience, mais sans se laisser manipuler par le monde parce-qu' Il a promis de revenir (Actes 1:11, Apocalypse 1: 7).

3. Promesse de Dieu à l'église

Finalement, Jésus-Christ finit par donner une grande promesse à tous ceux qui surmontent et gardent leur œuvre jusqu'à la fin (2:26-29). Demandez: Que devons-nous surmonter? Et que signifie garder leurs œuvres?

Dieu ne s'attend pas à ce que nous soyons les champions d'un sport ou d'une compétition; ce qu'il attend de nous, c'est que nous pouvons surmonter les tentations, surmonter les problèmes et surmonter les obstacles présents comme découragement, paresse et nos peurs. La Bible dit dans Romains 8:37 que nous sommes plus qui vainqueurs par celui qui nous a aimés. Garder à l'esprit ce que nous n'atteindrons la victoire qu'à travers de Jésus-Christ et non par notre propre compte; et pour cela nous devons être en communion intime avec Dieu.

En continuant avec l'étude, sauver ses œuvres, c'est mettre en pratique la volonté de Dieu. Alors seulement nous aurons ses promesses.

Lisez avec les étudiants les versets 26 à 28 de la carte, les mots suivants (Type: ... AUTORITE, ÉTERNITÉ ET COMMUNION puis coupez en morceaux par syllabes réparties en trois catégories et donnez à chaque groupe un mot à couper pour eux. Alors, comme je l'explique, allez les coller sur un tableau noir).

Ce que Jésus-Christ voulait dire dans ces versets, c'est que ses fidèles régneront avec lui dans l'éternité avec toute autorité (Apocalypse 3:21), et que la relation que nous aurons avec lui sera beaucoup plus proche et plus intime que ce que nous pouvons avoir maintenant? Notre plus grande récompense sera le Christ, c'est-à-dire d'être avec lui pour toujours.

Enfin, ce passage se termine en disant: «Que celui qui a des oreilles entende ce que l'Esprit dit aux églises». Ce que Dieu nous dit est que nous ne sommes pas des imbéciles et soyons attentifs à ses paroles, obéissons ses conseils de sorte que dans la seconde venue nous soyons préparés.

Révisez/Application: Demandez à votre classe de répondre aux questions suivantes. Nous avons inclus quelques réponses possibles.

1. Quelles étaient les qualités de l'église de Thyatire? (Amour, foi, service et patience (v. 19).)

2. Qu'est-ce que Jésus-Christ a contre cette église? (Qu'il a toléré cette femme qui appelait la prophétesse qui enseigne et séduit ses serviteurs à manger des choses sacrifiées aux idoles (v.20).)

3. Quel était l'avertissement que le Seigneur leur a laissé? (Que si elles ne se repentaient pas de ses œuvres, Il blesserait ses enfants à mort; et qu'il paierait à chacun selon ses œuvres (versets 22-23).)

4. Que signifie le verset 25? (Que nous devons prendre soin de notre salut.)

Défi: Nous avons vu que Dieu n'est pas impressionné par les bonnes œuvres, ce qu'il cherche vraiment, ce sont des personnes qui lui sont consacrées. Si tu sens que tu as simplement été un bon chrétien et que tu relèves simplement le défi d'être différent, d'aller à contre-courant du péché et d'être Un serviteur fidèle de Dieu.

Morts Vivants?

Avertissement
Commencez la classe en parlant du Défi de la semaine précédente. Demandez témoignage de vos étudiants sur leur temps de prière consacrant leurs vies au Seigneur.

Accepter

Objectif: Que l'élève connaisse le message que Dieu a envoyé à l'église de Sardes et décide en conséquence de vivre une vie remplie du Saint-Esprit.

Pour mémoriser: «*Je connais tes œuvres. Je sais que tu passes pour être vivant, et tu es mort.*» Apocalypse 3:1c

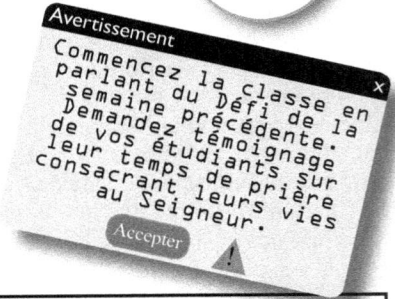

Connecter | Télécharger

Dynamique d'introduction (12 à 17 ans).

- Matériaux: Différents articles personnels. Crayon et papier.
- Instructions: Divisez votre classe en deux groupes (peut être plus) en fonction du nombre d'étudiants que vous avez. Inviter tous les étudiants à collaborer en livrant des objets d'usage personnel. En les recevant, continuez à les détailler à haute voix, en soulignant les caractéristiques de chaque objet; placez-les sur le bureau et couvrez-les. Les groupes vont écrire sur le papier que vous avez apporté le plus grand nombre d'objets dont ils se souviennent. Faites un compte dont le groupe se souvient le plus.

  Dieu a demandé à l'église de Sardes de ne pas oublier ce qu'elle avait entendu de lui (Apocalypse 3:3). Reliez le fait qu'ils devaient se souvenir des objets dans le jeu avec l'importance de se souvenir de la Parole de Dieu et de sa volonté pour nos vies.

Dynamique d'introduction (18 à 23 ans).

- Matériaux: Allumettes, une bougie pour chaque élève.
- Instructions: Formez des groupes de quatre ou plus de personnes. Chaque joueur doit avoir une bougie allumée. Que deux groupes jouent entre eux. Il s'agit d'éteindre les bougies de l'autre équipe avec un coup. L'équipe gagne est celui qui après une minute a du plus grand nombre de bougies allumées. On ne peut pas rallumer les bougies.
- Expliquez aux élèves que Dieu demande au chrétien de rester vigilant pour la venue du Seigneur et qu'ils doivent veiller pour que la lumière de la connaissance de Dieu et de la Parole qu'ils ont entendue reste une éclairé de leur vie (Apocalypse 3:3).

Connecter | Télécharger

Dieu parle de l'église de Sardes qui ressemblait à une église vivante et qui s'en vantait, mais qu'elle était réellement morte à l'intérieur.

Commencez à lire Apocalypse 3: 1-6. «Bibliquement connu comme le lieu de l'église qui a reçu le cinquième des sept lettres de l'Apocalypse, Sardes était la capitale de l'empire de Lydie et l'une des plus grandes villes du monde antique. Située sur les rives de la rivière Pactoles, Sardes était (situé) à l'intérieur des terres environ 97 km (60 mi) d'Éphèse et de Smyrne'' (http://www.lugaresbiblicos.com/sardis.htm) [consulté le 10 Novembre 2012]. Aujourd'hui, la région est située en Turquie.

1. Morts Vivants?

Dieu a vu que l'église de Sardes semblait être vivante mais en réalité elle était dans une phase de décadence, en luttant pour montrer une vitalité spirituelle qui n'existait pas (Apocalypse 3: 1). La même chose se produit dans la vie de beaucoup de chrétiens aussi, ils se basent sur les travaux passés et sur ce qu'ils ont faits plus tôt depuis longtemps et s'accommode dans une vie spirituelle qui ne progresse pas. Beaucoup de jeunes qui ont vraiment participé de tout son cœur dans une vie chrétienne exemplaire, avec le passage du temps a commencé à demeurer dans sa relation avec Dieu. Imaginez une rivière qui ne fonctionne plus, elle ne retourne pas d'où elle vient, mais elle ne progresse pas non plus. L'eau est immobile et apparemment fraiche. Après un moment, quelqu'un déplace l'eau et trouve que seulement au-dessus cela a l'air propre, mais avec le mouvement, il vient une mauvaise odeur, parce que les animaux, les plantes et tout ce qu'il y a dans le fond pourri et mort.

Il peut être facile de prétendre à une vie spirituelle victorieuse. Nous participons à de nombreuses activités à l'intérieur de l'église, nous parlons en tant que chrétiens et presque jamais, nous faisons ou pensons à de mauvaises choses. Mais tout simplement, nous ne continuons pas à grandir et nous commençons à stagner. Le problème est que nos travaux ne seront pas parfaits selon la mesure de Dieu. C'est ce qui s'est passé avec l'église de Sardes (v.2), c'est l'affirmation du Seigneur. Dieu veut nous faire avancer chaque jour et chercher et obtenir la perfection, le tout est la sanctification de nos vies.

2. Sois vigilant, et affermis le reste qui est près de mourir

Au milieu d'une revendication à une vie d'apparences, il y a de l'espoir pour l'église de Sardes: «Sois vigilant, et affermis le reste qui est près de mourir» (v.2). Apparemment, il y avait encore des choses qui étaient bien dans la vie de l'église et le Seigneur l'appelle à ne pas les laisser mourir. Au fil du temps, notre vie devient plus compliquée. Il y a plus de tâches à l'école ou à l'université, le début d'une nouvelle carrière, un nouveau travail ou une relation amoureuse, tout cela peut commencer à bloquer notre progression vers une vie de perfection. Ensuite, il n'y a plus de temps pour prier et nous ne le faisons que pendant les repas avec la famille, nous lisons la Bible en lecture dévotionnelle, nous continuons à assister à l'école du dimanche et au service du Dimanche matin, cela veut dire que jusqu'à présent il y a encore de bonnes choses en nous et nous sommes sûrs que nous ne les laisserons jamais parce que nous savons qu'elles sont bonnes, cependant, nous ne cherchons pas à les améliorer ni les dédier plus de temps. Tout ce qui n'est pas vivifié est condamné à mourir irrémédiablement, rappelez à vos élèves l'exemple de la rivière stagnante.

Il y a un espoir de ne pas mourir. Parfois, nous faisons des excuses telles que: «Je ne commets nulle chose de mal pour me repentir, je ne suis pas un pécheur, je suis chrétien et Christ est mort pour moi». Le fait de ne pas veiller est la première phase de la chute (v.3). À travers notre vie de chrétiens, nous avons appris beaucoup de choses que Dieu veut de nous et que nous ne faisons peut-être pas, ce que nous connaissons déjà comme un péché (Jacques 4:17). Donc, l'appel du Seigneur est de se souvenir de ce que nous avons reçu et entendu pour que cela puisse nous servir à veiller et à rester fermes jusqu'à sa seconde venue et que nous soyons déclarés gagnants.

3. Complètement vivants

Les versets 4 et 5 nous montrent un autre visage de l'église de Sardes. Apparemment pas toute l'église n'était morte, il y en avait quelques-unes qui restaient fidèles, fermes et qui avaient vraiment une relation étroite avec Dieu et avec ceux qu'il considère dignes. Quel privilège d'être considéré comme digne par Dieu le Très-haut lui-même. Ceux qui étaient vivants vraiment étaient un exemple pour les autres, à tel point que le Seigneur dit que celui qui vaincra sera habillée en blanc comme eux.

Blanc signifie toujours dans la vie du chrétien la pureté que Dieu attend de son église et la victoire de la justification en Christ. Jésus-Christ promet qu'il n'effacera jamais du livre de la vie le nom du justifié par son sang et qu'ils gagneront. Gagner dans le cadre de la lettre à l'église de Sardes, c'est réaffirmer nos œuvres qui réaffirment nos vies et changent le cours si nous sommes comme les morts-vivants. Jésus-Christ propose aussi de confesser nos noms devant le Père et ses anges. Expliquez vos élèves l'importance du fait que Jésus-Christ sera notre défenseur dans le jugement final.

A travers l'étude spécifique du message à cette église, nous avons appris que spirituellement nous pouvons faire semblant d'avoir la vie mais être morts et que cela fait partie d'un processus très dangereux de chute. Nous avons vu aussi qu'il y a des gens qui ont été justifiés par le sang du Christ et qui restent fermes et sont appelés «dignes» par Lui, tous deux présentés dans le jugement final devant Dieu, mais seulement ceux qui vainquent jusqu'à la fin seront confessés devant le Père et leurs noms ne seront pas effacés du livre de la vie. Notre combat est quotidien. L'amélioration est quelque chose que nous devons faire avec chaque petite ou grande décision que nous prenons (v.6). Demandez: Êtes-vous prêt à entendre la voix du Saint-Esprit dans vos vies? Laissez-leur le temps de prier en silence et demandez à l'un d'entre eux s'il veut que vous priiez spécifiquement pour lui. Prenez le temps de le faire pour chacun individuellement.

Révisez/Application: Guidez vos élèves à réfléchir aux questions suivantes basées sur Apocalypse 3: 1-6 et les partager avec le groupe.

1. Comment ce passage s'applique-t-il à ta vie spirituelle?

2. Peux-tu mentionner des situations réelles qui démontrent qu'une personne prétend être vivante spirituellement et que c'est le contraire?

3. Peux-tu développer un petit plan de la façon dont améliorer ta vie spirituelle pour être parmi ceux qui gagnent jusqu'à la fin?

4. Peux-tu développer un petit plan dans lequel tu peux aider les autres à rester fidèle au Seigneur?

Défi: Cette semaine, apprend 5 versets qui parlent de rester ferme dans le Seigneur. Tu peux utiliser le verset comme thème pour tes dévotions personnelles. Nous t'aidons en toi en donnant une liste. Dimanche prochain, tu pourras partager en classe que cette activité t'a aidé à améliorer ta vie spirituelle pendant la semaine (2 Timothée 3: 14-15; 1 Corinthiens 10:12; 2 Pierre 3:17; Philippiens 1:27; 1 Corinthiens 16:13; Matthieu 24:42).

Prends Soin de ta Couronne!

Objectif: Que l'étudiant connaisse l'avertissement, l'invitation et la promesse que Dieu a faite à l'Église de Philadelphie et l'applique à sa vie.

Pour mémoriser: «*Voici, je viens bientôt; retiens ferme ce que tu as afin que personne ne prenne ta couronne*» Apocalypse 3:11

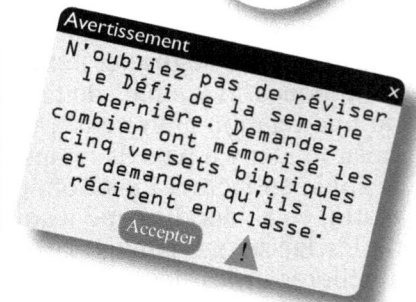

Avertissement
N'oubliez pas de réviser le Défi de la semaine dernière. Demandez combien ont mémorisé les cinq versets bibliques et demander qu'ils le récitent en classe.
Accepter

Connecter | Télécharger

Dynamique d'introduction (12 à 17 ans).

- Matériaux: Ballons et marqueurs.
- Instructions: Distribuez deux ballons à chaque jeune et leur dire d'écrire deux caractéristiques qu'ils ont en tant que chrétiens. Tous vont placer leurs ballons de telle manière que tout ce qu'ils ont écrit puisse être vu par tout le groupe. Expliquez que chaque membre peut choisir et enlever les deux ballons, qu'ils aient à l'écrit quelque chose qu'ils aimeraient avoir. Lorsqu'une personne lui enlève un ou deux de ses ballons, il ne peut pas les récupérer. Un ballon ne peut qu'être enlevé une fois. Une personne peut avoir jusqu'à quatre ballons (si personne n'enlève les siens) et à la fin, certains peuvent être laissés sans aucune (s'ils les enlèvent le leur et ne voulaient pas aucun autre). À la fin, demandez: comment cela vous a fait sentir que les autres veulent quelque chose que vous avez? Quels sentiments ou émotions qui encouragent une personne pour vraiment essayer d'imiter quelque chose d'une autre personne?

Dynamique d'introduction (18 à 23 ans).

- Matériaux: Papier, marqueurs.
- Instructions: Demandez à vos élèves de dessiner un arbre sur une feuille, avec ses racines, ses branches, ses feuilles et des fruits. Dans les racines ils vont écrire les qualités positives que chacun croit avoir, dans les choses positives qu'ils font et dans les fruits le succès ou triomphes. Une fois terminé, ils doivent écrire leur nom en haut du dessin. Ensuite, les élèves placeront l'arbre dans le dos, de sorte que le reste de ses camarades de classe peuvent le voir, et ils vont se promener «par la forêt», de sorte que chaque fois qu'ils trouvent un arbre, ils lisent à haute voix ce qui est écrit dans le dessin et ajouter dans le dessin de leur partenaire «Racines» et «fruits» qu'ils reconnaissent en lui. À la fin, demandez-leur de commenter ce qu'ils ressentent lorsqu'ils voient ton arbre.

Connecter | Télécharger

Il y a de nombreux sermons et leçons sur l'église de Philadelphie où elle est prise comme un grand exemple du bon et du correct, c'est l'une des deux églises approuvées dans Apocalypse.

Cependant, dans cette leçon, nous allons nous concentrer sur six phrases que Dieu a adressées à cette église, qui servent en tant que guides pour chaque chrétien pour évaluer leur vie spirituelle et être trouvé approuvé devant Dieu.

1. Dieu nous connaît et nous guide

Commencez à lire Apocalypse 3:7-13. Le verset 8 se réfère à la connaissance intime et surnaturelle du Seigneur, bien que la phrase soit générale et ne précise pas à quelles œuvres elle fait référence. De toute évidence, les œuvres ne sont pas plus grandes que la foi, mais sans aucun doute la foi est liée au bonne œuvre. Jacques écrit particulièrement à ce sujet dans 2:18, 22, 24, 26.

Dans la Bible, plusieurs passages parlent de la pertinence des œuvres (1 Timothée 6:18, Tite 3: 8,14, 1 Pierre 1:17). S'il est vrai que le chrétien n'est pas appelé à être philanthrope, il est évident que l'action du chrétien sera compatissante, gentille, patiente, en harmonie avec le fruit du Saint-Esprit. Bien que ce ne soit pas spécifique que les œuvres de l'église de Philadelphie, il est évident que celles-là étaient positives. Chaque chrétien doit avoir la certitude que ses œuvres sont bonnes devant Dieu.

Au verset 8, il poursuit: «J'ai mis devant toi une porte ouverte que personne ne peut fermer... «Les théologiens conviennent que cette déclaration se réfère aux portes ouvertes pour la proclamation de l'évangile. Pour les chrétiens du premier siècle, l'utilisation de la figure de la porte ouverte était récurrente. L'apôtre Paul y a fait encore et encore référence, comme à Antioche il rapporte que "Dieu a ouvert la porte de la foi aux païens" (Actes 14:27).

De nombreux passages des épîtres de Paul semblent indiquer que ce que signifie une porte ouverte vers une bonne occasion pour le travail missionnaire (Actes 14:27, 2 Corinthiens 2:12, Colossiens 4:3), œuvre qui est l'une des principaux signes de fidélité dans le service chrétien. L'église de Philadelphie s'appelait à une œuvre missionnaire, celle de répandre l'Evangile de Jésus-Christ et sa position géographique favorable pour l'exécuter.

Pour affirmer «... parce que tu as peu de force ...» fait référence à la condition minoritaire des croyants de Philadelphie a. Au moment de l'église à Philadelphie, les congrégations étaient petites, ce qui les rendait faibles. Il est probable que la congrégation a eu peu d'influence parmi les citoyens de Philadelphie, mais leurs œuvres étaient irréprochables. Peut-être les croyants de Philadelphie appartenaient-ils à la classe prolétarienne, sans pouvoir politique, ni économique, mais ils ont eu un excellent témoignage. A maintes reprises, le chrétien reconnaît cela par lui-même. Lui-même n'a pas la capacité d'être jugé acceptable devant Dieu, mais d'avoir l'humilité de reconnaître que sans Dieu, il n'est rien, il donne la possibilité de laisser le grand pouvoir de Dieu à agir dans leur vie.

2. Gardons sa Parole et ne réfutons pas son nom

Cette église a non seulement cru dans la Parole de Dieu, mais elle l'a obéi (v.8). Parfois, les églises ou les chrétiens croient dans la Parole de Dieu mais ne sont pas caractérisés par l'obéissance. L'église de Philadelphie, dans contraste, se caractérise par l'obéissance à la Parole de Dieu. Les croyants de Philadelphie avaient montré loyauté envers la Parole de Dieu malgré les difficultés, les circonstances ne les ont pas amenés à modifier le contenu du message.

Dans cette église de Philadelphie, il y a un groupe qui garde la Parole du Seigneur, ce qui signifie qu'il y a reconnaissance de l'autorité du Seigneur.

En mentionnant «...tu n'as pas nié mon nom» c'est une particularité de Philadelphie. Tout au long de l'histoire de l'église, le nom du Seigneur Jésus a pris son siège. Si quelqu'un te demande, «qui es-tu?» Et tu réponds: «Je suis chrétien», le questionneur ne sera pas satisfait. Il insistera pour savoir quel genre de chrétien tu es. En ces jours, il ne suffit pas de dire cette phrase, car cela semble assez ambigu ou parfois atroce, puisqu'ils associent généralement la parole chrétienne à la sainte inquisition, à des groupes qui ne demandent que de l'argent pour être guéris, aux fanatiques non éduqués, il a atteint un degré où, dans notre société, être chrétien peut signifier quelque chose de désagréable.

Au milieu de ces images défavorables, le nom de Dieu est caché, caché devant des groupes de «Chrétiens» arrogants, craintifs, tièdes, sans amour et sans miséricorde. C'est le Seigneur lui-même qui considère que son nom est plus que suffisant pour ses enfants. Et dans l'Église de Philadelphie, son nom est considéré comme suffisant.

3. Qu'ils ne prennent pas notre couronne

Au verset 11, un avertissement est donné à l'église de Philadelphie. Ceux de Philadelphie doivent être prudents de conserver fermement ce qu'ils ont, ils ne devraient pas perdre ce qu'ils ont déjà. Cela semble redondant, mais plusieurs fois dans la marche du chrétien, cette tâche a tendance à être perdue de vue. Certains chrétiens choisissent pour une vie assez détendue, avec la loi du moindre effort, pensée dominante: «Si le Christ est déjà mort et si je l'ai déjà accepté, il n'y a plus rien à faire». De manière assez naïve, nous pensons que cela est suffi, mais nous devons rechercher une relation continue avec Dieu, qui doit croître et augmenter l'intimité, ce qui exigera inévitablement des actions selon l'amour, la paix, la patience, bénignité, la bonté, la foi et la douceur (Galates 5:22).

Cet acte chrétien n'a rien à voir avec un critère personnel, ni avec les règles de notre dénomination, mais avec les commandements de Dieu, et cela se reflètera dans notre vie pratique, avec la famille, les amis, les compagnons de l'école ou du travail, les prochains, dans nos communautés, car la relation avec notre prochain sera proportionnelle à la relation entretenue avec Dieu.

À la fin, il y a une promesse pour le vainqueur, qui sera faite «un poteau dans le temple de mon Dieu» Apocalypse 3:12. Être un poteau suggère la stabilité et la permanence, car «tandis qu'une colonne donne la stabilité au bâtiment qui repose dessus est définitivement fixée. Il en est ainsi quand le temps de l'épreuve est fini, le vainqueur deviendra un pilier dans le temple de Dieu, il n'y aura plus de possibilité de tomber ou d'être déplacé.

Révisez/Application: Que vos élèves de développent les questions suivantes

1. Quel genre d'œuvres de l'église de Philadelphie Dieu s'est-il référé? (Des œuvres de compassion, de gentillesse, de patience, harmonie avec le fruit du Saint-Esprit.)
2. Que signifie garder la Parole? (Obéir à ce qu'il y a dedans.)
3. Qu'est-ce qu'on doit reconnaître en réalité lorsqu'on prétend avoir peu de force? (Que notre force vienne de Dieu.)
4. Quel est l'avertissement concernant les soins de la couronne? (Afin de ne pas négliger notre relation avec Dieu.)

Défi: Prie Dieu de nous fournir une porte ouverte et nous pouvons prêcher l'évangile du salut aux personnes avides de vérité. Écris dans tes propres mots les 6 phrases pour l'église de Philadelphie.

Église Inutile

Objectif: Que l'élève prenne conscience de sa situation spirituelle et cherche le Seigneur à une communion intime avec Lui et pour remporter la victoire.

Pour mémoriser: *«Voici, je me tiens à la porte et je frappe; Si quelqu'un entend ma voix et ouvre la porte, j'entrerai chez lui et je dînerai avec lui, et lui avec moi.»* Apocalypse 3:20

Avertissement

Demandez à vos élèves s'ils ont mémorisé les 6 phrases de Jésus à l'église de Philadelphie ou s'ils peuvent les exprimer dans leurs propres mots.

Accepter

Connecter | Télécharger

Dynamique d'introduction (12 à 17 ans).

- Matériaux: Deux bandages pour les yeux. Une bouteille et une tasse remplies d'eau potable mais tiède.

- Instructions: Choisissez quatre volontaires. Que deux soient (de préférence un homme et une femme) leur demander de bander les yeux et de se tenir derrière une table. Donnez la bouteille et la tasse avec l'eau tiède aux deux autres (La bouteille pour le garçon et la tasse pour la femme). Dites-leur qu'ils doivent mimer l'histoire qu'ils vont vous raconter. Utilisez l'exemple suivant ou quelque chose de similaire. «Deux jeunes sont partis chez eux, après une longue après-midi pour des études à l'université. Le jeune homme a joué au football pendant deux heures et la fille a vu un film à la télévision. A la fin du jeu, le garçon voulait quelque chose de froid à boire et à la fin du programme de la télévision, la fille implorait le thé chaud. Le garçon était heureux quand un ami lui a offert une bouteille (c'est le moment pour qu'un des autres volontaires mettent la bouteille d'eau chaude dans les mains du garçon) et la jeune femme très heureuse quand sa mère lui a donné une tasse (le volontaire livre la tasse d'eau chaude à la fille). Les volontaires bandés vont probablement réagir lorsqu'ils reçoivent ce qu'ils ne s'attendaient pas pour boire. Demandez aux bénévoles comment ils se sentaient quand ils recevaient ce qu'Ils n'ont pas attendu. Expliquez que notre Seigneur Jésus Christ reçoit parfois de nous ce qu'il n'attend pas et que cela lui fait aussi sentir de rejet.

Dynamique d'introduction (18 à 23 ans).

- Matériaux: Tempère de couleur jaune et bleue. Rôle pour chaque groupe. Petit dépôt pour l'eau. Brosses.

- Instructions: Formez des groupes et distribuez-les à chacun des matériaux. Demandez-leur de diviser le papier en deux et dessiner deux cercles, un de chaque côté de la feuille, de sorte que lors du pliage du papier à nouveau, ces cercles coïncident. Puis leur demander de colorier les cercles un jaune et l'autre bleu. Quand la peinture est encore fraîche, on devrait replier le papier, frotter la partie de la peinture et la retourner ouvert. La couleur aura changé. Enfin demandez qu'avec la peinture qu'ils ont dans leur papier de dessiner un ciel bleu avec un soleil jaune. Le mélange des deux tableaux a désactivé l'utilisation de chacun d'eux.

Connecter | Télécharger

1. Prendre conscience de notre état spirituel actuel

Pour que cette église prenne conscience, le Seigneur ne les a pas félicités pour aucun comportement. Le Seigneur lui a dit qu'il la considérait inutile et que cela lui causait un rejet (3: 15-16). Le Seigneur voulait que Laodicée soit chaude, si non, il le préférait froide, jamais tiède!

À 24 kilomètres au nord de Laodicée se trouvait la ville de Hiérapolis, où il y avait une source Thermique. En raison de cette source d'eau chaude, il y avait une industrie médicinale de l'eau bouillante qui guérissait. Cela a attiré beaucoup de gens de cette région d'Asie. Dans la ville de Colosse, à 16 kilomètres à l'est de Laodicée, il y avait une source d'eau froide qui fournissait des eaux rafraîchissantes. L'eau de Laodicée a traversé de longs aqueducs romains et quand il a finalement atteint les citoyens, il était tiède et de mauvais goût.

Les frères Laodicéens savaient que Jésus, les accusant d'être tièdes, leur dit qu'ils étaient inutiles de guérir ou rafraîchir.

Le Seigneur cite la raison pour laquelle l'église est devenue inutile. «Je suis riche et je suis devenu riche et Je n'ai pas besoin de rien" (3:17), l'église a tellement grandi dans ses richesses et elle était si confiante de sa position qu'il croyait qu'ils n'avaient pas besoin de la présence du Seigneur.

La réalité devant Dieu était le contraire: «Tu es malheureuse, misérable, pauvre, aveugle et nue» (3:17). Le résultat final de la fierté et de l'autosuffisance de l'Eglise laodicéenne était que le Seigneur n'était plus présent parmi eux (3:20a). Les phrases «Je suis à la porte et je frappe», «Ouvre la porte» et «J'entrerai…» indiquent clairement que le Seigneur était à l'extérieur. Il est impressionnant de penser que le Seigneur a été relégué à un extérieur et Il demandait à entrer. Demandez: Quelle est ta situation aujourd'hui? De quel côté de la porte est Jésus?

2. Chercher les avantages rédempteurs du Seigneur

Le premier avantage que cette église pouvait obtenir en Christ était «de l'or raffiné dans le feu» pour pouvoir être riche. La ville de Laodicée était très avancée économiquement. Il avait beaucoup d'industries et de nombreux banquiers. Lors d'un tremblement de terre qui a détruit les infrastructures, la ville a rejeté l'aide gouvernementale romain pour la reconstruction. Cependant, notre Seigneur les décrit comme pauvres et malheureux. Il voulait que l'église s'humilie devant lui pour recevoir de l'or purifié gratuitement. Dieu a voulu les affiner comme de l'or dans le feu pour avoir un peuple juste, le servant et l'avoir comme leur Dieu.

Le deuxième avantage que Christ voulait donner à cette église était «des vêtements blancs». L'une des plus grandes industries à Laodicée était la production de vêtements en laine de chèvre noire. Le Christ voulait en Laodicée des gens «vêtus de blanc»; qui ne se confient pas dans leur propre industrie qui l'a laissé gêné aux yeux de Dieu, mais confiant dans le seul Sauveur qui puisse couvrir sa honte avec pureté.

Le troisième avantage était «collyre». L'archéologie confirme une deuxième industrie de premier plan dans Laodicée qui était la production de gouttes pour les yeux et les oreilles. Ceux de Laodicée étaient les experts en guérison des yeux, mais Christ les avait déclarés aveugles. Seul le Christ peut ouvrir les yeux des aveugles (Jean 9:32), et il offrait ce miracle librement aux frères de Laodicée.

3. Prendre la décision de s'approcher de Christ

A. Repentance et changement

La première étape pour les croyants Laodicéens était de reconnaître que le Seigneur les exhortait et les disciplinait à cause de leur amour pour eux (3:19). Hébreux 12: 5-6 nous dit que le Seigneur nous discipline parce qu'il nous aime. Christ punissait verbalement cette église parce qu'il l'aimait.

La deuxième étape consistait à rechercher les priorités du Seigneur. Si nous voulons quelque chose de nouveau, nous avons besoin d'une passion nouvelle. Nous devons chercher dans les Écritures pour pouvoir nous «asseoir» aux pieds de l'enseignant et être sanctifiés dans sa vérité (Jean 17:17). Il est également important de prier notre Père qui cherche à réparer en nous ce qui est détérioré; nous unir avec nos frères dans la recherche ardente du Seigneur et gagner les autres.

Troisièmement, le remords ne suffisait pas. Ils devaient produire des fruits dignes de la repentance (Matthieu 3: 8) Le chagrin du monde n'était pas suffisant (2 Corinthiens 7:10). Sa tristesse devait devenir un vrai changement.

B. Inviter le Seigneur à une communion intime

Chaque croyant de Laodicée devait faire attention à l'appel du Seigneur. «Voici» était la manière de ce jour-là et la culture à dire, «Faites attention!» ou «Ouvrez les yeux!» Nous devons réaliser que le Seigneur se tient à la porte en nous appelant. Christ insiste pour continuer à nous appeler à la porte de nos vies.

L'individu qui entend la voix du Seigneur doit laisser entrer le Seigneur. Ouvrir la porte signifie une invitation à passer. Jésus est un gentilhomme et n'entrera pas sans la permission de l'individu. Il ne violera pas le libre arbitre de la personne.

Après avoir laissé le Seigneur entrer, la personne expérimentera une communion intime. La promesse du Seigneur est «Je vais lui entrer et dîner avec lui et lui avec moi» (v.20). Le dîner dans cette culture était le repas le plus important de la journée et le fait de manger ensemble dans chaque pays ont toujours été synonymes d'amitié et d'intimité. Quand nous avons dîné avec lui, nous sommes passés une période de communion plus intime avec le Seigneur. Dans cette intimité, l'invité devient l'hôte et donneur de nourriture.

Le résultat sera la victoire. «A celui qui vainc», qui prend conscience de son état spirituel, qui cherche le Seigneur, qui s'intéresse aux intérêts du Seigneur et se repent en le laissant entrer pour une communion intime, il recevra comme récompense d'être sur le trône avec Christ.

Révisez/Application: Que vos élèves expliquent les phrases suivantes et comment ils les appliquent à leur vie.

1. «Voici!» (Une façon d'appeler notre attention. Jésus nous appelle à rendre compte que quelque chose dans notre vie n'est pas correct.)

2. «Je suis à la porte et j'appelle.» (Jésus nous cherche, appelle, mais ne force pas une porte pour entrer.)

3. «Je suis riche et je suis devenu riche». (Confier dans nos propres œuvres et croire que ce que nous avons est le produit de notre effort et non la bénédiction de Dieu.)

Qu'ils expliquent trois façons de savoir comment ils peuvent appliquer la phrase «J'entrerai chez lui, je souperai avec lui, et lui avec moi «à leurs vies. Réponse personnelle

Défi: Pendant la semaine, invite Jésus à un dîner spécial. Sépare un moment précis où tu te présentes devant Dieu dans l'adoration, la supplication et l'étude de sa parole. Prépares-toi à l'avance en éloignant tout ce qui pourrait entraver le temps de la réunion. Si tu peux avoir cette pratique, tu verras souvent de grands résultats dans ta vie.

Signes dans le Corps

Walter López • Mexique

Leçon 31

Avertissement
Au début de la classe, demandez à vos élèves comment cela a été dans leur rendez-vous avec Jésus.
Accepter

Objectif: Que les jeunes comprennent que la vie chrétienne est authentique va plus loin que les modes culturelles.

Pour mémoriser: «*Tout m'est permis, mais tout n'est pas utile; tout m'est permis, mais je ne me laisserai asservir par quoi que ce soit*» 1 Corinthien 6:12

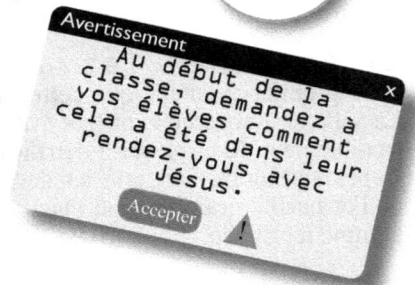

Connecter / Télécharger

Dynamique d'introduction (12 à 17 ans).

- Matériaux: Papier et peinture pour les ongles.
- Instructions: Divisez la classe en groupes et demandez-leur de renverser la peinture à ongles sur le papier pour qu'il soit taché. Après deux minutes, demandez-leur de nettoyer la tâche du papier.

   Il est important que l'élève comprenne que la décision de porter un tatouage est pour toute la vie et il n'est pas effacé, c'est pourquoi nous devrions en discuter sérieusement et honnêtement.

Dynamique d'introduction (18 à 23 ans).

- Matériaux: Encre à ongles ou cuve chinoise et moules de figures humaines sur papier.
- Instructions: Demandez à des volontaires de peindre des images avec l'encre puis placez-les dans une position visible depuis des figures du papier.

   Parlez avec vos élèves du fait que bien que ce soit une marque personnelle et temporaire, il a des effets à l'endroit où nous passons.

Connecter / Télécharger

1. Tout m'est permis

L'expression «tout m'est permis» n'est pas une phrase que l'apôtre Paul soutient. Cette phrase était utilisée par les Corinthiens pour justifier leurs attitudes et leurs comportements. L'apôtre Paul a ajouté «mais tout n'est pas pour mon bien «et pour l'autre» mais je ne laisserai rien me dominer «(1 Corinthiens 6:12 NVI). Paul n'a pas soutenu la procédure des Corinthiens. Au contraire, Paul leur a fait voir que bien qu'ils croyaient pouvoir faire ce qu'ils voulaient, tout n'était pas pour la construction.

Les paroles de Paul sont encore valables aujourd'hui plus que jamais. S'il est vrai qu'en tant que chrétiens, nous vivons en pleine liberté, ce n'est pas une excuse pour faire tout ce que nous voulons. En tant que membres de la Communauté chrétienne, nos actions sont associées à la foi de nos frères et nous avons la responsabilité d'agir selon l'amour du Christ. Paul dans sa lettre aux Romains a souligné que ni le fort ne doit mépriser le faible, ni le faible juger le fort (Romains 15: 1). Si nous comprenons cela, nous pouvons créer un environnement de tolérance à l'église indépendamment de notre façon de penser.

2. Le tatouage et le piercing

Le tatouage et le piercing sont deux modes culturelles sur lesquelles nous devons réfléchir. Ça vaut la peine de faire résonner les paroles de Paul «Tout n'est pas pour mon bien» «mais je ne laisserai rien me dominer». Comme chrétiens libres, nous sommes libres, mais cette liberté possède sa prémisse maximale dans l'amour du frère. Ni l'un ni l'autre ne peut utiliser leur liberté de faire tomber l'autre, et cet autre ne peut pas juger son frère pour quelque chose qu'il ne tolère pas.

Selon l'anthropologie sociale, le tatouage est une pratique qui remonte à plusieurs siècles. Dans les villages Amérindiens, le tatouage était un symbole de hiérarchie, de pouvoir, d'autorité ou de noblesse. C'était une marque qui distinguait un guerrier, un prêtre ou un dirigeant. Dans toutes les cultures autochtones ou tribales, les tatouages ont été et sont un symbole de distinction ou d'identification. Cela fait partie de leur culture.

Au sens religieux, le tatouage joue un rôle très important. Dans les cultures maya et aztèque, le tatouage représentait une relation très étroite avec la divinité. Le tatouage était le symbole de la distinction de son dieu. C'était la marque et la présence de l'invisible dans la vie de la personne qui le portait. Les tatouages étaient des symboles avec une signification profondément religieuse. Dans l'Ancien Testament, nous trouvons une restriction explicite dans ce sens. Le premier est dans Lévitique 19:28 et exprime clairement une interdiction. Le chapitre 19 du Lévitique offre une série de règles pour les habitants d'Israël dans leur marche à travers le désert. Le verset 28 dit: «Je ne sais pas faire des plaies sur le corps à cause des morts ou des tatouages sur la peau. Je suis le Seigneur» (NVI).

L'interdiction du tatouage dans l'Ancien Testament était associée exclusivement à des significations religieuses. Cette pratique était une preuve de la vie religieuse des peuples voisins d'Israël. Dieu n'a jamais permis à Israël d'adopter des coutumes ou des pratiques impliquant d'autres dieux. L'interdiction de tatouage c'était à cause de la signification religieuse de cette époque et dans ce contexte (Lévitique 19:28). C'était une coutume païenne et donc interdite à Israël.

La Bible se prononce davantage contre l'idolâtrie envers les autres dieux que contre l'acte de se tatouer. Dans le chapitre 19 de Lévitique, nous trouvons des exigences de consécration au Seigneur. Suivant une mode culturelle peut se fermer dans une zone d'idolâtrie très subtile.

En ce qui concerne le perçage, dans certaines tribus d'Afrique, les perforations du corps ont un caractère esthétique. Les femmes transpercent leurs oreilles et leur nez car ce sont des attributs de la beauté. C'est ainsi qu'ils définissent leur culture. Pourquoi d'autre part, les piercings à l'oreille sont également associés à l'esclavage. Tant à Rome et à la Grèce, les oreilles des esclaves ont été percées pour les identifier.

Ce n'est pas une question religieuse. Dans nos cultures hispanophones, c'est toujours une mode imposée souvent par «rock stars» «artistes de la mode» et autres symboles de «beauté» étrangers à la modestie des enfants de Dieu. Cela peut devenir une tendance idolâtre.

3. Le tatouage et le piercing aujourd'hui

Actuellement, le tatouage et le perçage n'ont pas ce caractère religieux qui a été discuté auparavant. Aujourd'hui, ces deux composantes font partie d'une tendance qui s'est renforcée ces dernières années. La télévision s'est occupée de diffuser toutes sortes de stars artistiques, sportives, hommes et femmes avec des tatouages et des piercings dans toutes les parties du corps. Dans les années 70 et 80, les tatouages étaient davantage liés aux groupes de rock américains. Après l'explosion des médias, ces deux pratiques ont été étendues partout.

Nous pouvons souligner que cette pratique est profondément influencée par la culture du culte des héros. Les personnages de la télévision, du cinéma et du monde du sport pratiquent le tatouage sur tout le corps et le considèrent de manière normale. Même certains «artistes» chrétiens portent leurs tatouages et leurs piercings. Cela vaudrait la peine de les demander, pourquoi le font-ils? À qui veulent-t-il plaire?

Avant cette influence, la question importante se pose pour nous étant que chrétiens: pourquoi veux-tu mettre un tatouage? Ou pourquoi veux-tu mettre un piercing? Quelles sont tes raisons? Il y a quelques considérations qui ne sont pas prises en compte. Par exemple, en Amérique centrale, les tatouages sont associés à des bandits ou à des gangs.

Les tatouages ont une image très négative dans ces pays. Sans aucun doute, si tu décides d'en porter un, tu seras victime de la stigmatisation sociale, au moins, dans la première impression que tu causes.

Dans d'autres pays hispanophones, les tatouages n'ont pas une si mauvaise image, mais il existe d'autres facteurs considérés. Par exemple, certaines entreprises d'employeurs n'autorisent pas l'utilisation de tatouages sur leurs employés et par conséquent, si on décide d'en obtenir un, on réduit ses possibilités d'emploi. L'apôtre Paul dit déjà, «pas tout est pour mon bien».

Enfin, il existe des traitements médicaux qui nécessitent une résonance magnétique et il existe des publications qui signalent une sensation d'amertume ou de brûlure avec certains pigments ou encres utilisés pour les tatouageslorsqu'ils subissent ce traitement. Il est important de savoir que les encres ou pigments utilisés par les personnes qui s'engagent au tatouage qui n'est pas toujours fiable car il n'y a pas de réglementation sanitaire qui évite l'utilisation de pigments inadéquats.

Finalement, en ce qui concerne le perçage, c'est la même chose. Son utilisation est uniquement esthétique, liée à «se voir bien» ou «être à la mode». Mais sommes-nous appelés à suivre la mode? Notre appel est-il à suivre les courants de la mode de ce monde? Ou sommes-nous appelés à être la lumière, le sel et un exemple d'amour envers les autres?

Il n'y a pas que des considérations morales. Il y a d'autres raisons de poids à décider se faire tatouer «Tout est permis», «mais tout n'est pas pour mon bien». «Tout est permis», «Mais je ne laisserai rien me dominer» (1 Corinthiens 6:12 NVI). Qu'est-ce que tu recherches quand tu obtiens un tatouage ou un piercing? Cherches-tu à plaire à Dieu? Difficilement un acte de ces mouvements touche le cœur de Dieu. Si tu te fais un tatouage ou un piercing, sûrement c'est pour toi-même, pour des raisons très personnelles, mais ce n'est pas parce que Dieu le voulait ainsi. Si bien, que Dieu ne te condamnera pas pour cela, il ne te sera pas reconnaissant de t'avoir mis sur une croix ou un symbole religieux. Comment cela affectera-t-il les autres? En tant que chrétiens, nous sommes en liberté, mais celle-ci est soumise à l'amour et au respect pour mon prochain.

Révisez/Application: Demandez aux élèves de répondre aux questions et en discuter en classe.

1. Que signifie le tatouage dans l'Ancien Testament? (Une relation religieuse avec les dieux païens et les morts.)
2. Qu'est-ce que l'apôtre Paul a dit sur tout est permis? (Que tout n'est pas pour l'édification et que nulle chose devrait nous dominer.)
3. D'où viennent la mode des tatouages et le piercing? (De l'influence des médias et des personnalités publiques.)
4. Est-ce un tatouage ou un piercing d'une marque qui me distingue comme un enfant de Dieu? (Non, ce qui me distingue, c'est l'amour que j'ai pour mon prochain.)
5. Quelles conséquences sociales un tatouage implique-t-il? (Je peux être marginalisé, discriminé, cela peut me fermer les portes du travail ou causer des problèmes dans un traitement médical.)

Défi: Écris dans tes propres mots deux références bibliques qui interdisent le tatouage. Si tu connais quelqu'un qui a l'intention d'utiliser un tatouage ou un piercing dans ton église, partage ce que tu as appris et invites-le à réfléchir sur les conséquences sociales.

Réseaux Sociaux

Viviana Perez • Argentine

Objectif: Que l'élève sache utiliser correctement les réseaux sociaux d'aujourd'hui.

Pour mémoriser: *«Il y a un temps pour tout, un temps pour toute chose sous les cieux»* Ecclésiaste 3:1

Avertissement

Lorsque vous commencez la classe, dialoguez avec vos étudiants concernant la classe de la semaine précédente. Demandez à des volontaires de réciter les références bibliques qui interdisent le tatouage qu'ils ont appris la semaine dernière.

Accepter

Connecter | Télécharger

Dynamique d'introduction (12 à 17 ans).

- Matériaux: Une affiche décorée comme la fenêtre du début d'une page de Facebook. Aussi la semaine dernière, demandez à chaque étudiant d'apporter une photo personnelle et ruban adhésif. Si vous n'avez pas demandé les photos, apportez des photos découpées des magazines et demandez à chacun de choisir celle qui le représente.

- Instructions: Demandez à chaque élève de passer par devant, coller sa photo sur l'affiche (ou choisir une photo) de Facebook et dire brièvement au groupe quelque chose qui le concerne.

  Quand tout le monde a fini, demandez comment ils se sont sentis en partageant leurs anecdotes avec le groupe présent et non virtuel et quelles différences ils ont détectées. Avec cette dynamique, nous avons connu la différence entre un réseau social virtuel et un réseau social présent.

Dynamique d'introduction (18 à 23 ans).

- Instructions: Préparez une enquête écrite à l'avance avec les questions suivantes:

  1. As-tu un compte sur un réseau social?
  2. Combien de fois par jour tu visites ton compte?
  3. Combien de temps par semaine investis-tu dans ton compte?
  4. Quel a été ton plus grand avantage avec les réseaux sociaux?
  5. Penses-tu que les réseaux sociaux t'ont nui d'une certaine manière? (par exemple, il a gâché le temps, a soustrait des amis, a apporté des malentendus, etc.)

  Donnez l'opportunité à différents étudiants pour qu'ils partagent leurs réponses en public et posent cette question d'autoréflexion: Crois-tu que les réseaux sociaux nous sont des bénéfices ou nous font du mal? N'imposez pas votre propre opinion, donnez-leur quelques minutes pour réfléchir.

Connecter | Télécharger

Selon une étude réalisée en Allemagne par Volkswagen et MTV en collaboration avec Nielsen, les jeunes de 14 à 29 ans passent en moyenne deux heures par jour sur le Web.

Le rapport révèle également que les plus jeunes sont inscrits dans au moins trois réseaux sociaux et ont une moyenne de 195 contacts. (Http://www.marketingdirecto.com/actualidad/social-media-marketing) [Date de consultation 1 Février, 2013].

Une autre enquête sur le Web a également révélé que 22% d'un groupe de jeunes interrogés de leur identité. Dans une conversation, une jeune a révélé l'une des raisons pour lesquelles les jeunes d'aujourd'hui sont si attachés aux réseaux sociaux, dit-elle "cela lui a fait sentir accompagnée, rendu compte que lorsqu'elle ajoute une photo, immédiatement elle reçoit des commentaires, par contre c'était un moyen de combler un vide, mais petit à petit, cela devenait une dépendance totale, au point de préférer manger pour discuter et être vigilante au cellulaire".

Bien que les réseaux sociaux nous aident à améliorer, à élargir et à renforcer nos relations sociales, il est vrai qu'aujourd'hui, c'est l'un des plus grands outils de vices et de publicité et une influence en termes de consommation, tendances, matérialisme, discrimination, violence, sexe, addictions et autres choses.

Écrivez dans deux colonnes: Utilisation correcte et utilisation incorrecte des réseaux sociaux. Discutez avec vos étudiants à ce sujet

Le cyber-intimidation est le harcèlement ou l'intimidation par les réseaux sociaux. Il est appelé comme ça à l'utilisation de l'information électronique et les médias tels que le courrier électronique, les réseaux sociaux, les blogs, la messagerie instantanée, les messages texte, les téléphones portables et les sites Internet diffamatoires pour harceler un individu ou un groupe, pour des attaques personnelles ou d'autres moyens. Cela peut être une infraction pénale.

Autrement dit, le cyber-intimidation permet un comportement hostile, attaque la réputation, nuit à la vie privée des commentaires, inventer des histoires, créer aussi de faux profils, usurper l'identité de la personnalité, taguer des photos, insulter, menacer, faire du chantage avec le téléchargement de photographies, etc. Tout ce qui se fait avec le désir de causer de l'angoisse chez la victime, qui dans certains cas a fini par bouger ou pire, se suicider. Les agresseurs pensent que ce n'est qu'une blague, mais celui qui en souffre peut être vraiment affecté.

1. Comment investissons-nous notre temps?

Forgez une pluie d'idée, avec cette variante: donnez à chaque élève un papier adhésif où ils écriront une chose dans laquelle il investit son temps, au moment de le dire, l'étudiant va coller son autocollant au tableau.

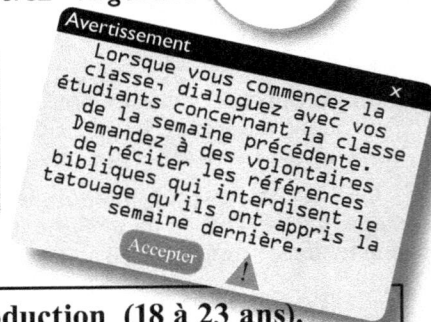

Ecclésiastes 3 est une compilation de ce que nous faisons tous fondamentalement à un moment donné de notre vie, à partir de que nous sommes nés jusqu'à notre mort. Bonnes choses et mauvaises choses, choses positives et choses négatives. Le vers 11 dit «Tout a été beau en son temps», ce qui signifie que lorsque nous faisons les choses prudentes, ce sera beau, mais le détail est que cela doit être fait au bon moment, pas avant ni après, mais juste au bon moment. Par exemple: «Pepito» est sur le «Face» juste au moment du repas de famille et la mère l'appelle pour manger mille fois, jusqu'à ce qu'elle finisse par s'énerver en lui criant dessus. Serait-ce que «Pepito» va faire les choses au moment opportun? Un autre cas: «Ana» est avec les messages texte du téléphone, dans les classes, le professeur attire son attention, mais elle ne s'arrête pas, le professeur s'approche et retire son téléphone portable. Ce n'était pas le moment adéquat. Donc, nous pouvons faire une liste sans fin des choses que nous faisons au mauvais moment, de mettre un petit ami à un très jeune âge pour ne pas cesser de bavarder juste au moment où ton meilleur ami t'avoue quelque chose de grave en personne.

Il est important de se rappeler que lorsque nous nous efforcerons de faire les choses que nous devons faire au bon moment, tout aura plus de chances de bien passer et ce sera probablement beau comme dit Ecclésiaste.

La manière dont nous investissons notre temps parle de ce que nous considérons important dans nos vies, nous devons faire un arrêt et une évaluation pour être sûr que ce que nous faisons aujourd'hui nous fera sentir fier de la journée de demain et cela nous apportera satisfaction et paix. Sinon, nous devrions demander à Dieu de la sagesse et discernement pour savoir comment investir notre temps de manière correcte et dans des choses valables. Il n'y a rien de mieux que de faire ce qui plaît au Seigneur. Par exemple, lire la Parole de Dieu qui éclaire nos idées, nettoie nos cœurs et ouvre notre compréhension pour nous renouveler afin de prendre les bonnes décisions.

2. Comment utilisons-nous les réseaux sociaux?

Demandez à quelqu'un de lire 1 Corinthiens 6:12. La version de la Bible Traduction Langage Actuel dit ainsi: «Certains d'entre vous disent: je suis libre de faire ce que je veux. Bien sûr! Mais pas tout ce qu'on veut, convient; c'est pour ça que je ne permets rien à me dominer». Lorsque nous lisons ce passage, nous réalisons que la phrase dit que nous sommes libres de faire ce que nous voulons ou que tout est permis, mais si nous sommes intelligents, nous devons savoir que tout ce que nous voulons faire ne nous convient pas. Certaines choses peuvent être bonnes, nécessaires, productives, mais d'autres peuvent être nuisibles, destructives ou inutiles.

C'est pourquoi il est important que Dieu guide nos actions et nos décisions parce que lorsque nous faisons les choses en dehors de Lui, ou nous faisons des choses que nous savons qu'Il n'aime pas, nous devons savoir que la fin ne sera pas bonne, on finira dans la douleur, la maladie, la mort, etc.

Demandez: Comment utilisons-nous les réseaux sociaux à la lumière de Romains 14:19 et 15: 2? Nous savons que quand quelque chose dans les réseaux ne nous convient pas, nous savons quand quelque chose contribue à la paix et quand non, nous savons si nous disons ou d'autres disent que cela est en train d'édifier. Les critiques, les photos mettant en évidence des défauts dans l'intention de se moquer, des fausses informations, intentions malveillantes dans les relations, etc. Ce sont que quelques-unes des choses avec lesquelles qu'avec certitude et malheureusement ils se produisent dans les réseaux sociaux pour la destruction, mais ce n'est pas pour l'édification.

Nous devons être vigilants car la tentation de faire ce qui ne convient pas sera toujours présente. Le conseil de Dieu dans sa parole n'est pas que nous arrêtions d'utiliser les réseaux sociaux, car «tout est permis», mais nous devons analyser ce qui est approprié. Il dit aussi «je ne me laisserai pas dominer», c'est-à-dire que le courant ne nous attrape pas mais que nous sommes ceux qui font la différence dans l'utilisation des réseaux sociaux, contribuant à la paix, à l'édification mutuelle gentille avec le prochain.

3. Comment pouvons-nous mieux utiliser les réseaux sociaux?

Demandez: Que pourrions-nous faire pour mieux utiliser les réseaux sociaux? Les réseaux sociaux sont l'un des meilleurs outils avec lesquels nous devons transmettre l'évangile. Nous devons être créatifs et disposés à être les messagers dont Dieu a besoin, en demandant simplement au Seigneur d'utiliser notre point de contact pour être un canal de bénédiction et d'espoir.

Ephésiens 4:29-30 nous dit que les mots que nous utilisons, oralement ou par écrit, doivent être prononcés avec le but de construire, c'est-à-dire d'aider les autres à être meilleurs. Ils ne peuvent pas être des mots corrompus, cela implique des mauvais mots, vulgarités, mensonges, insultes et mots similaires. Ils doivent être bons, des mots appropriés, honnêtes et pourquoi pas, avec une touche de grâce et de sagesse; parce que si nous ne le faisons pas comme cela, le Saint-Esprit peut être triste

Nous devons également prendre soin des photos que nous mettons. Donc, en conclusion, nous pouvons utiliser les réseaux sociaux, chaque fois que nous les utilisons pour construire et sans les laisser nous dominer.

Révisez/Application: Demandez qu'ils répondent aux questions suivantes:

1. Que puis-je faire pour utiliser les réseaux sociaux au bon endroit et au bon moment?

2. Comment puis-je utiliser les réseaux sociaux pour générer quelque chose de constructif?

3. Comment puis-je détecter si les réseaux sociaux est ce qui me dominent?

4. Et si je réalise que les réseaux sociaux me dominent, que puis-je faire pour me libérer?

Défi: Que penses-tu si cette semaine tu utilises les réseaux sociaux pour transmettre un message d'espoir en Jésus? Tu peux également écrire sur une feuille chaque fois que tu les utilises. Note l'heure de début et l'heure de fin. Ainsi, le week-end, tu auras en moyenne des heures quotidiennes d'utilisation des réseaux.

L'homosexualité?

Hilda Navarro • Mexique

Objectif: Que l'élève identifie dans la Parole de Dieu la position correcte face à l'homosexualité et une compréhension du rôle de l'église dans le sujet.

Pour mémoriser: *«Approchons-nous donc avec assurance du trône de la grâce afin d'obtenir miséricorde et de trouver grâce, pour être secourus dans nos besoins»* Hébreux 4:16

Avertissement

Commencez la classe en demandant quelles réponses ont-ils reçu de la présentation qu'ils ont montrée dans leur réseau social. Qu'ils parlent de leurs réponses de ses amis à leur message de l'amour de Dieu.

Accepter

Connecter — Télécharger

Dynamique d'introduction (12 à 17 ans).
- Matériaux: Feuilles de papier et crayons de couleur.
- Instructions: Demandez aux élèves de dessiner la réaction de l'église locale si une personne homosexuelle entre pendant le culte. Une fois qu'ils ont fait le dessin, ils discutent entre eux de la signification de ce qu'ils ont dessiné (y compris le stéréotype possible de l'homosexuel). Au cours du cours ils auront possibilité d'examiner leurs positions autour du sujet d'aujourd'hui.

Dynamique d'introduction (18 à 23 ans).
- Matériaux: Feuilles de papier et crayon pour chaque élève.
- Instructions: Les élèves diviseront une feuille de papier en trois colonnes. Dans la première ils écriront: Ce que je sais; dans la seconde, ce que je veux apprendre et dans la troisième, ce que j'ai appris. Demandez aux élèves de répondre aux deux premières colonnes avec le thème, l'homosexualité. La troisième colonne sera répondue à la fin de la classe.

Connecter — Télécharger

L'homosexualité est un problème qui dérange la plupart des chrétiens. Au début du cours, il est important d'établir des règles avec les élèves pour maintenir l'ordre et le respect entre tous.

La règle serait de ne pas utiliser de synonymes offensants pour désigner les homosexuels. Un autre est d'ouvrir à la direction du

Saint-Esprit pour entendre la voix de Dieu au-dessus de nos propres positions. Pour des raisons pratiques dans cette classe, le terme homosexuel comprendra également les lesbiennes, les bisexuels, les transsexuels et les travestis. Il est important de clarifier avec la classe une différence entre homosexuel et efféminé. Il est compris comme efféminé, des hommes avec des traits et des mouvements féminins et qui ne sont pas nécessairement des indicateurs de l'homosexualité.

1. L'homosexualité dans le moment actuel

La société actuelle ne parvient pas à un accord sur la question de l'homosexualité. Certains sont rapides de le condamner et d'autres d'excuser. Il y a des groupes d'activistes qui luttent pour les droits des homosexuels; d'autres groupes luttent contre elle. Certains définissent le droit à la préférence sexuelle, d'autres aimeraient le condamner à mort. La science n'a pas fourni d'études convaincantes prouvant que l'origine de l'homosexualité est toujours génétique, elle produit des expériences personnelles ou d'une décision; elle n'a pas non plus prouvé le contraire. En dépit de l'ouverture qui a eu lieu dans certains endroits avec des homosexuels, la plupart vivent encore stigmatisés, rejetés et violés. Notre société ne comprend pas pleinement l'homosexuel, mais elle se prête à l'attaquer. Communément dans les écoles, dans les centres de travail et les réunions des amis, les homosexuels sont fréquemment victimes de plaisanteries et de moqueries. Il y a ceux qui ont même choisi la voie de la violence pour manifester sa position contre l'homosexualité.

2. Homosexualité dans la Bible

La première référence biblique que nous trouvons est dans le chapitre 19 de Genèse. Deux anges sont allés voir Lot pour le sauver de la destruction de Sodome et de Gomorrhe. Les hommes de la ville ont entouré la maison de Lot et ils ont demandé à voir les hommes pour avoir des relations sexuelles avec eux. Ils ont été libérés par le pouvoir de Dieu, mais les villes ont été détruites. Quand Dieu formait le peuple d'Israël, il donna des lois très claires à ce sujet. Lévitique 18:22 indique que l'activité homosexuelle est répugnante devant Dieu. Lévitique 20:13 indique que la peine était celle de la mort. L'activité homosexuelle était pratiquée par les Cananéens, voisins des Israélites. Dieu a explicitement indiqué l'interdiction de telles activités à son peuple élu. Pour le lecteur moderne de la Bible, les punitions de Lévitique 20 peuvent sembler exagérées, mais dans le temps de la formation d'Israël, il était important de marquer la différence entre la moralité du peuple de Dieu et des villes voisines. Comme d'autres péchés sexuels (adultère, inceste), l'activité homosexuelle a été punie avec la peine de mort.

Dans le Nouveau Testament, nous trouvons également des mentions sur l'homosexualité et elles sont tout aussi puissantes. Dans Romains 1: 18-32, il nous dit comment l'homme tombe et s'écarte de la grâce de Dieu par ses propres actions et décisions et la conséquence se reflète dans sa propre vie. Les versets 25 et 26 se réfèrent à l'homosexualité comme conséquence de l'idolâtrie à son propre corps. Dans 1 Corinthiens 6: 9-10, mentionne que les homosexuels n'entreront pas dans le royaume des cieux.

Le langage utilisé dans les versets précédents s'oppose fermement à l'homosexualité. Paul précise également: «Fuyez l'immoralité sexuelle». La Bible ne fait pas la différence entre un péché et un autre. Donc, quand Romains 3:23 dit que nous péchons tous et sommes dépourvus de la gloire de Dieu, cela inclut à la fois le menteur, l'adultère et l'homosexuel. Dans 1 Corinthiens 6:10, nous voyons que la liste des personnes qui seront hors du royaume de Dieu, pas seulement ceux qui commettent des péchés sexuels.

Quand John Wesley a demandé à sa mère, Susana, quel était le péché, elle lui a dit: «Suis cette règle: Tout ce qui affaiblit ta raison, affecte la sensibilité de ta conscience, obscurcit ta perception de Dieu ou enlever la saveur aux choses spirituelles, bref tout ce qui augmente la force et l'autorité de ton corps sur ton esprit, c'est un péché pour toi, même si cela peut être inoffensif «(http://vidaplena.org.mx/magazine /? p = 735) [Consulté le 10 décembre 2012]. Demandez: Pensez-vous que celui qui commet un péché sexuel mérite la plus grande punition que celui qui vole ou ment? Jacques 2:10 dit que peu importe le péché qu'il soit, nous sommes responsables pour eux devant Dieu.

3. Le rôle de l'église face à l'homosexualité

Comme nous l'avons vu au point 2, la Bible condamne l'activité homosexuelle. Mais condamne également l'idolâtrie, le vol, le meurtre, le mensonge et autres péchés (Exode 20: 1-17, Deutéronome 5: 6,21). Demandez: Pourquoi l'église semble-t-elle si sévère avec les homosexuels et tolérante envers les autres péchés? Un alcoolique peut demander de l'aide à l'église. Un voleur peut approcher à la recherche du pardon de Dieu et même d'un meurtrier peut atteindre la pitié. À quoi peut s'attendre un homosexuel qui s'approche de l'église: le rejet ou possibilité de trouver Dieu à travers la communauté chrétienne?

L'église fait tout son possible pour se préparer à aider les nécessiteux, les orphelins, les veuves, les pauvres, les malades; visiter les prisons et apporter de bonnes nouvelles aux prisonniers. Demandez: Sommes-nous prêts comme église à travailler avec les homosexuels?

Pour Jean Stam, "au lieu d'être hostiles et condamnables, nous devons créer une atmosphère qui invite l'homosexuel à demander des conseils dont il a besoin". (http://juanstam.com/dnn/Default. aspx? tabid = 110 & EntryID = 378) [Consulté le 8 décembre 2012]. Romains 6:23 nous dit que le salaire du péché, c'est la mort, mais elle dit aussi que le don gratuit de Dieu est la vie éternelle en Jésus-Christ. De manière que tout le monde, y compris les homosexuels, a la possibilité de s'approcher du trône de la grâce pour recevoir sa miséricorde (Hébreux 4:16). Demandez: Quelle devrait être l'attitude de l'église dans le traitement des homosexuels?

L'église comprend que l'évangile s'applique aussi aux homosexuels et prend l'initiative de les rapprocher à l'évangile, elle doit être claire: l'évangile est une puissance transformatrice. Jésus pardonna beaucoup de gens et il leur dit: «Ne pèche plus». Le message de l'Église doit être clair dans ce sens et guider le pécheur à un changement de comportement.

Révisez/Application: Donnez un moment pour qu'ils écrivent une lettre à l'église dont ils font partie. La lettre devrait commencer avec «Chère église, c'est ce que j'ai appris sur l'homosexualité ...».

Défi: Au cours de la semaine, écris quelques façons dont l'église peut approcher la communauté homosexuelle, sans compromettre les principes bibliques et sans offenser les homosexuels. La semaine prochaine, discute de ce que tu as écrit avec la classe.

Divertissement Intelligent

Avertissement
Demandez à vos élèves de partager les idées qu'ils ont écrit sur comment l'église peut s'approcher de la communauté homosexuelle, sans compromettre les principes bibliques et sans les offenser.
Accepter

Objectif: Que les jeunes comprennent que le divertissement est nécessaire, à condition d'avoir une bonne santé.

Pour mémoriser: *"Au reste, frères, que tout ce qui est vrai, tout ce qui est honorable, tout ce qui est juste, tout ce qui est pur, tout ce qui est aimable, tout ce qui mérite l'approbation, ce qui est vertueux et digne de louange, soit l'objet de vos pensées»* Philipiens 4:8

Connecter | Télécharger

Dynamique d'introduction (12 à 17 ans).

- Matériaux: Crayons ou stylos, et une feuille conçue pour écrire leur calendrier dans une journée ordinaire scolaire ou de travail.
- Instructions: Demandez-leur d'écrire leur vie quotidienne d'un jour ordinaire, en remplissant les espaces avec les heures et les activités (dites-leur d'essayer d'être détaillés à chaque heure). Puis demandez qu'ils examinent leur feuille et écrivent dans quoi ils utilisent la plupart de leur temps et s'il les ressemble bien la manière qu'ils l'utilisent ou s'ils ont besoin de changer quelque chose.
- Exemple:

Heures	Activités
6:00	Propreté Personnelle
7:00-13:00	École
13:00	Soupée
14:30	Repos/Jeux
15:30	Tâche
17:00	Repos/Jeux/TV
19:00	Culte/Temple
Etc.	

Dynamique d'introduction (18 à 23 ans).

- Divers posters de personnages célèbres (gens fameux, chanteurs, athlètes, musiciens, acteurs, etc.).
- Instructions: Affichez les différentes affiches sur le mur et demandez, «Que font ces gens-là pour être comme ça?»

Les réponses varieront, mais en substance, ce qui est intéressant à sauver est que, par exemple, un joueur de football s'entraîne et joue toujours, c'est à cela qu'il se consacre; il ne peut pas se permettre d'être négligent parce que cela diminuerait sa performance professionnelle. De même, pour arriver à être une actrice de télévision: il faut dépenser beaucoup une partie de son argent dans sa beauté, parce qu'on vit de son image et si on le néglige, on pourrait perdre des possibilités refléter sur l'écran.

Les personnages sur les affiches reflètent ce qu'ils font chaque jour.

Toutes les personnes, soyons célèbres ou non, nous reflétons avec nos paroles et nos actions ce que nous consommons quotidiennement.

Connecter | Télécharger

Le divertissement, non seulement est nécessaire dans la vie, mais indispensable pour trouver le sens d'elle-même. Nous avons tous le droit de nous amuser! Et maintenant, nous avons beaucoup d'options pour le faire, comme les jeux traditionnels, les X-BOX ou PSP, sophistiqués, les programmes de télévision, les communautés virtuelles sur Internet (comme Messenger, Facebook ou Twitter), entre autres.

1. La vie avec divertissement vs vie de divertissement

Notre vie a besoin de divertissement. Le problème est que beaucoup de gens ne vivent pas «avec» le divertissement, mais «de» lui. C'est-à-dire que toute la journée y est plongée; le temps que, par exemple, un étudiant devrait occuper pour consulter ses notes de classe, le dépense sur Internet, discute ou regarde les mises à jour de son espace virtuel. Le temps qu'une personne doit occuper dans son travail pour se concentrer sur ses devoirs, elle le dépense en jouant à un jeu de football sur son PSP ou en organisant les éléments de Tetris sur son IPad ou en discutant avec ses amis.

Faites attention! Le temps du divertissement ne devrait pas occuper la partie centrale de notre vie. C'est juste une distraction, mais pas l'essentiel en nous. Cependant, il y a d'autres problèmes plus graves.

2. La réalité violente

À la différence du siècle dernier, quand la rationalité a prévalu sur ce qui a été consommé, aujourd'hui prévaut le plaisir. Nous vivons dans un monde hédoniste. Cela a fait qu'une grande partie du divertissement ne cherche qu'à satisfaire les gens et ne pas servir de simple pause de leur travail ou de la vie scolaire. Et c'est dangereux, même si beaucoup de gens (surtout les jeunes) veulent le justifier, en disant que «cela ne les affecte pas».

Ceci est encore accentué par le fait que les jeux les plus populaires sont ceux qui sont liés aux guerres. Les séries télévisées les plus regardées contiennent des violences explicites (La loi y l'ordre, Bones, El mentaliste, The Walking Dead, etc.). Beaucoup de chansons contiennent des paroles explicites d'incitation au fanatisme, à l'intolérance et l'intimidation contre ceux qui ne pensent pas comme nous (comme le fameux «perreo» dans les chansons populaires de reggaetón ou dans les «narcocorridos»: le culte aux cartels de la drogue dans les diverses régions de notre continent).

Au cinéma, de la même manière, il n'est pas si facile de trouver un film qui a un message positif. Le commun est de consommer des films tels que «Rapide et furieux - Sans contrôle», qui a un message clair concernant les entreprises sociales: Les personnes assistant au film célébreront que, à la fin, les voleurs et les mafias apportent la victoire contre les policiers qui, dans la conscience collective, sont responsables de faire le bien.

Mais il y a aussi des messages violents à la télévision ouverte. Et aujourd'hui "les Talk-shows" sont populaires dans les horaires familiers. Ce sont des programmes où un modérateur, avec des acteurs qui présentent des situations réelles, par exemple une infidélité conjugale. Ils se menacent, ils se mettent en colère, ils se jugent, ils s'exposent au public, tandis que les autres les répriment pour ce qui se passe. En fin de compte, un "spécialiste" (un psychologue qui partage les valeurs relatives de la société ou un avocat qui promet d'aider le couple dans leur divorce) pour donner leur avis et d'aider le modérateur (généralement quelqu'un montre que pour ces cas, il devient célèbre) pour fermer l'affaire. Les télé-feuilletons promeuvent également des valeurs sociales éloignées du royaume de Dieu. Télé-feuilletons qui fomentent l'adultère, la fornication, les conflits, la vengeance, la haine et la violence. Voilà pourquoi il est si fréquent d'entendre parler des adolescents comme le protagoniste l'a fait dans certains feuilletons, ou les adultes avec des phrases de haine et de ressentiment, pas de place pour le pardon! Et qu'en est-il de la lutte, de certains dessins animés ou de séries qui augmentent le trafic de drogue?

La réalité de la violence n'est pas en dehors de la maison. Il est installé confortablement dans notre chambre. Et nous, membres du royaume de Dieu, ne faisons rien pour l'expulser. Que pourrions-nous faire?

3. Quelques suggestions

Le salut de Dieu est intégral (Matthieu 1:21, 1 Timothée 1:15). C'est-à-dire que Dieu est très intéressé non seulement par notre esprit, mais aussi dans tous les autres aspects de notre vie, le physique, le mental et le social. Mais qu'Il est triste de voir que ce que Jésus a dit est accompli chaque jour!: «Les hommes ont aimé les ténèbres plutôt que la lumière, parce que leurs œuvres étaient mauvaises" (Jean 3:19).

Si nous devons nous divertir, laissez notre divertissement rendre gloire à Dieu. Voici quelques suggestions: Abandonnons tout ce qui signifie violence. Cessons de consommer des livres, des magazines, des films, des chansons, des émissions de télévision, des séries, etc., qui encouragent la violence. Le peuple d'Israël a encore fait du mal aux yeux du Seigneur parce qu'ils n'étaient pas radicaux au sujet du péché (Juges 8:33; 10: 6; 13: 1).

Une histoire qui peut nous éclairer est celle du roi David lorsqu'il a péché en commettant l'adultère (2 Samuel 11). Comment tomba-t-il le roi de la grâce de Dieu? Tout a commencé parce qu'il a abandonné son objectif pour être à la maison plutôt que dans la bataille (11: 1-2).

Peut-on voir à quel point les loisirs sont puissants? Faites attention! David a dû fuir la convoitise, mais il a préféré que celle-ci s'installe dans son cœur et embrasse ses souhaits. Les résultats ont été dévastateurs.

«Quel mal peut me faire voir un film violent?» Ne jouez pas avec le feu! Le diable, notre adversaire, «Comme un lion rugissant, il se promène, cherchant qui il peut dévorer» (1 Pierre 5:8). Remplissons nos esprits de pensées dignes des enfants de Dieu (Philippiens 4: 8).

La plus belle œuvre que nous puissions lire pour ces bonnes pensées est la Parole de Dieu. Laissons-nous permettre que les images dans notre esprit soient produites par les Écritures.

Soutenons également les temps de prière à Dieu.

Et finalement, ne cessons pas de nous rassembler dans l'adoration communautaire.

Ces trois bonnes actions changeront notre esprit et quand les esprits changent, la réalité commence à changer au nom de Jésus.

Révisez/Application: Guidez vos élèves à contempler la cadre, en écrivant des actions qui changeraient la réalité et mettre ce que seraient les résultats.

Défi: Cette semaine, essaie de ne pas consommer de programmes, de livres ou d'idées qui encouragent la violence, et commence une lecture spécifique de la Bible (nous suggérons les lettres du Nouveau Testament). Vois comment il est possible de sortir de cette réalité et de rendre gloire à Dieu.

En Changeant Mon Esprit Je Change Le Monde		
Réalité	Action	Résultat
Violence	Ne pas consommer des programmes là où on utilise la violence	Je serai quelqu'un plus pacifique
Plaintes		
Colère		
Heine		
Abus		
Impatience		
Désobéissance		
Méchanceté		
Infidélité		

Faire de L'exercice!

Zeida Lynch • EUA

Avertissement

Commencez la classe en parlant de la décision qu'ils ont prise la semaine précédente pour mieux utiliser leur temps. Demandez combien de chapitres de la Bible qu'ils lisent pendant la semaine, et combien d'heures de télévision ils ont regardé.

Accepter

Objectif: Stimuler l'adolescent à pratiquer un sport en veillant à ce qu'il ne remplace pas la place de Dieu dans sa vie.

Pour mémoriser: *«Ne savez-vous pas que vous êtes le temple de Dieu et que l'Esprit de Dieu habite en vous?»* 1 Corinthiens 3:16

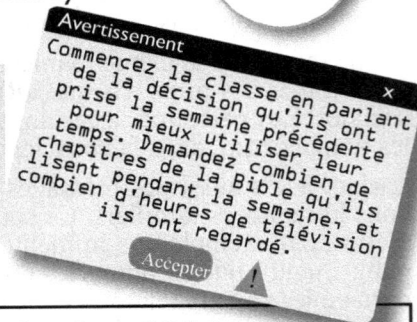

Connecter | Télécharger

Dynamique d'introduction (12 à 17 ans).

- Matériaux: Corde à sauter et un petit panier de basket ou un bol et une balle afin qu'ils puissent commencer.

- Instructions: Divisez vos élèves en trois groupes. Si vous le pouvez, emmenez-les dans un lieu ouvert. Les membres de chaque groupe choisiront une personne pour la corde à sauter, une autre pour lancer les balles dans le conteneur ou tout autre sport peut effectuer selon la place disponible.

   Par exemple: un représentant par groupe se présentera pour sauter à la corde, quiconque en fera plus de sauts gagnera; ou il peut donner certains coups au panier de basket-ball ou utiliser une balle en plastique et un bateau placé sur une table, ils doivent jeter d'une distance d'au moins 3 mètres. Celui qui lance la balle plus de fois gagnera. Le groupe qui a plus de points sera le gagnant.

Dynamique d'introduction (18 à 23 ans).

- Matériaux: Préparez six cartes avec des noms des sports (football, volleyball, gymnastique, karaté, etc.). Chaque carte doit être dans une enveloppe scellée.

- Instructions: Formez trois groupes et chacun choisira deux enveloppes et le présente au reste de la classe en mimant. Les autres étudiants devront Identifier le sport choisi. Le groupe qui a identifié plus de sports sera le gagnant.

Connecter | Télécharger

Paul a écrit la première lettre aux Corinthiens afin d'aider dans les problèmes de division et de désordre qu'il y avait à cet endroit. Corinthe était une ville cosmopolite, elle avait un port important et centre commercial, elle a été la ville la plus importante en Achaïe. Elle a été également caractérisée pour être pleine de l'idolâtrie et l'immoralité. L'église était composée principalement de gentils (ceux qui n'étaient pas juifs).

Dans 1 Corinthiens 9: 24-27, il y a une comparaison entre les compétitions sportives et la vie chrétienne, Paul s'assure que pour gagner une course, on a besoin de but et de discipline et il a utilisé cette illustration pour expliquer que la vie chrétienne exige un travail acharné, l'abnégation et une préparation sérieuse. En tant que chrétiens, nous courons afin d'obtenir notre récompense céleste. Le progrès spirituel dépend de nous.

La Bible montre dans plusieurs versets l'importance d'avoir un corps sain, Jésus lui-même devait avoir une excellente condition physique, car il a parcouru de longues distances à pied, les grands personnages de la Bible étaient de puissants guerriers (ici, cela peut prendre un certain temps et demander aux questions sur la fiche d'activité pour les 12 à 17 ans et qu'ils partagent leurs réponses).

1. Le sport et la Bible

L'apôtre Paul parle dans plusieurs de ses écrits, des jeux et des sports de son temps, en faisant des applications spirituelles.

Dans 1 Corinthiens 9: 24-27 Paul compare un athlète gagnant, comme celui qui doit se discipliner s'il désire ardemment obtenir la victoire, avec un chrétien qui doit vivre de telle façon de garder leur foi ferme jusqu'à la fin de ses jours.

Dans 2 Timothée 2: 5, parle de l'honnêteté dans la compétition. Le cas est connu par de nombreux athlètes qui ont obtenu un triomphe et il a été découvert qu'ils avaient consommé de la drogue pour avoir plus de force, ou avoir évité certaines règles. Ils ont perdu leur titre honteusement devant leurs partisans. Nous ne pouvons pas tricher ou éviter certaines choses dans la vie chrétienne.

De même, la Bible mentionne les faux prophètes d'Israël, Dieu dit que «leur race était méchante et leur courage n'est pas bon" (Jérémie 23: 9-10). Ils n'ont pas plu à Dieu.

Les références de l'apôtre Paul aux jeux de son temps ne signifient pas que l'homme a fréquenté les colisées tout au long de l'Empire romain, ou il était, beaucoup moins fanatique des sports populaires. La vie de quelques citoyens et habitants de l'Empire romain tournait autour des jeux dans les Colisée, qui étaient extrêmement violents, sanglants et cruels, comme beaucoup de sports populaires de cette époque. De là, l'histoire témoigne copieusement. Le «royaume de Dieu» et la course ou lutte spirituelle occupaient l'attention, temps et énergies du chrétien mature. Il n'était pas censé profiter des jeux sanglants et cruels. Même des jeux sains seraient pour lui une diversion momentanée et temporaire. On aurait que profiter le temps sagement en séparant un espace pas trop grand pour des divertissements sains.

Les trophées ou les couronnes matérielles, quelle valeur permanente ont-elles? Ils sont corruptibles. Ce qui est vraiment important est de vivre la vie en Christ de telle manière que nous puissions dire avec Paul les mots de 2 Timothée 4:7-8.

Maintenant, cela ne signifie pas que nous ne pouvons pas avoir le temps de rigoler et de pratiquer un sport, d'où l'importance de nous rappeler que nous sommes le temple du Saint-Esprit, nous devons prendre soin de notre corps, le nourrir, faire du sport et tout ce qui conserve la demeure du Saint Esprit.

Dans Ecclésiaste 3:1, on nous apprend qu'il y a du temps pour tout, tant que nos priorités sont claires, qu'est-ce qui est plus important pour faire du sport ou lire la Bible? Ces deux activités ne doivent pas être en concurrence, si nous nous organisons bien, nous pouvons leur consacrer le temps que chacun d'eux mérite.

2. Le sport et notre témoignage

Certains disent que la vraie personnalité d'un chrétien est observée sur le terrain de jeu. Et nous devons faire très attention au témoignage que nous donnons devant nos amis, notre famille et nos frères dans la foi. L'esprit de compétition est bon, cela nous motivera à atteindre des objectifs et à réaliser des triomphes dans de nombreux domaines, non seulement dans le sport. Mais nous devons nous efforcer de montrer en tout temps qui est le Seigneur de notre vie. Voici quelques suggestions:

1. Ne pas être obsédé par le jeu, en négligeant la vie spirituelle.

2. Donne de la priorité au travail du Seigneur et non au sport.

3. Ne manque pas les réunions et les activités de l'église pour pratiquer un sport.

4. Fais ressortir tes attributs chrétiens dans les jeux et parmi les joueurs: Sois corrects tous le temps, la pratique d'autocontrôle, en te mettant pas en colère, injuriant, combat, prendre des intoxicants ou faire tout ce qui offense Dieu. Ne triche pas, ne parie pas, sois un bon exemple et inspiration pour les autres joueurs.

5. Bien qu'il y ait des camaraderies parmi ceux qui pratiquent un sport, ne laisse pas ou rester à l'écart des frères de la foi (Romains 12:10).

3. Le sport et la proclamation de l'évangile

Le sport est un terrain occupé par l'ennemi et nous avons la foi que nos prières de nombreux joueurs, entraîneurs et amateurs et adeptes (fanatiques ou fans) seront brisés dans leur cœur et en lieu et place d'être un prétexte pour ne pas aller à l'église, cela va être un outil utile pour l'évangélisation et pour maintenir notre corps sain.

Les témoignages de joueurs chrétiens dans différentes disciplines sportives ont touché de nombreux jeunes. Aux États-Unis, un footballeur a publié sa foi chrétienne. Tim Tebow a été enclin à prier avant le match et il a écrit «John 3:16» sur une chemise qu'il a montrée après le match. La photo de ces actions a été publiée par différents réseaux sociaux et a connu de nombreux adeptes. Des millions de jeunes fans ont recherchés dans Google pour la signification de John 3:16. En revanche, Tim Tebow, dans plusieurs de ses déclarations, a demandé à sa nation de se tourner vers Dieu. Dans le monde, nous avons besoin de plus de gens comme lui. Avec courage pour montrer publiquement leur foi et être disposés à influencer positivement la vie des jeunes. Peut-être, vos étudiants sont très intéressés pour le sport et ne savent pas comment atteindre leurs amis par l'évangile. Nous présentons quelques suggestions:

1. Faites une liste de vos coéquipiers et priez pour eux.

2. Priez spécifiquement pour: que le cœur des athlètes soit ouvert au message de Dieu, la non-violence dans le sport, pas l'usage de drogues, le témoignage de plusieurs athlètes chrétiens.

3. Planifiez avec votre église locale ou groupe de jeunes, des projets d'évangélisation autour du sport, tels que les tournois sportifs où la cérémonie là où on termine avec la remise des trophées et un message de foi et d'espoir.

4. Encouragez vos élèves à pratiquer du sport parce que c'est bon pour la santé, mais rappelez-vous que sur toutes les choses, se rencontrent l'amour, le service et la communion avec Dieu.

Révisez/Application: Guidez vos élèves à trouver la citation biblique et expliquer comment elle se rapporte au sport.

1. 1 Corinthiens 9:24-27. (L'athlète doit se discipliner dans son entraînement s'il veut atteindre le prix. De même, le chrétien doit privilégier les choses dans sa vie pour maintenir sa foi.)

2. 2 Timothée 2:5. (L'athlète gagnant doit le faire légitimement. Pas de triche, pas d'insaisissable. De même le chrétien doit être sincère et fidèle dans sa promenade quotidienne.)

3. Jérémie 23:9-10. (Reliez les faux prophètes aux mauvais athlètes. Ça ne plait pas à Dieu.)

Encouragez ensuite vos élèves à préparer un plan d'évangélisation en plein air en utilisant le sport.

Défi: Pense avec ta classe pour organiser un événement évangélique et sportif. Si tu n'as pas toujours la vision d'utiliser le sport pour proclamer Jésus, je vous encourage de faire un premier pas à ce sujet et à voir ces jeux sous un autre angle, cela signifie se joindre à prier pour chaque athlète, entraîneur, juge et spectateur qui est dans les événements sportifs. Demande à Dieu de se manifester à travers des athlètes chrétiens, des ministères et des frères qui ont préparé un programme d'évangélisation pour les athlètes.

Un ou Trois?

Pablo Tello • Argentine

Objectif: Que l'élève comprenne que nous n'avons qu'un seul Dieu, créateur et saint, révélé en tant que Père, Fils et Saint-Esprit.

Pour mémoriser: *«Par lui, nous avons tous deux accès par le même Esprit au Père.»* Ephésiens 2:18

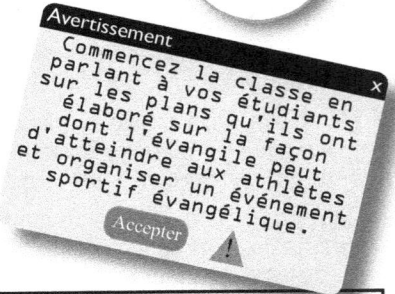

> **Avertissement**
>
> Commencez la classe en parlant à vos étudiants sur les plans qu'ils ont élaboré sur la façon dont l'évangile peut d'atteindre aux athlètes et organiser un événement sportif évangélique.
>
> Accepter

Connecter | Télécharger

Dynamique d'introduction (12 à 17 ans).

- Matériaux: Trois conteneurs transparents un avec de l'eau, un autre avec des glaçons et un autre avec de l'eau bouillante.

- Instructions: Demandez à vos élèves d'observer les éléments affichés sur la table. Formez deux groupes et demandez qu'ils considèrent les points suivants: Les différences et les similitudes entre les contenus des trois conteneurs leur permettent d'exprimer ce qu'ils voient. Puis demandez: quel contenu à chaque conteneur? Expliquez que bien que ce sont dans des états différents dans les trois conteneurs, il y a de l'eau. L'eau, composée de deux molécules d'hydrogène et une d'oxygène (H_2O) c'est la même substance dans chacun de ses trois états, solide, liquide et gazeux. Guidez-les à ce qu'ils réfléchissent à propos de la Trinité. Demandez-leur de donner deux exemples de choses ou de situations qu'ils peuvent exprimer de même. Et qu'ils le représentent avec un dessin.

Dynamique d'introduction (18 à 23 ans).

- Matériaux: Papiers de différentes couleurs et Ciseaux.

- Instructions: Formez des groupes et demandez-leur de faire cinq triangles équilatéraux (à trois côtés égaux, trois angles égaux) de différents tailles sans utiliser plus d'éléments que des ciseaux. Le groupe qui le réalise en premier sera le gagnant. Après quoi, que chaque groupe parle des caractéristiques du triangle.

  Dieu est un (comme le triangle) mais en même temps c'est le Père, le Fils et le Saint-Esprit (comme les côtés ou les angles du triangle). Pour que le triangle existe, il faut les trois éléments indispensablement.

Connecter | Télécharger

Pour beaucoup de gens, il est difficile d'expliquer la doctrine de la Trinité. Cependant, il est nécessaire de comprendre et avoir de très clairs les trois points importants suivants de notre foi chrétienne:

1. La Trinité n'est pas la croyance en trois dieux

La Bible enseigne clairement, dans l'Ancien et le Nouveau Testament, que Dieu est un «Écoute, Israël: Jéhovah notre Dieu, est le seule Eternel" (Deutéronome 6: 4). L'apôtre Paul le lui a également mentionné à Timothée «Parce qu'il n'y a qu'un seul Dieu et qu'un seul médiateur entre Dieu et les hommes, Jésus Christ, homme» (1 Timothée 2: 5). Jésus n'a jamais prétendu être «un autre» Dieu, mais a dit que lui et le Père étaient un «le père et moi, nous sommes un» (Jean 10:30). Dans l'Ancien Testament, il y a des passages dans lesquels Dieu semble parler avec Je suis le même pluriel: «Faisons l'homme» (Genèse 1:26); «Descendons et confondons leur langage là-bas» (Genèse 11: 7). Qui vais-je envoyer et qui ira pour nous? (Esaïe 6: 8). Dans ces passages, il est clairement observé la pluralité de la divinité. Un Dieu en trois personnes.

2. La Trinité ne souffre pas de personnalités multiples

Le christianisme ne croit pas que la Trinité représente une personne dans des rôles différents. Montrer parfois en tant que Père, parfois en tant que Fils et parfois en tant que Saint-Esprit, comme si le Divin souffrait de multiples personnalités. Dieu n'a jamais cessé d'être Dieu en venant comme Jésus dans le monde. Jésus était 100% homme, Il a souffert, il avait faim, il a pleuré comme nous tous, mais il était toujours Dieu, 100% Dieu. Le Nouveau Testament présente avec une grande clarté que Jésus-Christ est Dieu. Distribuez les passages suivants et demandez-leur d'indiquer ce qu'ils enseignent sur la divinité de la deuxième personne de la trinité.

- Jean 1: 1-4: Jésus a été existé dès le début. Vous pouvez changer le mot «Parole» pour Jésus.

- Romains 9: 5: Christ est Dieu par-dessus tout.

- Philippiens 2: 5-6: Christ n'a pas pris en compte sa divinité et a décidé de prendre la forme humaine pour nous sauver.

- Colossiens 2:9: En Jésus habite toute la plénitude de Dieu.
- 1 Timothée 3:16: Dieu s'est manifesté dans la chair par Jésus-Christ.
- 1 Jean 5:20: C'est le vrai Dieu.
- Apocalypse 1:8, 11-13: Jésus est le commencement et la fin. Il est éternel.

La Bible affirme également que le Saint-Esprit possède des caractéristiques, des attributs et des droits qui ne correspondent qu'à Dieu.

- Job 33:4: Il est un créateur.
- Psaume 139:7: Il est omniprésent.
- Romains 8:11: Donne la vie.
- 1 Corinthiens 2:10: Connaît la profondeur de Dieu.

3. La Trinité travaille ensemble

Dieu n'a pas créé le Christ comme un dieu inférieur, comme l'enseignent certains groupes sectaires. Il est important de signaler l'existence des passages bibliques qui présentent les trois personnes, Père, Fils et Saint-Esprit dans des activités conjointes:

a. Marc 1: 10-11 lors du baptême de Jésus, la voix du ciel a été entendue (Dieu le Père), Jésus était présent dans le corps et le Saint-Esprit manifesté comme une colombe.

b. Matthieu 28:19 dans le commandement de Jésus de baptiser où Dieu est mentionné Père, Fils et Saint-Esprit.

c. 2 Corinthiens 13:14 dans un Salutation de l'apôtre Paul, qui a présenté les trois comme capable de bénédictions répandre sur les lecteurs de cette lettre.

En raison de notre incapacité à comprendre la personne de Dieu, c'est qu'il a pris l'initiative et Il a décidé de devenir l'un de nous, en la personne de Jésus-Christ, afin que nous puissions apprécier comment il est et quels sont ses objectifs.

Maintenant, les juifs et les païens sont libres de venir à Dieu par le Christ et de trouver la paix. "A travers ce que Jésus-Christ a fait, les Juifs et les non-Juifs ont un seul Esprit, et nous pouvons approcher de Dieu le Père" (Ephésiens 2:18).

«Les trois personnes de la Trinité sont unies pour nous assurer la paix. Cet accès au Père est le point culminant du dessein éternel de Dieu, quand nous pouvons tous entrer une fois pour toutes à la présence du Seigneur» (United in Christ, Éphésiens, Hoke Smith, Jr. CBP, Texas: 1996, p.52).

«Par conséquent, l'accès le plus élevé et le plus complet de Christ, la tétine, est l'accès trinitaire du peuple de Dieu, par lequel, par lui et par le même Esprit, nous venons avec confiance à notre Père». (Le message des Éphésiens, John Stott, Certeza Unis, Buenos Aires: 2006, p.97).

Jésus a dit que celui qui l'avait vu avait vu le Père. «... celui qui m'a vu a vu le Père; comment, tu dis: "Montre-nous le Père" (Jean 14: 9) et qui est la raison pour laquelle nous pouvons dire que Jésus est venu à faire connaître Dieu «personne n'a jamais vu Dieu; le Fils unique, qui est dans le sein du Père, il a donné le savoir» (Jean 1:18). Et dans la joie de connaître Dieu, nous constatons que nous n'avons aucun problème à accepter le mystère de la Trinité. Notre accès au Père se fait par Lui (le fils qui nous a donné sa paix et l'a prêché) Jean 14:27), par un seul Esprit, l'Esprit qui régénère, scelle et demeure dans son peuple, qui témoigne de notre esprit que nous sommes enfants de Dieu, cela nous aide dans notre faiblesse et intercède pour nous.

Révisez/Application:
Demandez aux élèves de lire les citations bibliques et les écrire là où l'attribut correspond, que ce soit à Dieu le Père, à Dieu le Fils ou à Dieu le Saint-Esprit.

Défi:
Durant la semaine, pose des questions liées à la doctrine de la Trinité, par exemple, crois-tu dans la Trinité? Penses-tu que c'est une personne ou sont-ils trois dieux? Prends note des réponses à partager avec tes camarades de classe au cours suivant.

Attributs des Personnes de la Trinité			
Caractéristique	Le Père	Le Fils	Le Saint-Esprit
Appelé Dieu	Galates 1:1,3	Jean 1:1	Actes 5:3-4
Créateur	Esaïe 64:8	Jean 1:3	Job 33:4
Habite dans le croyant	2 Corinthiens 6:16	Ephésiens 3:17	Romains 8:9
Ressuscite les morts	Jean 5:21	Jean 6:39-40	Romains 8:11
A une volonté	Matthieu 7:21	Luc 22:42	1 Corinthiens 12:11
Parle	Matthieu 17:5	Jean 5:25	Actes 13:2
Donne la vie	Jean 5:21	Jean 6:33	Jean 6:63
Aime	Jean 14:23	Jean 15:9	Romains 15:30
Sonde le cœur	Jérémie 17:10	Apocalypse 2:23	1 Corinthiens 2:10
Omniscient	Psaume 139:1-4	Jean 2:25	1 Corinthiens 2:10-11
Omniprésent	Jérémie 23:23-24	Matthieu 28:20	Psaume 139:7-10
S'est attristé	Genèse 6:6-7	Luc 19:41	Ephésiens 4:30
Appelé Seigneur	Luc 1:32	Actes 2:36	2 Corinthiens 3:17

Le Fils de Dieu

Joel Castro • Espagne

Objectif: Que l'élève renforce sa conviction que Jésus-Christ, la deuxième personne de la Trinité, est venu pour nous sauver, nous justifier et faire de nous des enfants et des héritiers de Dieu.

Pour mémoriser: *«Celui qui a le Fils a la vie; celui qui n'a pas le Fils de Dieu n'a pas la vie.»* 1 Jean 5:12

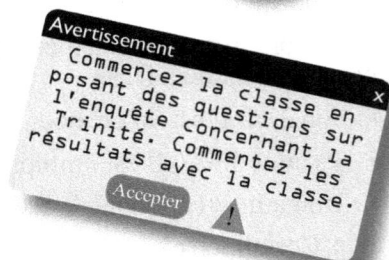

Avertissement

Commencez la classe en posant des questions sur l'enquête concernant la Trinité. Commentez les résultats avec la classe.

Accepter

Connecter — Télécharger

Dynamique d'introduction (12 à 17 ans).

- Matériaux: Ballons.

- Instructions: Chaque membre placera un ballon sans gonfler à la bouche et couvrira son nez avec une main. À la voix de trois, tout le monde commencera à retenir son souffle. Celui qui détient plus de temps sans respirer, sera le gagnant. Le ballon aidera pour voir qui libère de l'air par la bouche.

  Demandez à chaque membre de partager le sentiment qu'il a eu quand il ne pouvait pas retenir son souffle. Tout comme l'air est une nécessité dans nos vies, nous avons besoin de Jésus-Christ pour avoir une vie abondante.

Dynamique d'introduction (18 à 23 ans).

- Matériaux: Ruban adhésif épais.

- Instructions: Collez un morceau de ruban adhésif au dos d'une main de chaque élève, laissant quelques centimètres de la bande dans les airs. Chacun essaie de retirer la bande avec la même main.

  Par nos propres forces, nous ne pourrons jamais enlever le péché que nous portons, nous avons besoin de Jésus-Christ pour être purifiés.

Connecter — Télécharger

Jésus-Christ a été sacrifié au profit de nos âmes. Dans ce travail par procuration (vicaire, celui qui occupe le lieu d'un autre) de notre Seigneur Jésus, nous trouvons trois bénédictions:

1. Il nous a apporté l'expiation

Peut-être le terme «expiation» semble-t-il un peu inconnu, mais c'est une action très pratiquée par le peuple d'Israël. Seulement dans le livre de Lévitique il est mentionné 88 fois. L'expiation était un rituel qui s'agissait de sacrifier des animaux en guise d'offrande à Dieu pour le pardon des péchés. Quelques synonymes pour «Expiation» sont: Annuler, oublier, réparer, éliminer, remédier et ignorer. Ces verbes impliquent l'action d'absoudre tout péché pour trouver la communion entre le peuple et Dieu (Lévitique 16: 15, 29, 30).

Aujourd'hui, Christ est notre Agneau, il est venu pour expier nos péchés. Jean-Baptiste, quand il a vu Jésus s'approchant de lui, il dit: «Voici l'agneau de Dieu qui enlève le péché du monde» (Jean 1:29). Son œuvre de sacrifice sur la croix nous a apporté le pardon de tous nos péchés.

Il y a deux passages qui relatent l'expiation au sacrifice du Christ:

1. «Et ils feront sortir du camp le taureau et le bouc immolés pour le péché, dont le sang a été emmené au sanctuaire pour faire l'expiation...»(Lévitique 16:27). Jésus fut ôté de Jérusalem vers une colline appelée «Golgotha» pour être sacrifiée ou immolée pour nos péchés (Hébreux 13:11-12).

2. «Car la vie de la chair est dans le sang, et je vous l'ai donnée pour faire l'expiation sur l'autel pour vos âmes; et le sang lui-même fera l'expiation pour la personne" (Lévitique 17:11). L'élément merveilleux pour expier nos péchés se trouve dans le sang de notre Seigneur Jésus. Son sang était le prix qu'il payait pour nous racheter de nos péchés (Luc 10:45). Aussi, Jean, s'est exclamé: «Le sang de Jésus-Christ, son Fils, nous purifie de tout péché» (1 Jean 1:7b).

Grâce au Fils de Dieu, nous communions avec le Père céleste. Son sang a enlevé et annulé tous les péchés qui nous ont séparés de lui. Christ est notre intercesseur, il nous a réconciliés avec Dieu (Hébreux 4:16).

2. Il nous a apporté la justification

Sans Christ, nous sommes condamnés à la prison à vie. Le salaire du péché est la mort (Romains 6: 23a), le péché nous condamne à mort. Comme nous méritions d'être condamnés pour notre péché, le Christ est venu nous emmener toute culpabilité. Celle-ci s'appelle la justification.

Notre foi en Jésus-Christ nous justifie, parce que sa grâce a été consommée dans l'expiation, c'est pourquoi il nous reste tout simplement de faire confiance à Jésus (Romains 3: 23-24).

Dans le Nouveau Testament, nous trouvons deux exemples de la façon dont Jésus-Christ a plaidé pour que les coupables soient justifiés: Le premier cas se trouve dans Jean 8: 1-11. Une femme a été prise dans le péché d'adultère et les pharisiens l'ont amenée à Jésus pour qu'il la condamne. Jésus était en ce moment en train d'enseigner la Parole de Dieu aux gens; mais, ayant la femme adultère en face de lui, Il a montré l'amour et le pardon en disant: «Je ne te condamne pas non plus; va, et ne pèche plus» (v.11). Christ nous justifie, quel que soit notre péché, seulement, il s'attend à ce que nous nous repentions et obéissions à sa demande: «Ne pèche plus».

Le second cas était sa crucifixion au milieu de deux malfaiteurs. L'un d'entre eux a eu l'occasion de demander la clémence à Jésus, même en le voyant dans la même condition de crucifixion, il a mis sa foi en Jésus en affirmant une place dans son Royaume à venir. Jésus le justifia par les mots suivants: «Je te le dis en vérité, aujourd'hui même, tu seras avec moi dans le paradis" (Luc 23:43).

Ces deux cas nous montrent que Jésus-Christ nous a apporté le bénéfice de la justification. Il n'importe pas que nous avons été si pécheurs ou quel péché nous avons pratiqué. Si nous venons contrits et humiliés devant sa présence, Il nous pardonne et nous absout de toute culpabilité. Gloire à Dieu!.

3. Il nous a apporté des promesses de bénédiction

Jésus-Christ a fait deux promesses à ceux qui acceptent son expiation et sa justification.

En premier lieu, nous avons la promesse de son retour. Il a dit à ses partisans: «Et après je vais préparer une place, je reviendrai pour vous emmener avec moi, afin que vous soyez au même endroit où Je serai ... Je ne vous laisserai pas orphelins; Je serai de retour pour être avec vous ... Ne vous inquiétez pas ou ayez de la peur «(Jean 14:3, 18, 27b).

Jésus-Christ, le fils de Dieu, reviendra pour amener tous ceux qui l'ont accepté dans leur vie et qui n'avaient pas honte de lui. Cette promesse est sur le point d'être accomplie. Il nous semble peut-être que la situation politique, morale et spirituelle de notre temps donne des indications de sa prochaine venue. Son retour ne sera plus de renaître d'une vierge, mais, pour prendre son peuple. Les anges ont été témoins de ce fait lorsqu'ils ont exprimé: «Hommes Galiléens, pourquoi vous arrêtez-vous à regarder au ciel? Ce Jésus, qui a été enlevé au ciel du milieu de vous, viendra de la même manière que vous l'avez vu allant au ciel» (Actes 1:11). Il reviendra pour nous donner notre héritage de vie éternelle.

En second lieu, nous avons la promesse de son Saint-Esprit. Cette promesse a été accomplie à la fin de la Pentecôte (Actes 2). Cependant, il veut continuer à déverser son esprit dans chaque cœur régénéré par son sang. Il est nécessaire de recevoir son Saint-Esprit et recevoir par la foi le Christ comme Sauveur personnel. Cela signifie avoir été justifié par son sang expiatoire. Sans cette première étape, cette promesse ne peut pas être accomplie (Jean 14:17).

Jésus-Christ est venu pour rendre la vie abondante possible et ne se réalise que par le travail de cette promesse dans chaque cœur. Jésus a dit: «Quiconque croit en moi, comme le dit l'Écriture, de son intérieur coulera des fleuves d'eau vive. Il a dit cela de l'Esprit que ceux qui croyaient en lui devaient recevoir ... «(Jean 7:38-39a). .

Révisez/Application: Demandez-leur d'analyser les énoncés suivants et déterminer s'ils sont vrais (V) ou faux (F)

1. Les anges ont déclaré que Jésus-Christ reviendrait encore selon Jean 14:3. (F)

2. La justification est le travail vicariant de Jésus-Christ en notre faveur et rendu possible par notre foi. (V)

3. Jusqu'à ce jour, Dieu exigea son peuple d'accomplir l'expiation des péchés par le moyens de sacrifice des animaux. (F)

4. Jésus-Christ est le Fils de Dieu qui rend possible l'amitié de l'humanité avec Dieu. (V)

5. Les œuvres sont la base de notre justification. (F)

6. Jésus-Christ était l'Agneau parfait pour être expié pour nos péchés. (V)

7. La femme adultère fut justifiée par les pharisiens. (F)

8. Le Saint-Esprit est une vraie promesse pour tous ceux qui ont été pardonnés de leurs péchés.(V)

9. L'expiation était un rituel qui signifiait l'annulation de tout péché du peuple.(V)

10. Jésus Christ reviendra, c'est une promesse qui se réalisera. (V)

Défi: Aimes-tu vraiment la plénitude de la vie? As-tu accepté le don du Père céleste qui est son Fils unique? Aujourd'hui est une bonne occasion pour toi de prendre la décision d'atteindre le plein salut de ton âme avec les bienfaits qui viennent de Jésus-Christ.

La Troisième Personne

Oscar Pérez • République Dominicaine

Leçon 38

Objectif: Que l'élève apprenne que le Saint-Esprit est la troisième personne de la Trinité et qu'Il remplit la mission confiée par le Père pour édifier l'église.

Pour mémoriser: *«Mais le consolateur, l'Esprit Saint, que le Père enverra en mon nom, vous enseignera toutes choses, et vous rappellera tout ce que je vous ai dit.»* Jean 14:26

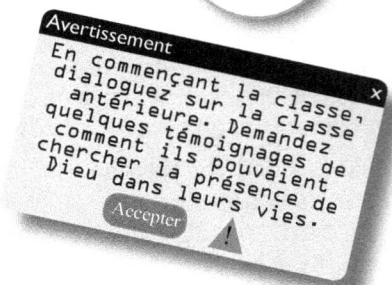

Avertissement

En commençant la classe dialoguez sur la classe antérieure. Demandez quelques témoignages de comment ils pouvaient chercher la présence de Dieu dans leurs vies.

Accepter

Connecter | Télécharger

Dynamique d'introduction (12 à 17 ans).

- Matériaux: Bandeau pour les yeux. Obstacles dans le sol comme des livres, des chaises, etc.
- Instructions: Formez deux groupes. Un volontaire dans chaque groupe marchera sur le parcours des obstacles avec les yeux bandés L'autre bénévole le guidera seulement en disant, à droite, à gauche, avant, arrière.

  Le Saint-Esprit est notre guide. Nous devons être attentifs à sa voix et décider d'obéir ses indications.

Dynamique d'introduction (18 à 23 ans).

- Matériaux: Trois œufs cuisinés, une feuille de vu à couper.
- Instructions: Trois élèves devraient faire bouillir un œuf dans leurs maisons et les amener en classe. Au démarrage de la classe, formez trois groupes. Demandez à chaque groupe de couper l'œuf avec la coquille, soigneusement, en deux parties égales et répondre aux questions suivantes.
1. Combien de parties observez-vous?
2. Quel est le nom de chacune des parties?
3. Quelle partie n'est pas nécessaire à l'existence de l'œuf?

  Après avoir répondu aux questions. Expliquez comment cet exemple concerne le Dieu Trinitaire. Chaque groupe devrait dire deux autres exemples de la façon dont la Trinité peut se présenter.

  L'illustration de l'œuf est très objective pour nous aider à comprendre fondamentalement le mystère de la trinité. L'œuf comporte trois parties différentes: Coquille, claire et jaune, mais, ils forment un œuf. Dieu est essentiellement un, manifesté en trois personnes différentes.

Connecter | Télécharger

En raison de la prolifération de groupes religieux ayant des doctrines erronées et une expression d'adoration éminemment charismatique par un grand secteur du christianisme évangélique, il est nécessaire de compréhension pertinente de la doctrine de la Trinité et d'une manière spécifique de la nature et de la mission du Saint-Esprit.

Le Saint-Esprit est toujours présent et actif à l'église du Christ, convaincant le monde du péché, régénérer ceux qui se repentent et croient, sanctifiant les croyants et guidant toute la vérité qui est en Jésus Christ.

1. Nature du Saint-Esprit

A. La personnalité du Saint-Esprit

À l'heure actuelle, il y a une tendance à croire en l'Esprit Saint en tant que force ou énergie. Mais, la Bible nous enseigne que le Saint-Esprit est la troisième personne de la Trinité. «En plus des termes de «Esprit», «Esprit de Dieu» et «Esprit de gloire», notre Seigneur se réfère au Saint-Esprit comme «Le consolateur» ou «l'autre consolateur». Ce n'est pas un terme impersonnel, mais cela s'applique au Christ même et est traduit par «avocat» dans 1 Jean 2: 1. Cela signifie couette, guide, instructeur ou «celui qui renforce quand on est avec lui». (Introduction à la théologie chrétienne, Wiley, Orton et Paul Culbertson. Beacon Hill Press, USA: 1976, p.135). Ces termes nous aident à comprendre la fonction de l'Esprit dans la vie du chrétien et de l'église. Nous devons avoir une relation personnelle avec le Saint-Esprit. Dans les chapitres 14 à 16 de l'Evangile de selon Jean, (si vous voulez laisser le temps aux étudiants de trouver les dix actes personnels du Saint-Esprit dans ces passages) il y a au moins dix actes personnels attribués au Saint-Esprit: (1) sera envoyé, (2) pour enseigner, (3) viendra, (4) pour blâmer, (5) pour guider, (6) pour parler, (7) pour entendre, (8) montrer, (9) prendre et (10) recevoir. Il se réfère également à l'Esprit Saint comme quelqu'un qui: Inspire aux hommes l'annonce de Dieu (1 Pierre 1:11; 2 Pierre 1:21); dirigée les affaires de l'église (Actes 13: 2; 16: 6-7); et être un agent dans la régénération (Jean 3: 6) et dans la sanctification entière (2 Thessaloniciens 2:13). Ces passages montrent que le Saint-Esprit n'est ni une influence abstraite, ni une qualité, ni un attribut, ce n'est pas une énergie, mais une personne. Considérant les actions que la Bible indique concernant l'action du Saint-Esprit, nous pouvons affirmer notre croyance concernant la personnalité du Saint-Esprit et confier dans son œuvre dans nos vies.

B. La divinité du Saint-Esprit

Nous pouvons également voir la divinité du Saint-Esprit à travers un nombre considérable de passages: L'éternité (Hébreux 9:14); (2) la toute-puissance (Romains 15: 9); (3) l'omniprésence (Psaume 139: 7); l'omniscience (1 Corinthiens 2: 10-11). Dans Actes 5, nous lisons que Pierre a accusé Ananias de mentir à l'Esprit-Saint. Il lui a dit que ce qu'il affirmait était un mensonge à Dieu. Cela prouve que le Saint-Esprit est Dieu: «Et Pierre a dit: Ananias, pourquoi Satan a-t-il rempli ton cœur de mentir au Saint-Esprit? ... tu n'as pas menti aux hommes, mais à Dieu «(Actes 5: 3-4). Face aux courants actuels du monde qui tendent à nier la divinité du Saint-Esprit, l'Eglise doit connaître les passages bibliques qui soutiennent notre foi.

C. Le Saint-Esprit, troisième personne de la Trinité.

La doctrine de la Trinité était clairement exprimée dans les anciennes croyances et confessions de foi. L'essence de la Trinité et sa manifestation en trois personnes garde une partie du mystère que nous ne comprendrons pas avec une précision exacte; néanmoins, la mission de chaque personne de la Trinité devient compréhensible. Les mots suivants, ont été enregistrés dans mon esprit dans un cours de théologie, à mon grand regret, je ne me souviens pas l'auteur: «Le Père est le Créateur éminent; le Fils est le Sauveur par excellence; le Saint-Esprit est éminemment Sanctificateur. Cependant, dans chaque mission particulière, les trois personnes agissent»..

2. La mission du Saint-Esprit à l'église

Le Saint-Esprit initie sa mission dans les événements de la création (Genèse 1: 2); Il se manifeste d'une manière spéciale dans la vie et le ministère des prophètes et d'une manière très unique dans la vie de Jésus. Cependant, sa mission devient plus objective et évidente à partir de la Pentecôte. L'église du Seigneur est desservie par le Saint-Esprit et continuera à l'être jusqu'au retour de Jésus-Christ. Passons en revue certaines tâches spécifiques sur la mission du Saint-Esprit à l'église:

A. Il vous enseignera toutes les choses (Jean 14: 26b).

B. Il vous rappellera tout ce que je vous ai dit (Jean 14: 26c).

C. Il rendra témoignage de moi (Jean 15:26).

D. Il convaincra le monde du péché, de la justice et du jugement (Jean 16: 8).

E. Il vous guidera dans toute la vérité (Jean 16:13).

F. Il glorifiera le Christ (Jean 16:14).

G. Il distribuera ses dons (1 Corinthiens 12: 1-11).

H. Il produira ses fruits (Galates 5: 22-23).

I. Il sanctifiera l'église (Actes 1: 8; 2: 1-4; 15: 8-9; Ephésiens 3: 14-21).

Le Saint-Esprit est une personne divine, la troisième personne de la Trinité et la Sainte Écriture corrobore ces enseignements. Il remplit une mission pour édifier l'église du Seigneur jusqu'à sa seconde venue.

Puisque la mission du Saint-Esprit est de construire l'église, nous devons être sensibles et intégrer ses enseignements à nos vies; nous devons être obéissants et humbles en obéissant à de tels enseignements; nous devons s'efforcer sans réserve de continuer dans la sainteté, en exerçant les dons et les fruits et, de cette manière, remplir notre mission ecclésiale dans le pouvoir du Saint-Esprit.

Révisez/Application: Séparez le premier mot du ou des deuxièmes mots dans les paires suivantes, mélangez-les et donnez aux élèves le temps (individuellement ou en groupe) de les faire correspondre à nouveau.

1. Éternité: Existant toujours.
2. Omniprésence: Présent partout.
3. Omnipotence: Tout-Puissant.
4. Omniscience: Le sait tout.
5. Trinidad: une essence et trois personnes différentes
6. Consolateur: Avocat, qui renforce.
7. Fruit du Saint-Esprit: Amour, joie, paix, patience, gentillesse, bonté, foi, douceur, la tempérance.

Défi: Écris un paragraphe de cinq lignes sur ce que tu as appris de la personne et de la mission du Saint-Esprit. Lorsque tu rentres chez toi, connectes-toi avec tous tes contacts et envoies-leur cette synthèse de ton apprentissage; Ensuite, demande-lui son avis à ce sujet. Ainsi, tu seras témoin de ta foi en Christ. Que Dieu bénisse ta mission.

Libres de la Puissance du Péché

Juan Carlos Fernández • Cuba

Objectif: Que l'élève se souvienne que seulement par Jésus Christ, Dieu nous libérera de l'esclavage du péché, si nous nous repentons et demandons son pardon.

Pour mémoriser: «*Mais Dieu prouve son amour envers nous, en ce que, lorsque nous étions encore des pécheurs, Christ est mort pour nous*» Romains 5:8

Avertissement
Commencez la classe en questionnant si quelqu'un avait publié ce qu'il a appris sur la muraille. Qu'ils dialoguent sur les réponses de leurs amis en ce qui concerne ce qu'ils ont publié sur le Saint-Esprit.
Accepter

Connecter | Télécharger

Dynamique d'introduction (12 à 17 ans).

- Matériaux: Grand papier ou tableau noir, craie ou marqueurs.
- Instructions: Demandez-leur de fournir des définitions de ce qu'ils comprennent du péché. Écrivez les idées de vos étudiants dans le tableau. Avec plus d'idées appropriées, entre tous ensemble, forgez une définition de ce qu'est vraiment le péché à la lumière de la Bible et dans vos propres mots.

Dynamique d'introduction (18 à 23 ans).

- Instructions: Demandez-leur de former des groupes et entre tous, choisir une expérience personnelle ou d'un ami, indiquant comment ils sont devenus des esclaves du péché ou de perdre le contrôle en raison des situations pécheresses auxquelles ils ont été soumis. Par exemple, drogues, sexe libre, mensonges, vol, etc. Alors ils doivent le dramatiser (ne devrait pas durer plus de 2 minutes) pour que leurs collègues puissent l'analyser et y réfléchir.
- Les élèves auront une idée claire du danger de se soumettre au péché, ainsi que les possibilités de rester sous son joug d'esclavage pour toujours

Connecter | Télécharger

Le mot péché est tombé en abandon dans le monde séculier. Le dictionnaire de la langue espagnole le définit comme «Chose qui s'écarte de ce qui est juste et de bon ou qui manque de ce qui est dû» (Dictionnaire de l'Académie royale espagnole en format numérique).

1. Le drame du péché en Eden

Adam et Eve avec la possibilité de faire le bien, enclin au mal et à le mettre en pratique, créer le chaos dans leur propre monde (Genèse 3: 1-20).

Dieu a montré sa bonne volonté et a coopéré avec l'être humain (qui a ignoré son commandement et a désobéi) et a promis un moyen de le rediriger vers le chemin de sa volonté. C'est là que le plan de libération apparaît en premier: «Et je mettrai l'inimitié entre toi et la femme, et entre ta semence et sa semence, celle-ci te frappera dans la tête et tu lui blesseras le talon'' (Genèse 3:15). Et avec la venue de Christ sur la terre, l'accomplissement de celui-ci a été donné. Dieu s'est fait homme, en la personne de Jésus Christ, il a fait un pèlerinage sur la terre avec des hommes et des femmes et finalement Il s'est offert en sacrifice pour la libération de toute l'humanité. C'était la solution aux conséquences du premier acte de désobéissance.

2. Esclaves du péché

Beaucoup de gens, en particulier les jeunes, manifestant une liberté mal ciblée, tentent de montrer qu'ils peuvent entrer et sortir de situations de péché, sans que celles-ci aient un effet négatif sur eux.

Jean, un jeune homme de 18 ans, désireux de témoigner de sa liberté devant ses compagnons, il a commencé à fumer de la drogue. Peu de temps après, il a inhalé de la cocaïne et a finalement injecté de l'héroïne. Il y a quelques minutes depuis que je reviens juste de ses funérailles. Ses parents ont été détruits.

Vanessa, une fille de 21 ans, est sortie avec des amies pour faire une promenade avec des étrangers. Elle voulait acheter une télévision couleur, et toute seule, elle ne pourrait jamais. Elle connaissait les connotations sexuelles du trajet, mais ce ne serait qu'une fois. C'était depuis 5 ans. Aujourd'hui, elle est l'une des prostituées les plus «célèbres» de la ville.

Benito, de 19 ans, n'avait jamais eu de relations sexuelles. Ses amis le pressaient tous les jours. Il a commencé à sortir avec une fille qui venait d'arriver en ville. Après cette relation, sa vie changea et changea fréquemment en couple. Il y a deux ans, Benito n'est plus le même. Il doit être fait un examen mensuel parce qu'il a le SIDA.

Le péché crée généralement une dépendance. C'est pourquoi tant de personnes sont prises au piège, et beaucoup meurent, Impossible de se libérer jamais. Seul Jésus, à travers son sang versé pour les péchés du monde dans le mont du Calvaire peut nous rendre vraiment libres (Jean 8: 34-36).

3. Une étincelle de lumière dans l'obscurité

Cependant, il y a ce que nous pourrions appeler une force secrète qui nous pousse à nous approcher de Dieu. Cette force-là n'a pas de mots, mais elle a la capacité de nous montrer le bien et le mal (2 Corinthiens 4: 6). Certains l'ont appelé «grâce prévenante». Le juste et bon Dieu qui sauve et condamne aussi veut amener les êtres humains sur le chemin du bien (Romains 2: 4-5). D'un côté, Dieu nous attire à Lui, d'autre part, nous avons la liberté d'accepter son salut ou non.

A. Promesses de liberté

L'être humain est captif. Beaucoup ne le savent pas, mais ses faits montrent que notre affirmation est une réalité. Seul cet homme ou cette femme qui s'approche de Dieu, lui demandant pardon et implorant être sauvé, réussira à vivre la vraie liberté.

«Le voleur ne vient que pour voler et tuer et détruire; Je suis venu afin que vous ayez la vie et que vous l'ayez en abondance» (Jean 10:10). Seuls ceux d'entre nous qui ont été pardonnés peuvent éprouver le salut. C'est un acte accompli dans l'âme, un fait présent qui se traduit par un changement d'attitude envers la vie elle-même. C'est un acte miséricordieux qui montre l'amour de Dieu envers nous quand nous nous repentons et le cherchons avec sincérité (Jean 3:16).

B. Libérés pour servir

C'est beau de savoir qu'un jour, après les hauts et les bas typiques de cette existence, nous serons tous ensemble avec notre Seigneur, dans les endroits où il est allé préparer (Jean 14: 1-2). Cependant, il est généralement un peu décourageant, pour voir comment une grande partie des chrétiens se concentrent uniquement sur cet espoir glorieux, en oubliant le contexte actuel. Il y a trop de douleur autour de nous pour l'ignorer. Pendant que nous sommes Ici, nous avons des responsabilités inévitables: la prédication, la formation de disciples, l'aide à nos prochains de l'environnement, ne pas ignorer les injustices de la vie, ces tâches et d'autres sont totalement inhérentes au christianisme. Il est impératif que les chrétiens servent par amour pour Dieu (Marc 10:45) et ne travaillent pas pour l'amour de la récompense, le paradis. Nous ne devons pas éviter le péché par peur de l'infidélité, mais par amour pour Dieu et par gratitude pour le changement qu'il a opéré dans nos vies. Le début du célèbre Sonnet au Crucifié, résume parfaitement cette idée: «Je ne suis pas ému par mon Dieu de t'aimer le ciel que tu m'as promis, je ne suis pas ému par l'enfer le très terrible, de m'arrêter pour cette raison de t'offenser»(Anonyme). Avec ces principes en tête, nous pouvons être certains que notre contribution à l'extension du royaume de Dieu sur cette terre ce sera beaucoup plus grand.

Au milieu d'un monde trop aliéné pour réaliser sa condition, l'église a la responsabilité inéluctable d'être porte-parole de la nouvelle du salut et, en même temps, d'être un agent de changement. Il est impératif que l'église soit un exemple vivant de ce qu'est réellement une personne sauvée. C'est absolument nécessaire qu'à côté de la révélation de Dieu à travers les merveilles de la nature, et d'autres sources, l'église, incarnée par les besoins de notre monde découragé, devient porteur du message qui libère l'être humain des chaînes du péché.

Révisez/Application:
Demandez à vos élèves de ranger les lettres pour trouver les mots cachés, puis guidez-les pour répondre aux questions suivantes.

Itimcéipud	(impudicité)	Iérepmut	(impureté)
Atèredul	(adultère)	Ilâdrieot	(idolâtrie)
Nerieivrog	(ivrognerie)	Itiésinim	(inimitiés)
Elsqleuer	(querelles)	Erecol	(colère)

1. Quel est l'enseignement fondamental qui contient l'histoire du jardin d'Eden? (Genèse 3: 1-20) (L'enseignement fondamental qui contient l'histoire du jardin d'Eden est de démontrer que l'être humain a eu la possibilité de choisir entre le bien et le mal, par sa propre volonté.)

2. Comment pouvons-nous être vraiment libres? (Jean 8:36) (Nous pouvons être vraiment libres seulement par l'acceptation du sang de Jésus-Christ qui a été versé en notre faveur.)

3. Pourquoi est-il raisonnable de penser que le Dieu qui sauve et condamne nous incline vers le chemin du bien? (Romains 2: 4-5) (Il est raisonnable de penser que le Dieu qui nous sauve et nous condamne nous pousse vers le chemin du bien, parce qu'Il est juste.)

4. Expliquez, en fonction de votre expérience, de quoi il s'agit se sentir sauvé.

5. Expliquez brièvement, à la lumière de la leçon, laquelle devrait être la réaction du chrétien dans sa conduite quotidienne, face aux éléments «récompense et punition»? (Ni la peur de la punition ni l'amour pour la récompense ne doit nous motiver dans notre effort pour ne pas pécher et servir les autres.)

Défi:
Dans la vie, plus ou moins fréquemment, d'une manière ou d'une autre, nous sommes tous tentés. Lorsque tu penses à des pensées qui t'encouragent à agir contre la volonté de Dieu exprimée dans Sa Parole, quelle est ton attitude? Examine ta vie et prends la décision d'agir correctement. Trouve des versets bibliques qui soutiennent ta réponse à l'invitation que le péché t'a offerte. Note tes progrès.

Je Crois en ta Parole!

Objectif: Que l'élève comprenne que la Bible a été inspirée par le Saint-Esprit et nous révèle qui est Dieu et notre nature pécheresse.

Pour mémoriser: *«Comment le jeune homme rendra-t-il pur son sentier? En se dirigeant d'après ta parole»* Psaume 119:9

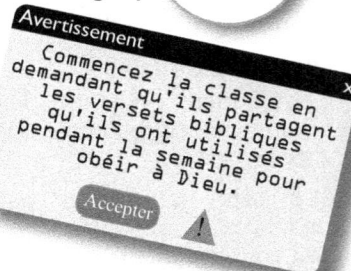

Connecter | Télécharger

Dynamique d'introduction (12 à 17 ans).

- Matériaux: Feuilles de papier et crayons.
- Instructions: Faites les trois dessins ci-dessous. Puis demandez-leur d'interpréter les dessins. Enfin, expliquez ce qui suit: a) le «moi», nous sommes les êtres humains et les décisions que nous voulons prendre pour contrôler nos vies; b) la «chaise» représente le trône de notre cœur; c) la «croix» représente le Christ.

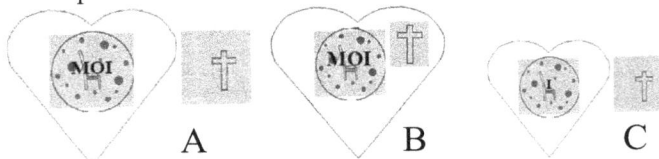

A   B   C

- Le point A représente la personne qui n'a aucune relation avec Christ.
- Le point B représente la personne qui a présenté ses excuses à Christ pour ses péchés, mais a toujours le contrôle de sa vie.
- Le point C représente qu'elle a fait une consécration entière, le Saint-Esprit remplit le croyant et gouverne sa vie. Le «moi» ne disparaît pas, il est subordonné à Christ.
- Accordez du temps pour qu'ils établissent des partenaires et expliquer au partenaire ce que signifie chaque cœur.

Dynamique d'introduction (18 à 23 ans).

- Matériaux: Papier et Crayon pour chaque élève.
- Instructions: Demandez-leur d'écrire leur propre définition de ce qu'est la Bible et de ce qu'est le péché.

    Après avoir écrit la définition, donnez du temps pour qu'ils commentent leurs réponses et indiquer comment ils sont arrivés à cette conclusion. Continuez avec le développement de la leçon et en lui donnant des concepts qu'ils ont utilisés pour les clarifier.

Connecter | Télécharger

1. Les Saintes Écritures

En disant que Dieu a pris l'initiative de se révéler à l'homme, nous devons connaître les trois façons dont il s'est révélé:

A. La révélation de Dieu dans l'histoire

Dieu s'est manifestée dans l'appel d'Abraham, lui ordonnant d'aller dans un lieu inconnu mais avec une mission connue (Exode 3). Il a également été révélé dans l'appel de Moïse et dans la manière puissante de faire sortir son peuple de l'esclavage (Exode 12: 37-51). Temps plus tard, il s'est montré sous la forme de la conquête de la Terre Promise (Josué) et dans le soulèvement ultérieur du grand roi David qui préfigura un autre major qui est Jésus (2 Samuel 2: 1-4a et 5: 1-5). Dieu s'est révélé dans le traitement avec son peuple infidèle et idolâtre en les emmenant à la captivité assyrienne et babylonienne (2 Chroniques 36: 6-7, 2 Rois 24: 10-12, 14-16, 2 Rois 25: 1-17) en restaurant dans la terre promise le petit groupe fidèle.

Ces actes nous parlent concrètement de la manière dont Dieu s'est manifesté dans l'histoire. D'autre part, Romains 1:20 exprime clairement que tout créé révèle un être suprême qui était l'architecte de l'immense que nous observons.

B. La révélation de Dieu en Christ

Dieu s'est révélé de plusieurs manières à l'humanité jusqu'à ce qu'à un moment donné il s'incarne en Jésus-Christ (Hébreux 1: 1-3). Cet acte a été fait parce que depuis le début, il est un Dieu personnel et il n'y a pas de meilleur façon de reconnaitre quelqu'un que à travers de sa personnalité. Par conséquent, Dieu a pris la forme d'un homme et en Jésus nous voyons l'ultime révélation de Dieu.

C. La révélation de Dieu dans les Écritures

La Bible est un très vieux livre mais elle continue à nous parler parfaitement à cette époque. La raison fondamentale de sa pertinence réside dans le fait que la nature humaine n'a pas beaucoup changé et moins l'œuvre de Dieu dans nos vies.

La Bible est divisée en deux parties principales: Ancien et Nouveau Testament. Le premier consiste 39 livres et le second 27 livres. Ensemble, ils totalisent 66 livres, créant ainsi une bibliothèque, ce qui est finalement ce que signifie le mot «Bible». Cette bibliothèque de 66 livres a été écrite comme elle le décrit, «Par les hommes saints de Dieu» (2 Pierre 1:21) qui venaient de différentes couches sociales, avec des niveaux d'éducation et de bureaux et qui utilisaient la langue et les styles humains pour que les hommes et les femmes comme nous, le pourrions comprendre.

Lorsque nous nous référons à l'inspiration plénière, nous voulons dire que les 66 livres sont inspirés par Dieu. Tous les livres ont le même degré d'autorité et nous devons y obéir parce que c'est la Parole de Dieu. Le mot «inspiration» est compris comme si Dieu lui-même avait respiré les mots (2 Timothée 3: 16-17). Cela ne signifie pas que Dieu a créé des robots à partir d'écrivains bibliques et qu'il a dicté mot par mot qui contiennent les Saintes Ecritures. Dieu n'a pas annulé la formation, la personnalité et le style de l'écrivain; mais oui, il s'est assuré que le message qui contenait sa Parole a été trouvé.

Le message de la Bible est clair et nécessaire pour guider l'être humain vers le salut. Ce message n'est pas ambigu ou contradictoire. La question du salut est claire et personne ne peut passer sans comprendre tel aspect.

Demandez: Que signifie la Bible pour vous personnellement? Qu'en pensent les personnes autour de vous (collègues, amis, etc.)? Avez-vous une expérience dans laquelle la Bible a parlé à votre vie?

2. Le péché, original et personnel

Bien que les Écritures définissent le péché de différentes manières, l'Ancien et le Nouveau Testament affirment que le péché est un acte et un état ou condition. La Bible utilise plusieurs définitions de ce qu'est le péché. Probablement le mieux est ce qui est exprimé par Jean, lorsqu'il nous dit que le péché est une «transgression de la loi» (1 Jean 3: 4).

A. Le péché comme transgression volontaire

C'est violer la volonté connue de Dieu. Jacques 4:17 dit: «et à celui qui sait faire le bien et ne le fait pas, c'est le péché». Posez la question suivante: Pouvez-vous donner des exemples quotidiens pour représenter cette définition? C'est intéressant que l'affirmation ne dit pas que celui qui fait le mal est un péché, mais celui qui sait faire le bien et ne le fait pas. Par exemple, je sais que la bonne chose est de ne pas mentir et je mens, je sais que la bonne chose est d'obéir et je désobéis, etc.

B. Le péché comme corruption morale

Il est également connu sous les noms de «péché naturel», «péché originel» ou «péché hérité». Cela signifie que, même après avoir été pardonné pour les péchés commis, nous avons besoin d'éradiquer l'impureté de notre nature humaine. Cette mauvaise nature est ce qui nous séduit pour continuer à désobéir à Dieu; que nous avons tendance à être désapprouvés par Lui. Demandez: Où et comment le péché a-t-il pris naissance? Dans Genèse 3, nous trouvons que Dieu a imposé des limites à l'être humain et il a décidé de se dépasser. À partir de cette histoire, la tendance était de désobéir à Dieu et de s'opposer à son autorité. Plus tard, l'apôtre Paul dans Romains 5:12, il fait remarquer que par cet acte de désobéissance, le péché est entré dans le monde et qu'on a eu la mort. Un enfant, même s'il est petit, il sait qu'il a fait quelque chose de mal et nie ou cache. Demandez: qui a enseigné cet enfant à mentir? C'est une des preuves les plus simples pour démontrer que, depuis Adam, nous avons fait ce qui est mauvais et ne pas précisément obéir et faire ce qui est bon.

Pour les deux maux, Dieu a fourni un «remède divin». Dans les deux cas, le sang du Christ opère pour notre bien et notre victoire sur l'un et l'autre. Sa Parole est claire de la double action qu'il veut faire en nous. D'une part il veut «pardonner nos péchés» (transgression volontaire) et d'autre part «nous purifier tout le mal» (corruption morale), 1 Jean 1: 9. Dieu veut «nettoyer nos mains» (transgression volontaire) et «Purifier nos cœurs» (corruption morale) Jacques 4: 8. Dans les deux cas, la foi et les recours sont requis à Jésus-Christ pour qu'il travaille par son Saint-Esprit.

Révisez/Application: Demandez-leur de lire les phrases suivantes et compléter les espaces vides avec le mot correspondant.

1. Dieu a pris l'initiative de se révéler (se manifester) à l'être humain de trois manières. Complétez-les:

   a- Révélation de Dieu dans (l'histoire.)   b- Révélation de Dieu en (Christ.)   c- Révélation de Dieu dans (les Écritures.)

2. La Bible contient (66) livres au total. (39) livres dans l'Ancien Testament et (27) livres pour le Nouveau Testament.

3. En ce qui concerne le péché, la Bible le divise en deux et ils sont:

   a- Le péché comme (transgression volontaire)   b- Le péché comme (corruption morale)

4. La définition du péché dans 1 Jean 3: 4 est la suivante: (Violation de la loi)

5. Genèse 3 nous parle du début (péché) dans la race humaine

Défi: Parte cette semaine, mémorise les 66 livres de la Bible dans l'ordre. Demande à un membre du groupe qui a participé à cette leçon ou au pasteur de ton église d'évaluer si tu les as mémorisés ou non. Engages-toi auprès de Dieu à lire sa Parole tous les jours et à lui demander son aide pour y obéir.

Nous Avons un Père

Avertissement

Quand le cours commence, demandez combien pourraient mémoriser tous les livres de la Bible. Ayez des prix préparé pour ceux qui ont pu achever la tâche.

Accepter

Objectif: Que l'élève comprenne que la justification, la régénération et l'adoption sont des œuvres simultanées chez ceux qui cherchent Dieu par Jésus-Christ.

Pour mémoriser: *«En vérité, en vérité, je vous le dis, celui qui écoute ma parole, et croit celui qui m'a envoyé, a la vie éternelle; et ne viendra pas à la condamnation, mais est passée de la mort à la vie.»* Jean 5:24

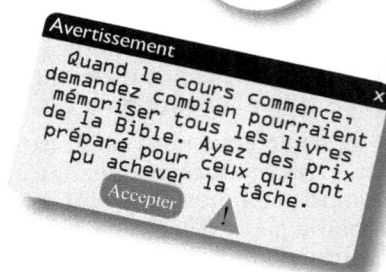

Connecter | **Télécharger**

Dynamique d'introduction (12 à 17 ans).

- Matériaux: Feuilles de papier, divers crayons couleurs.
- Instructions: Donnez à chacun une feuille de papier et crayons pour faire une affiche, dans laquelle on offert une récompense est pour quelque chose perdue qu'ils apprécient beaucoup (un chiot, un sac à dos, un téléphone portable, etc.)

  Prévoyez du temps pour qu'ils commentent des possibles raisons pour lesquelles quelqu'un serait prêt à donner une récompense pour récupérer un objet qui était perdu, comment vous sentiriez-vous quand vous récupérez l'objet perdu et que feraient-ils avec lui quand il serait encore le leur?

Dynamique d'introduction (18 à 23 ans).

- Instructions: Invitez vos élèves à partager une expérience dans laquelle ils ont souhaité faire partie d'une association, d'une organisation ou groupe dont ils ont été rejetés ou relégués.

  Quels sentiments les ont provoqués et s'ils ont agi?

  Discutez de l'importance du sentiment d'appartenance à quelque chose ou à quelqu'un.

Connecter | **Télécharger**

Nous avons considéré la lèpre comme une maladie incurable, mutilante et honteuse, de telle sorte que le confinement systématique des lépreux dans les appels à la lèpre a été officiellement recommandé comme mesure de prévention.

Actuellement, beaucoup de personnes vivent et peut-être que certains d'entre nous vivent à un autre moment une situation comparable à la lèpre. Un vrai problème qui nous cause l'angoisse et nous donne le sentiment de vivre éloignés et séparés des autres. Je parle de la vie du péché. Juste une analyse simple de notre vie et des résultats de nos actions, pour réaliser qu'il est nécessaire de trouver une solution. Au contraire, si nous avons pris la décision de recevoir Jésus Christ comme notre Sauveur personnel, nous devons être sûrs de tout ce que Dieu a fait en chacun de nous, en plus, nous ayant donné le don inestimable de la vie éternelle.

1. La justification

La justification est un acte bénin et judiciaire. Considérant le terme judiciaire comme «ce qui concerne l'administration de la justice». C'est-à-dire que dans la justification, Dieu établit sa justice pour nous, mais sans mettre de côté sa bonté.

Dans la Parole de Dieu, nous lisons que toute autorité de juger a été donné à notre Seigneur Jésus-Christ et précisément Il a dit: "Celui qui écoute ma parole, et qui croit en celui qui m'a envoyé, a la vie éternelle; et ne viendra pas à la condamnation, mais il est passé de la mort à la vie» (Jean 5:24). Nous devons également toujours garder à l'esprit que, spirituellement parlant, il n'y a pas de loi ou de procédure humaine qui puisse nous justifier (Actes 13:39), ainsi, la justification de notre vie, le pardon de nos péchés, est le bon acte de Dieu qui s'applique à notre être le moment où nous exerçons notre foi en Jésus-Christ, nous l'acceptons comme notre Sauveur et nous le déclarons comme notre Seigneur.

La justification de notre être ne peut être réalisée qu'en ayant de la foi dans la mort expiatoire de notre Seigneur Jésus-Christ et par cet acte, nous avons la paix dans notre relation avec Dieu. Pas de religion à travers des commandements ou des rituels, aucune philosophie appliquée par un exercice physique ou mental, ne pourront nous donner la bénédiction et la liberté du fardeau que le péché produit, "justifié par la foi, nous sommes en paix avec Dieu! «(Romains 5: 1).

Le plus beau sentiment vécu dans notre cœur, c'est quand nous comprenons qu'il n'y a plus de culpabilité. Il n'y a plus de raison d'être accusé. Nous avons été justifiés gratuitement et nos péchés ont été négligés, la justice de Dieu manifestée dans notre vie, le sang de Jésus-Christ a enlevé toute souillure de nos cœurs. Ces taches comme de la lèpre étaient dans notre âme, elles n'existent plus encore (Romains 3: 24-25).

2. La nouvelle naissance

C'est cette œuvre de la grâce de Dieu, par laquelle la nature morale du croyant repentant est vivifiée spirituellement et reçoit une vie spirituelle distincte, capable d'expérimenter la foi, l'amour et l'obéissance. Selon ce paragraphe, au moment où nous acceptons Jésus comme notre Sauveur et Seigneur, Dieu nous fait renaître de nouveau et nous sommes spirituellement vivifiés. C'est-à-dire que notre être est régénéré, donc qu'il a été détruit et corrompu par le péché a été rendu neuf avec toute la pureté et la propreté d'origine (1 Corinthiens 6:11). Ceci est manifeste dans nos vies parce que nous rejetons ces choses pécheresses et moralement mauvaises qui nous a précédemment attirés et nous recherchons ce qui produit la paix, la communion avec Dieu et l'amour pour notre prochain. À ce moment, notons que ce qui a causé en nous l'attraction vers le péché a été éradiqué et les dommages causés à notre âme ont été corrigés, c'est-à-dire que Dieu a régénéré notre vie! C'est le moment où nous devons prendre la décision de renforcer notre nouvelle vie, de se nourrir spirituellement et apprendre à vivre la vie que Dieu, en tant que père amoureux, veut pour nous.

Tenons compte du fait que nous sommes de nouvelles créatures et que nous devons chercher ce qui nous renforcera et nous fournira de la croissance spirituelle, les vieilles choses ont été laissées en arrière (2 Corinthiens 5:17). Dans cette nouvelle vie, Dieu a préparé un plan spécial pour chacun de ses enfants. Étant le travail de Dieu par Jésus Christ, notre but est de vivre une vie d'obéissance à Dieu caractérisée par de bonnes œuvres (Ephésiens 2:10).

3. Adoption

C'est cet acte charitable de Dieu, par lequel le croyant justifié et régénéré devient un enfant de Dieu; c'est le moment exact où, après avoir pardonné nos péchés et purifié notre être, nous adopte comme ses enfants.

L'adoption est l'action d'adopter. Ce verbe se réfère à accepter comme un enfant qui n'est pas biologiquement et à accorder les mêmes droits en remplissant les diverses exigences et obligations établies par la loi. Dieu est celui qui nous adopte, nous qui étions auparavant démunis de sa gloire, maintenant nous passons à être ses enfants; ayant rempli l'exigence de la foi dans le sang de Jésus-Christ, qui nous a donné le droit d'être appelé ses enfants (Jean 1:12).

L'application de cette merveilleuse vérité pour notre vie est que nous ne vivrons plus en nous ressentant humiliés et méprisés, non plus abaissement et cantonnement à cause du péché (lèpre spirituelle). Maintenant nous sommes enfants de Dieu, nous avons le témoignage de son Saint-Esprit. Il est celui qui dirige maintenant notre vie, cela nous permet de nous détourner du mal et de chercher Dieu. A travers l'Esprit, nous avons l'amour, la joie et la paix dans notre vie et nous sommes héritiers de sa gloire et cohéritiers avec Jésus-Christ (Romains 8: 15-17).

Si nous avons compris ces vérités bibliques et que nous reconnaissons la transcendance du travail effectué par Dieu dans notre être, nous devons le manifester en vivant une vie d'obéissance et de dévotion à notre Père céleste. Être reconnaissant à Dieu notre Seigneur et avec Jésus Christ notre Sauveur, livrons maintenant tous nos être pour nous constituer comme serviteurs de justice (Romains 6: 16-18).

Révisez/Application: Posez les questions suivantes à vos élèves: En les invitant à y répondre en recherchant les passages bibliques qui soutiennent leur réponse.

1. Pourquoi une personne qui n'a pas reçu Christ ne peut-il pas être un enfant de Dieu dans son cœur? (Romains 3:21-25)

2. Pourquoi les non-convertis n'ont-ils pas un foyer spirituel? (Éphésiens 2:1-3)

3. Pourquoi ne peuvent-ils pas appartenir au royaume de Dieu les gens qui pratiquent le péché et vivent sans se repentir? (1 Corinthiens 6:9-11)

Défi: Pendant la semaine, tu dresses une composition ou un essai sur la classe d'aujourd'hui. Explique avec tes paroles ce que la nouvelle vie en Christ signifie pour toi, pour être justifié et adopté par Dieu et la relation avec la famille chrétienne. Partage le prochain cours avec tes amis.

Fin à Pur Suspense

Leandro Massacesi • Argentine

Objectif: Affirmer l'enseignement biblique concernant la résurrection des morts, le jugement et le destin que chaque être humain aura à la fin du monde.

Pour mémoriser: *«Parce qu'il est nécessaire que chacun de nous comparaisse devant le tribunal de Christ, afin que chacun reçoive selon ce qu'il a fait pendant qu'il était dans le corps, soit bon ou mauvais.»* 2 Corinthiens 5:10

Avertissement

Commencez la classe en les demandant de lire les compositions ou des essais qu'ils ont écrits durant la semaine. Donnez des mots d'encouragement et clarifiez quelque concept qui n'est pas correct.

Accepter

Connecter | Télécharger

Dynamique d'introduction (12 à 17 ans).

- Matériaux: Trois images ou dessins (séparément) d'une croix vide, d'un crucifix et d'un tombeau vide.

- Instructions: Divisez la classe en deux groupes. Demandez à un étudiant de montrer à la classe les trois images ou dessins et demandez: Laquelle de ces images penses-tu que cela se rapporte mieux à Jésus? Après un moment d'opinions, demandez d'accommoder les dites images en fonction de l'ordre des événements.

  La croix vide est sûrement le symbole de notre foi, mais les trois images sont nécessaires pour raconter le miracle de la résurrection et aucun d'entre elles, pour les chrétiens, elle a assez de signification sans les autres, et par la résurrection de Jésus qu'aujourd'hui nous croyons que tout le monde, un jour, nous serons ressuscités, nous aurons un jugement final et un destin éternel.

Dynamique d'introduction (18 à 23 ans).

- Matériaux: Feuilles vides et stylos, selon le nombre d'étudiants.

- Instructions: Demandez aux élèves d'écrire dans ses feuilles au moins trois vraies affirmations réelles sur leurs vies spirituelles (par exemple, je suis sauvé, Jésus pardonne mes péchés, j'ai de l'espoir, je veux servir Dieu, j'ai la vie éternelle, etc.) et qu'ils l'expliquent.

  Avec la même foi avec laquelle ils peuvent assurer ces vérités, ils doivent croire qu'un jour, après la mort, ils seront ressuscités, ils auront un jugement final et un destin éternel.

Connecter | Télécharger

1. Tout le monde, sans exception

Tout comme nous sommes nés, nous devrons un jour partir de ce monde, et cela est commun à tous les êtres humains. Cependant, à la lumière des enseignements bibliques, nous pouvons clairement voir que nous participerons tous à un autre fait transcendantal qui est la résurrection de nos corps (Jean 5: 28-29).

Pour être clair, le terme résurrection signifie "revenir à la vie" (Introduction à la théologie, Wiley Culvertson, BHP, USA: 1976, p.74). Maintenant, comme l'âme ne meurt pas avec le corps, elle ne peut pas être soumise à la résurrection. Alors c'est notre corps qui va ressusciter.

Quand? Au moment où Jésus revient une seconde fois pour chercher ses enfants.

Pourquoi tout? Parce que si nous avons accepté la faveur de Dieu ou non; nous serons tous présents, à genoux, devant le Roi des rois et Seigneur des seigneurs, déclarant avec notre bouche qu'Il est le Seigneur et prêt à entendre le verdict final de toutes nos bonnes ou mauvaises actions (Hébreux 9:27 et Romains 14: 11-12).

La condition pour la résurrection des croyants doit être sauvée. Il n'y a pas d'évangile possible, pas d'espoir sans résurrection. Parce qu'il a été ressuscité, nous serons ressuscités! C'est la dynamique et le pouvoir du salut.

L'apôtre Paul nous aide et comprend mieux le sujet dans 1 Corinthiens 15: 12-22. La synthèse de Paul est très important, le péché d'Adam nous rend coupable aussi en étant ses descendants, c'est ce que nous appelons le péché originel. Jésus avec sa résurrection a surmonté tout péché et la mort éternelle de notre esprit et notre corps physique. Par conséquent, l'explication claire de Paul: En Adam nous mourons, en Jésus nous vivons à nouveau ... maintenant et dans notre résurrection finale. C'est le grand triomphe de Dieu. «Je suis la résurrection et la vie, celui qui croit en moi, même s'il est mort, il vivra. Et quiconque vit et croit en moi ne mourra pas pour toujours'' (Jean 11:25, 26).

Raison suffisante pour exalter Jésus et dire à haute voix: Jésus est la vie!

2. Tout visible, tout exposé

Que nous le voulions ou non, l'imaginons ou non, la Bible nous parle d'un jugement final qui aura lieu au moment de notre résurrection. Presque comme des événements qui se produiront l'un après l'autre pendant un laps de temps.

La quantité de passages bibliques sur le sujet est abondante, mais certains sont essentiels pour mettre en évidence comme celui d'Apocalypse 20: 11-13, où la description de l'apôtre Jean de ce moment, dépasse ce que le réalisateur pourrait imaginer.

Dans ce passage biblique, nous trouvons Dieu sur son trône; à toutes les personnes ressuscitées, de tous âges et chaque endroit devant lui, nous lisons aussi le développement d'un jugement pour les œuvres de chacun selon ce qui est écrit dans le livre de vie et au verset 15 le résultat du procès pour ceux dont le nom n'a pas été trouvé dans le livre de la vie.

Aussi Romains 2:16 déclare «... le jour où Dieu jugera les secrets des hommes par Jésus Christ...» «Lui seul est le sage et lui seul qui connaît les secrets les plus intimes de la vie des hommes. Non seulement Il comprend ses actions, mais il comprend ses pensées les plus profondes et ses intentions les plus cachées. «(Introduction à la théologie, Wiley-Culvertson, BHP, USA: 1976, p.479).

Aujourd'hui, il est intéressant de voir que l'être humain rejette catégoriquement l'idée qu'un jour il devra rendre des comptes. Les questions morales, si elles présentent un intérêt, ne concernent que le moment actuel et avec des questions de bonheur personnel.

Le bon résultat de ce jugement dépendra simplement de notre réponse à la volonté de Dieu.

3. Tout le temps du monde ...

S'il y a quelque chose dont nous nous plaignons habituellement, c'est que nous n'avons pas assez de temps. Quel que soit le verdict de notre jugement en présence de Jésus, s'il y a quelque chose qui ne va pas manquer, c'est le temps.

Veux-tu passer plus de temps à jouer ton instrument avec le groupe de louange?, Est-ce que tu veux aller discuter avec des amis de l' "Église"?, Est-ce que tu veux dormir tard dans le camp? Parfait ... tu auras une éternité pour profiter de ces merveilleux moments.

Mais, veux-tu plus de temps pour Internet, pour des sorties dangereuses, du sexe gratuit, pour jouer au petit ami de plusieurs filles ou la petite amie de plusieurs garçons, de partir avant le travail en mentant, de fumer, d'acheter et de gaspiller tout ce que tu as, pour ne pas voir ta famille ou tes enfants et oublier tes obligations? Il n'y aura pas de temps pour ces choses, mais tu paieras les conséquences de tes mauvaises décisions.

Nous croyons que ceux qui sont sauvés en croyant en Jésus-Christ notre Seigneur et suivre docilement, sont assurés la vie glorieuse et éternelle, et ceux qui résistent de faire la volonté de Dieu à la fin, souffrent éternellement en enfer, c'est aussi ce que les croyants manifestent dans la foi.

Il est très rare aujourd'hui de parler d'enfer. Dans certains cas, les synonymes sont très créatifs comme «le four» ou «là-bas», mais la Bible, même dans ses diverses traductions, parle de "feu éternel» (Marc 9: 43-44), «grincements de dents» (Matthieu 13: 41-42) ou «l'étang de feu» (Apocalypse 20: 11-15).

Maintenant, avec ces descriptions, nous pouvons imaginer les choses les plus terribles et douloureuses, mais finalement, la punition future est décrite comme une séparation éternelle d'avec Dieu. Avant cela, obscurité, feu ou les grincements des dents ne sont rien.

Matthieu nous présente une image très concrète et simple en même temps. Jésus sera le juge et son système de jugement est très pratique selon Matthieu 25: 31-46 «... et séparera les uns d'avec les autres, comme le berger sépare les brebis d'avec les boucs»(v. 32), «et il mettra les brebis à sa droite, et les boucs à sa gauche» (v. 33).

Au-delà du fait concret du besoin de la conversion, quelque chose à tenir compte au moment qu'on doit penser à notre prix est l'attitude de soulagement que chaque chrétien doit avoir pour les moins fortunés et marginalisés de ce monde, les décrivant ponctuellement: AFFAMÉS, CEUX QUI ASSOIFFÉS, CEUX QUI SONT NUS, PRISONNIERS, MALADES ET ÉTRANGERS dans toutes ses versions, d'âge, de race ou de sexe.

L'église, par conséquent, chacun de nous, a le devoir d'aider les autres dans leurs besoins spirituels, mais aussi dans celui physique et économique, aussi longtemps que possible, à condition que beaucoup plus de personnes évite le châtiment éternel et la séparation totale et éternelle de Dieu (Philippiens 3: 8, 10-11).

Impliquons-nous davantage, regroupons-nous dans différents ministères et soyons fortifiés par la puissance de la résurrection pour que tous les fatigués de ce monde viennent au repos éternel, de sorte que les larmes du triste sont séchées par Jésus, afin que ceux qui souffrent ne sentent plus de douleur, pour que les trompés et désillusionnés par la vie jouissent d'une éternité sans nuits à la lumière de la présence du Seigneur des seigneurs (Apocalypse 21: 4; 22: 3-5)..

Révisez/Application: Guidez vos élèves pour répondre par vrai ou faux.

- Tous les êtres humains seront jugés sans oublier à personne. (V)
- Tous les aspects de la vie seront examinés, y compris «les secrets des hommes», les intentions du cœur», «toutes les mauvaises paroles». (V)
- La résurrection des êtres humains est un thème mineur. (F)
- La Bible n'est pas très claire au sujet de ceux qui iront au paradis et en enfer. (F)
- Seulement le livre de la vie sera ouvert le jour du jugement. (F)

Défi: Avec tes camarades de classe, prépare un plan pour aider ta communauté. Identifie un endroit qui a besoin de bénévoles, par exemple, une maison de soins infirmiers, un orphelinat, un programme de compassion pour les enfants. Ensuite, offre ton aide et partage Jésus avec eux.

Quelle est L'église?

Avertissement
Commencez la classe en demandant de dialoguer sur le Défi présenté la semaine dernière.

Accepter !

Objectif: Montrer que l'église est la communauté qui confesse Jésus-Christ comme son Seigneur et Sauveur, et sa mission est de continuer avec le message du salut de Jésus-Christ.

Pour mémoriser: *«Il n'y a de salut en aucun autre; car il n'y a sous le ciel aucun autre nom qui ait été donné parmi les hommes, par lequel nous devions être sauvés»* Actes 4:12

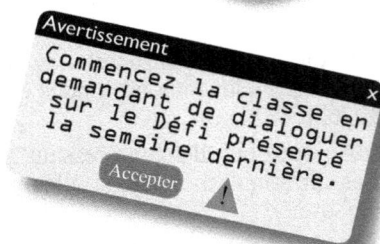

Connecter | Télécharger

Dynamique d'introduction (12 à 17 ans).

- Instructions: L'enseignant doit choisir un membre du groupe qui persécutera les autres. En touchant une personne, il va dire «électrifié», celui-ci restera immobile, jusqu'à ce qu'un autre membre qui soit libre le touche et ensuite il sera libre de bouger. Jouez pendant cinq minutes.

- Chaque être humain est piégé dans le péché et nous pouvons être utilisés pour les guider vers Dieu qui peut les sauver pour être libres.

Dynamique d'introduction (18 à 23 ans).

- Matériaux: Un stylo et 10 ou 15 cartes de 5 x 7 cm (écrivez dans chacune un mot lié à la leçon: Dieu, Jésus-Christ, amour, mort, pécheur, salaire, délivrance, repentance, pardon, liberté, église, prédication, Bible, ciel, enfer).

- Instructions: Divisez la classe en deux groupes. Chaque groupe désignera un représentant différent pour exprimer avec imitation le mot qui est trouvé sur la carte. Les autres membres de son groupe vont essayer de découvrir le mot. Vous garderez les cartes sous votre possession et alternerez les groupes. L'équipe gagnante sera celle qui devine plus de mots en 30 secondes. Vous pouvez les récompenser avec quelque chose délicieuse.

Connecter | **Télécharger**

1. La nature de l'église

Dans l'évangile selon Matthieu, nous trouvons l'affirmation que Jésus est le Christ, le Fils du Dieu vivant et Jésus a affirmé que sur cette déclaration, il construirait son église.

L'Église chrétienne est une institution divine-humaine. Divine parce qu'elle est né du cœur de Dieu et c'était établie par Lui, il est humaine parce que Dieu est déterminé à l'intégrer aux hommes et aux femmes qui ont répondu à son appel et ont été rachetés par l'expiation sacrificielle du Seigneur Jésus-Christ. Matthieu 16:18 nous dit que la base de l'église est la déclaration de Pierre selon laquelle Jésus est le Christ. Colossiens 1:18 indique que Jésus est le chef de l'église.

2. La mission de l'église

Le Seigneur Jésus-Christ a établi l'église dans un but spécifique: «La mission de l'église dans le monde est de continuer avec l'œuvre rédemptrice du Christ avec la puissance de l'Esprit, à travers une vie sainte, l'évangélisation, la formation de disciple et le service «(Manuel de l'Église du Nazaréen, Article XV, MNP, Argentine: 2006, p.36).

Le Seigneur Jésus-Christ, après être ressuscité victorieusement, Il a confié à ses disciples (et avec eux à l'église) la mission délicate de proclamer le salut en son nom (Matthieu 28:19-20). Il a également promis qu'il donnerait la capacité nécessaire pour mener à bien cette mission (Actes 1:8). Au fil du temps, à certains endroits, la mission de l'église a été déplacée ou remplacée par d'autres types de messages et d'activités qui ne confrontent pas l'être humain avec le besoin de se repentir de ses péchés et de mener une vie d'obéissance à Dieu. Certains chrétiens croient qu'ils ont été atteints par Dieu uniquement pour en jouir du salut. Cependant, la mission est d'annoncer la bonne nouvelle du salut en Christ à ceux qui n'ont pas encore eu cette expérience (Luc 24:47) et les intégrer dans la communauté de foi afin qu'ils se développent en tant que disciples.

3. Le message de l'église

A. Le problème du péché

Nos premiers parents, Adam et Eve, ont désobéit la loi de Dieu. En désobéissant, ils ont choisi de s'éloigner de Lui, attirant vers eux une série de problèmes dont le point culminant est la mort (Romains 3:23; 6:23). La mort ne consiste pas seulement à cesser d'exister physiquement, mais aussi à se séparer de Dieu (Apocalypse 20: 14,15), pour laquelle il n'y a pas de solution si la personne meurt sans Christ et sans repentance.

L'homme doit être confronté à sa condition de pécheur et à la mort qui l'attend, car tant qu'il n'a pas cette conscience, il n'acceptera pas le besoin d'être sauvé.

B. La solution de Dieu au problème du péché

Réalisez une pluie d'idées en demandant à la classe quels sont les problèmes dans notre société et quelles propositions de solution suggèrent aux dirigeants politiques de résoudre les indices de méchanceté dans l'humanité, tels que le crime, la corruption, la violence, etc. Ensuite, demandez quelles solutions nous trouvons dans la Bible pour résoudre le problème du péché et écrivez les réponses au tableau.

La Bible dit que Dieu ne veut pas que personne soit perdu, mais que tout le monde vienne à la repentance (2 Pierre 3:9). Le plan du salut pour l'homme est une initiative de l'amour de Dieu et l'église a pour mission d'annoncer que le salut fonctionne par la grâce divine par laquelle nous sommes libérés du péché et devenons des enfants de Dieu. La grâce de Dieu ne rachète pas seulement l'homme du péché et de la culpabilité. Parce que l'homme naturel en tant que pécheur, ne connaît pas ce plan, le Seigneur a confié à l'église la responsabilité de communiquer le message du salut qui comprend les 2 aspects suivants:

1. Dieu aime le pécheur: la motivation de Dieu à agir en notre nom est son amour: Jean 3:16; Romains 5: 8; Matthieu 1:21. Sachant que l'homme par lui-même ne peut pas se débarrasser du joug du péché, il a fourni la seule solution: son Fils. En tant qu'église, nous devons annoncer que Dieu aime l'être humain, qui est un pécheur et est condamné, car par conséquent, il doit être sauvé.

2. Jésus-Christ, la seule solution au problème du péché: bien que l'être humain ait imaginé différentes manières de se justifier et différentes manières d'atteindre Dieu, aucune n'est utile. Le salut est un acte de Dieu qui nous donne la liberté par le sacrifice de son Fils et par la foi en lui, le pardon des péchés (Ephésiens 2:10). Seulement par la mort expiatoire de Christ, Dieu nous libère de la culpabilité et pénalité du péché (Romains 10:8-9; Philipiens 2:11).

L'église a le privilège et la responsabilité d'annoncer que le salut, c'est-à-dire la solution du problème du péché ne se trouve qu'en Jésus-Christ, le Fils de Dieu. Pour bénéficier du bénéfice du salut en Christ, il faut croire en lui de tout notre cœur, comme seul et suffisant Sauveur et lui confesser aussi avec notre bouche (Romains 10: 9).

L'église est la communauté des croyants en Jésus. Les chrétiens sont l'église de Christ et nous avons la mission à continuer son travail annonçant que seulement en son nom il y a le salut et le pardon des péchés.

Révisez/Application: Prévoyez du temps pour qu'ils répondent le questionnaire suivant. Réponses possibles.

1. En quoi consiste le salut selon l'enseignement biblique? (Dans le pardon de nos péchés et de la vie éternelle accordée par Dieu, grâce au sacrifice du Seigneur Jésus-Christ.)

2. Quelle est l'entité humaine chargée de la mission d'annoncer la bonne nouvelle du salut? (L'église.)

3. Rédigez une liste des maux subis par la société à cause du péché. (Violence, corruption, immoralité, etc.)

4. Comment pouvons-nous dans cette classe annoncer le plan de Dieu pour le salut de l'être humain?

5. As-tu un obstacle pour accomplir la mission d'annoncer le salut en Jésus-Christ? Oui ou non. Pourquoi?

Défi: À qui as-tu annoncé que Jésus-Christ t'aime, veut pardonner tes péchés et te donner la vie éternelle? Écris le nom de deux personnes à qui tu partageras le message du salut cette semaine. Partage l'expérience sur la prochaine fois que tu rencontres tes camarades de classe.

Quels sont les Sacrements?

Natalia Pesado • EUA

Leçon 44

Objectif: Que l'étudiant connaisse les moyens de grâce que Dieu a fournis pour notre bénéfice.

Pour mémoriser: *«Et l'eunuque dit: Voici de l'eau; qu'est-ce qui empêche que je ne sois baptisé? Philippe dit: Si tu crois de tout ton cœur, cela est possible»* Actes 8:36b-37a.

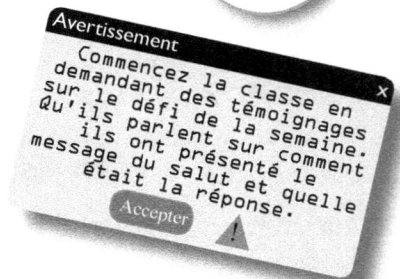

Avertissement

Commencez la classe en demandant des témoignages sur le défi de la semaine. Qu'ils parlent sur comment ils ont présenté le message du salut et quelle était la réponse.

Accepter

Connecter | Télécharger

Dynamique d'introduction (12 à 17 ans).

- Matériaux: Un grand récipient transparent rempli d'eau propre et plusieurs ustensiles (une fourchette, un verre, un crayon) sales (peut-être de terre, boue ou sauce tomate, etc.). Des chiffons à sécher.

- Instructions: Au début de votre classe, formez deux groupes. Montrez les ustensiles sales et livrez deux ou trois à chaque groupe. Dites-leur qu'ils ont une minute pour changer leur apparence.

  Une fois le temps écoulé, vérifiez pour découvrir le groupe qui les a nettoyés mieux. Puis questionnez à propos des changements qui se sont produits et en quoi cela ressemble à ce que Dieu fait dans notre cœur.

Dynamique d'introduction (18 à 23 ans).

- Matériaux: Tableau noir et craie, ou grand papier et un plumon ou un marqueur.

- Instructions: Écrivez le mot «SACRAMENT» sur le tableau en gros caractères. Divisez la classe en deux groupes et demandez aux étudiants d'écrire une définition de ce mot, (sans utiliser Google ou une aide similaire) qui décrit bien le concept et il est écrit pour qu'il puisse être dans un dictionnaire (par exemple «on dit de la qualité de ...») Le groupe avec la meilleure définition sera le gagnant.

Connecter | Télécharger

1. Qu'est-ce qu'un sacrement?

Le mot sacrement est dérivé de l'ancien latin romain «sacramentum» et ceci a été formé en joignant deux mots «Sacré» et «moment» ou «instrument ou moyen de». Sur cette base, le sens étymologique du mot c'est «un moment sacré» ou «un instrument que Dieu utilise pour partager la grâce». Littéralement, nous pouvons comprendre qu'un sacrement est un instrument que Dieu utilise pour transmettre la grâce. La grâce de Dieu fait référence aux cadeaux que Dieu nous donne sans les mériter, y compris le salut, la vie éternelle et une vie transformée ici sur la terre. En fait, tout ce que nous avons est un cadeau de Dieu. Le sacrement est également défini comme: «Un signe extérieur et visible, d'une grâce interne et spirituelle qui nous est donnée par le Christ . . «(Dictionnaire théologique Beacon. MNP, USA: s / f, p.611).

En participant à la Sainte-Cène, le chrétien doit comprendre le véritable sens de ce rituel.

2. Que signifie le baptême?

Le mot «baptême» dans sa langue d'origine était lié au concept de «bains ou lavages» c'était une partie importante des cérémonies religieuses de l'Antiquité. Depuis dans les temps écoulés, le nettoyage a été inclus dans les cérémonies rituelles religieuses. Bien sûr, le nettoyage physique était un symbole de propreté totale.

Dans le Nouveau Testament, le sacrement du baptême a été clairement illustré par Jésus, au début de son ministère terrestre. Jésus s'est approché de son cousin, Jean, pour le baptiser. Il est merveilleux de lire l'histoire du baptême de Jésus et de constater que le même Esprit de Dieu était présent et que le Père a déclaré comment Il est content et heureux de l'obéissance de son fils (Matthieu 3: 16-17). En accomplissant ce rituel, Jésus enseignait l'importance d'une déclaration publique sur la vie intérieure d'une personne. À la fin de son ministère, Jésus a confié à ses disciples que tous ceux qui croyaient en lui comme Sauveur et Seigneur de leurs vies ont été baptisées (Matthieu 28:19).

La signification du baptême a également été expliquée par l'apôtre Paul dans Romains 6: 1-13; le baptême est la similitude qu'on est enterré avec le Christ dans la mort (Romains 6: 4a), puis, hors de l'eau, commencer une "nouvelle vie" (Romains 6: 4b), comme ce fut la résurrection. L'apôtre a exhorté les chrétiens à Rome de vivre véritablement une nouvelle vie, littéralement "mort au péché" (Romains 6:11).

Quand une personne meurt, elle ne peut plus faire ce qu'elle a fait dans la vie (par exemple, marcher dans le parc ou prendre un jus de fruit), de même Paul a demandé aux Romains d'envisager de ne faire aucune des actions pécheresses qu'ils avaient précédemment commises, mais de vivre une vie différente. C'est merveilleux pouvoir traverser les eaux du baptême en tant que chrétien et s'engager publiquement à vivre une nouvelle vie et pur de tout péché. Dieu le rend possible.

Dans Actes 8:26-38, nous voyons l'histoire d'un eunuque qui lit une prophétie sur le Messie et qui entend l'histoire de Jésus n'a pas hésité à être son fidèle disciple. Dans certains chrétiens, le doute se pose s'ils sont vraiment prêts ou s'ils peuvent avancer avec un engagement tel que vivre une nouvelle vie en Christ Bien qu'il soit important de prendre la décision avec respect et sérieux, il est également important de savoir que notre témoignage est une bénédiction pour les autres et que Jésus lui-même sera présent pour nous aider à accomplir ses mandats.

3. Quelle est la signification de la Sainte-Cène?

Le sacrement de la Sainte-cène a été institué par Jésus lui-même, durant les derniers jours de sa vie ici sur la terre. Les évangiles racontent l'histoire de la dernière Cène de Jésus avec ses disciples, avant d'être emprisonné par les chefs religieux de son temps et ensuite injustement condamné à la mort de la croix. Ces récits peuvent se comparer: Matthieu 26: 26-29, Marc 14: 22-25 et Luc 22: 14-20. Dans ces passages, Jésus a enseigné à ses disciples que son sacrifice sur la croix représentait le sacrifice de l'agneau (chair et sang), Il réconcilierait la race humaine avec Dieu (il remplacerait les sacrifices de l'Ancien Testament).

Jésus leur dit: Prenez et mangez; c'est mon corps qui est brisé pour vous ... cette coupe est la nouvelle alliance en mon sang" (1 Corinthiens 11: 24-25). Jésus a déclaré que le pain et le vin que mangeaient les disciples étaient les symboles de son corps qui seraient blessés sur la croix et du sang versé dans ses plaies. Le Maître leur a aussi demandé de le faire «aussi souvent qu'ils l'en boivent, en mémoire de moi» (1 Corinthiens 11 :25). C'est-à-dire que ses disciples se souviennent de son sacrifice sur la croix en prenant le verre et le pain sous la forme de sacrement et qu'en s'en souvenant qu'ils donneraient aussi le témoignage aux autres pour le salut.

Dans les versets de 1 Corinthiens 11: 27-34, l'apôtre Paul a enseigné aux chrétiens de Corinthe que ce rituel consistant à se souvenir du sacrifice de Jésus sur la croix devait être pris avec respect et ordre, et non ''indignement''. Paul a demandé à chacun de «s'examiner» lui-même (1 Corinthiens 11:28) et de voir s'il y avait d'abord quelque chose pour laquelle de demander du pardon d'abord à Dieu et ensuite au prochain. De même, dans Matthieu 5: 23-24, Jésus a enseigné qu'avant de donner les offrandes, la personne doit d'abord se réconcilier avec une personne en conflit. De cette façon, nous pouvons comprendre plus clairement pourquoi les sacrements du baptême et de la Sainte-Cène sont aussi appelés «Moyens de grâce», car à travers eux, Dieu nous aide à prendre des mesures importantes de consécration et réconciliation que nous pourrions prendre ou hésiter à prendre par nous-mêmes. En acceptant que Jésus s'est sacrifié pour nous par amour et pour nous pardonner, une réponse naturelle est de vouloir nous consacrer à Lui (publiquement par le baptême) et souhaite pardonner aux autres et être en paix dans nos relations humaines (pour participer à la Sainte-Cène avec Jésus).

Révisez/Application: Connectez correctement les mots avec les définitions par une ligne.

MOTS	DÉFINITIONS
Sacrement	un symbole externe de ce que Dieu a fait dans nos vies, dans notre cœur, dans notre intérieur.
Mort au péché	Jésus déclare que le pain et le vin que mangent les disciples sont les symboles du corps blessé de Jésus sur la croix et du sang versé de ses blessures.
Examinez-vous, vous-mêmes	canal par lequel Dieu nous étend sa grâce d'une manière spéciale et sacrée.
Baptême	voir s'il y a quelque chose pour lequel on doit demander pardon d'abord à Dieu et / ou à nos prochains.
Symbole de la sainte-cène	ne pas faire aucune des actions pécheresses qu'ils ont commises avant.

Défi: Quelle est ta perspective sur les sacrements? Écris un paragraphe sur ce que tu as appris des sacrements de l'église. N'oublie pas que la Parole de Dieu et ton enseignant peuvent te guider pour prendre les mesures nécessaires pour un plus grand engagement envers Jésus.

Dieu en Bonne Santé

Leçon **45**

Myrna Riley • Mexique

Objectif: Que l'étudiant reconnaisse le ministère que l'église a envers les malades aujourd'hui.

Pour mémoriser: *«Et il les envoya prêcher le royaume de Dieu et guérir les malades.»* Luc 9:2

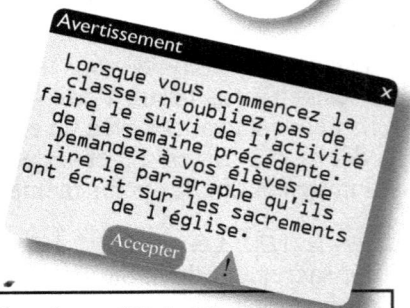

Avertissement

Lorsque vous commencez la classe, n'oubliez pas de faire le suivi de l'activité de la semaine précédente. Demandez à vos élèves de lire le paragraphe qu'ils ont écrit sur les sacrements de l'église.

Accepter

Connecter | Télécharger

Dynamique d'introduction (12 à 17 ans).

- Matériaux: Meubles et objets du salon des classes.
- Instructions: Formez deux équipes et demandez-leur de parler de certains remèdes qu'ils utilisent dans leur famille quand ils sont malades. Puis dans une minute une équipe mettra en scène à un enfant malade de l'estomac et à l'autre équipe un fils malade avec de la grippe et que ferait une famille dans ces circonstances. Chaque équipe improvisera tout le nécessaire pour la mise en scène, le dialogue, scénographie, etc. À la fin, l'enseignant demandera s'il est important de se tourner vers Dieu quand nous sommes malades.

Dynamique d'introduction (18 à 23 ans).

- Matériaux: Chaises individuelles à organiser les équipes.
- Instructions: Divisez le groupe en équipes de trois ou quatre membres pour parler sur les expériences qu'ils connaissent sur les gens qui étaient très malades ou en phase terminale et comment Dieu s'est manifesté dans ces vies et ils étaient guéri (Si nécessaire, vous pourriez écrire deux ou trois témoignages des personnes qui ont été miraculeusement guéris et que les élèves les analysent et partagent avec le groupe).

Connecter | Télécharger

Dans la Bible, de l'Ancien Testament, Dieu nous montre son pouvoir pour guérir les malades. Miraculeusement, sans avoir besoin de prendre des médicaments, seulement avec la foi en Lui, les gens étaient guéris. Dans 2 Rois 5:1-14, il y a le cas de Naaman, le général de l'armée de la Syrie. Il n'était pas juif. Mais Dieu lui a donné de la guérison par le prophète Elisée. Un autre cas est celui du roi Ézéchias qui avait une maladie terminale. Le cas du roi Ézéchias était une affaire perdue. Dieu lui-même a envoyé le prophète Isaïe pour qu'il l'ait informé qu'il devait réparer toutes ses affaires parce qu'il allait mourir. Les faits liés à la santé sont si importants qu'ils sont enregistrés trois fois dans l'Ancien Testament (2 Rois 20:1-7; 2 Chroniques 32:24-31; Esaïe 38:1-22).

Le psaume 103:3 dit: «C'est lui qui pardonne toutes tes iniquités, celui qui guérit toutes tes maladies»; il n'y a rien d'impossible. Dieu a tout pouvoir pour sauver et guérir. Dans la prophétie d'Esaïe au sujet du Messie, Il a promis que par son sacrifice sur la croix, nous avons assuré la guérison divine. Esaïe 53:4-6 dit: « Cependant, ce sont nos souffrances qu'il a portées, C'est de nos douleurs qu'il s'est chargé; Et nous l'avons considéré comme puni, Frappé de Dieu, et humilié. Mais il était blessé pour nos péchés, Brisé pour nos iniquités; Le châtiment qui nous donne la paix est tombé sur lui, Et c'est par ses meurtrissures que nous sommes guéris. Nous étions tous errants comme des brebis, Chacun suivait sa propre voie; Et l'Éternel a fait retomber sur lui l'iniquité de nous tous».

Ceci est devenu plus palpable dans le Nouveau Testament avec Jésus-Christ, qui a guéri beaucoup de malades de manière miraculeuse, comme le site d'Evangile de Matthieu 4: 23-24. Dans le contexte biblique, il est mentionné qu'il y avait déjà les médecins qui ont fait le travail de guérir et soigner les malades, le problème était que peu de gens pouvaient avoir accès à eux, parce qu'ils étaient peu nombreux et qu'on avait besoin d'avoir assez d'argent. Comme dans le cas de la femme malade avec la circulation du sang (Luc 8:43), qui avait consulté de nombreux médecins, elle avait dépensé tout son argent et aucun n'a réussi à la guérir. Jésus-Christ était sa seule option, lorsque cette femme avait perdu tout espoir d'être guérie.

Il est également important de noter que pendant le ministère de Jésus, tous les gens n'étaient pas guéris. C'est pour dire que, Dieu ne guérit pas toujours les malades. Dans son infinie sagesse, il permet parfois à la personne être guérie et à d'autres moments permettre à la maladie de rester ou d'avancer jusqu'à la mort de la personne. Cela se manifeste dans le miracle dans la piscine de Bethesda où il y avait une multitude de malades et Il n'a guéri qu'un seul (Jean 5: 3,6-9); nous le voyons aussi dans la vie de Paul (2 Corinthiens 12: 7-9) et dans la vie de Timothée (1 Timothée 5:23).

1. La guérison divine dans le ministère de Jésus

La cinquième partie des Évangiles est consacrée à raconter les miracles de la guérison de Jésus tout au long de son ministère et les controverses que ceux-ci ont provoqué parmi le peuple. Jésus a guéri les gens en utilisant de différentes méthodes (Distribuez les citations suivantes aux élèves et demandez-leur d'expliquer les différentes méthodes que Jésus guérissait les gens en son temps).

- Pour la foi que la personne a manifestée: La guérison du garçon possédé par un démon (Marc 9:23-24); les deux aveugles furent guéris (Matthieu 9:27-29).

- Mettant ses mains sur les malades ou quand ils l'ont touché: Jésus a guéri un lépreux (Luc 5:12-16); la femme recourbée fut guérie (Luc 13:10-14) et la femme avec l'écoulement du sang aussi (Luc 8:43-48).
- Utilisant sa parole: la guérison des 10 lépreux (Luc 17:11-19); quand il a guéri le fils de la veuve de Naïn (Luc 7:11-19).
- Utilisant de la salive ou de la boue: Avec l'homme de parole sourd et affecté (Marc 7:31-36), les aveugles (Marc 8:23, Jean 9:6-7)
- Par l'intercession des autres pour les malades: le centurion a intercédé pour son serviteur (Matthieu 8:10-13); la femme syro-phénicienne a intercédé pour sa fille (Marc 7:24-37).

2. Conditions pour que la guérison divine soit accomplie

Jésus a réalisé beaucoup de miracles pendant son ministère et dans chacun d'eux, certaines conditions se sont manifestées pour que des miracles de guérison puissent avoir lieu. (Distribuez les passages suivants aux étudiants et demandez qu'ils expliquent les différentes conditions pour que des miracles de guérison soient donnés.

a. Il fut nécessaire vouloir être en bonne santé: dans Jean 5:1-14, Jésus rencontra un paralytique qui avait 38 ans dans cette condition et a demandé: «Veux-tu être en bonne santé?» (v.6)

b. Il était nécessaire de demander la guérison: Marc 10:46-52 raconte la guérison de l'aveugle Bartimée, qui a crié pour la santé.

c. Il était nécessaire d'avoir la foi: les miracles que Jésus a accomplis étaient parce qu'il voyait la foi que les gens avaient en lui. Luc 8:40-58 raconte deux miracles dans lesquels Jésus a vu leur foi: celle de la femme avec l'écoulement du sang, (v. 48) et le cas de Jaïrus (v. 50).

d. C'était pour que la gloire de Dieu se manifeste: Un des plus grands miracles que Jésus a accomplis était quand il a ressuscité Lazare, après 4 jours de mort. Bien qu'il semblait impossible qu'il puisse le ranimer et le guérir, Jésus avait un but (Jean 11:40). Plusieurs fois, Dieu nous permet de passer à travers des maladies graves ou terminales, de sorte qu'en nous guérissant, sa gloire se manifeste dans nos vies et les gens croient en notre Dieu tout-puissant.

3. La guérison divine pour l'église aujourd'hui

Lisez Luc 9:1-6 et 4:16-20 et commentez le passage en utilisant la pluie d'idées. Dans ces passages, nous trouvons la mission que Jésus a confiée à ses disciples: «Prêchez le message du salut et guérissez les malades». Pour accomplir cette mission, chaque disciple a besoin de pouvoir et d'autorité divine. Jésus Christ nous a donné le mandat et autorité pour porter la bonne nouvelle et soigner les malades: Marc 16:15-20. Donc:

a. La guérison divine doit être une pratique quotidienne de toute l'église (Actes 5:14-16).

b. La prière de la foi et l'onction des malades était une coutume des premiers chrétiens et nous devons continuer à les pratiquer (Jacques 5:13-15).

c. Dieu donne le don de la guérison divine à certains membres du corps de Christ, pour être utilisé au profit des malades (1 Corinthiens 12:28). Nous croyons qu'il y a des frères à l'église avec ce cadeau et ils sont utilisés par Dieu pour guérir les autres; mais sans avoir l'air spectaculaire ou faire des affaires avec la foi des gens à tort en eux et non en Dieu.

d. Nous croyons également que Dieu utilise des médecins et des médicaments pour soigner les malades.

La guérison divine doit être intégrale. Jésus-Christ au cours du ministère nous a montré un véritable intérêt à guérir les malades, mais aussi à être sauvé. La mission était intégrale, les guérissant et il les a déclarés exempts de péché. Dieu ne s'intéresse pas seulement à une partie de l'être humain, mais à tout son être: Esprit, âme et corps. Cela implique que les gens sont sauvés et guéris physiquement, mentalement et émotionnellement.

- La guérison physique: C'est quand Dieu nous guérit des maladies du corps, qu'elles soient internes ou externes.
- La guérison mentale ou émotionnelle: C'est la guérison que Dieu réalise chez les personnes atteintes de maladies telles que: maladies psychosomatiques, dépression nerveuse, anxiété, stress, dépression, schizophrénie ou autres désordres mentales.
- La guérison spirituelle: C'est la plus grande guérison que Dieu réalise dans l'être humain, quand il le nettoie le péché et la mort, quels que soient ces péchés en lui offrant une nouvelle vie en Christ.

Parlez avec les étudiants si, dans leur église locale, on est en train d'accomplir cette mission de santé intégrale.

Révisez/Application: Donnez un temps pour qu'ils lisent chaque passage et ensuite de réfléchir, répondent à la question:

1. Selon Jacques 5:13-15 Qu'est-ce que les chrétiens doivent faire et quels résultats obtiendront-ils? (Appelle les anciens de l'église, prie avec la foi et l'oint d'huile. La personne sera guérie et ses péchés seront pardonnés.)

2. Selon 2 Corinthiens 12:7-9 Pourquoi parfois Dieu ne guérit pas tous les malades?
   - Afin que nous ne nous vantions pas de nous-mêmes
   - Afin que nous dépendions davantage de lui.
   - Afin que cette maladie nous rende faibles et humble devant Dieu.
   - Parce qu'il veut montrer sa gloire.

3. Quelles stratégies notre église devrait-elle mettre en œuvre pour offrir une santé intégrale à tous ceux qui sont-ils dans le besoin? (réponse libre)

Défi: Notre mission en tant qu'église est de transmettre ce message d'espoir à chaque personne, le Christ guérit et sauve, aujourd'hui est le jour pour partager la bonne nouvelle. Pendant cette semaine, pensez à une personne malade que tu connais. Priez pour elle et avec elle. Préparez également une carte avec des mots d'encouragement et partagez quelques versets bibliques que tu as appris aujourd'hui.

Cela va Venir Encore une Fois?

Objectif: Que l'élève renforce ou corrige sa compréhension de l'enseignement biblique de la deuxième venue du Christ.

Pour mémoriser: *«Veillez donc, car vous ne savez pas le jour ou l'heure où le Fils de l'homme doit venir.»* Matthieu 25:13

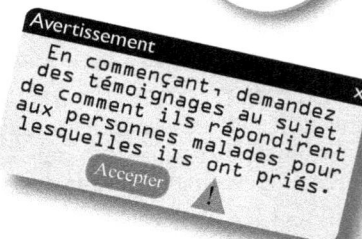

Avertissement

En commençant, demandez des témoignages au sujet de comment ils répondirent aux personnes malades pour lesquelles ils ont priés.

Accepter ⚠

Connecter | Télécharger

Dynamique d'introduction (12 à 17 ans).

- Matériaux: Draps et crayons. (Vous pouvez imprimer les questions ou simplement les dicter).

- Instructions: Demandez-leur d'imaginer comment seront leurs vies dans 10 ans. Puis, donnez du temps pour répondre aux questions suivantes:

1. Quel âge auras-tu?
2. Où vas-tu vivre?
3. Vas-tu étudier un diplôme universitaire? Lequel?
4. Travailleras-tu? Comment ou en quoi?
5. Quel sera ton état civil à cet âge?
6. Continueras-tu dans une église chrétienne?
7. Quels ministères possibles exerceras-tu?
8. Jésus viendra-t-il sur terre pour la deuxième fois dans les 10 prochaines années?
9. Dans quelle condition spirituelle tu te trouveras si est-ce qu'il viendrait dans les 10 prochaines années?
10. Penses-tu que Jésus viendra une seconde fois?

    Permettez aux élèves de partager leur réponse et parlent de l'avenir.

Dynamique d'introduction (18 à 23 ans).

- Instructions: Divisez le groupe en paires et demandez qu'ils parlent de la question: Qu'est-ce qui t'empêche de penser à la seconde venue du Seigneur? (Exemple: Peur, manque de connaissance, réalisation de soi en tant que personne qui termine ses études professionnelles, ton emploi actuel, l'emploi actuel de ton partenaire, tes amitiés actuelles, tes hobbies favoris, ta vie spirituelle fluide, un jour avec Dieu un autre dans le monde, etc.).

- Que les étudiants indiquent les situations qu'ils considèrent qu'ils distraient et parlent de l'importance de garder à l'esprit l'idée que Jésus-Christ reviendra.

Connecter | Télécharger

1. La seconde venue de Christ est une réalité

Dans la Bible, nous constatons que le Seigneur Jésus a fait deux grandes promesses à ses disciples avant de revenir au ciel. La première était que, une fois qu'il serait parti, il enverrait le Saint-Esprit (Jean 16: 7). La deuxième, qu'il reviendrait (Jean 14: 3). Les deux hommes en vêtements blancs (probablement des anges) qui se sont présentés au moment de l'ascension de notre Seigneur, réaffirmaient cette promesse (Actes 1: 10-11).

L'Ancien Testament, dans le livre des Nombres 23:19 dit: "Dieu n'est pas un homme pour mentir, ni fils de homme à se repentir. Ce qu'il dit et ne le ferait-Il pas? «En d'autres termes, Dieu accomplira ce qu'il a promis. Jésus lui-même l'a réaffirmé dans le Nouveau Testament en disant: «Le ciel et la terre passeront, mais mes paroles ne passeront jamais" (Luc 21:33).

Les deux grandes promesses que Jésus a faites à ses disciples sont des thèmes répétés dans le Nouveau Testament, c'est la belle espérance qui soutient la foi des croyants en Christ. La première promesse a été remplie avec l'arrivée du Saint-Esprit le jour de la Pentecôte. L'église attend l'accomplissement de la deuxième promesse, le retour de Jésus-Christ.

2. Notre responsabilité face à la seconde venue du Christ

Lors de la seconde venue du Christ, certains aspects doivent être pris en compte:

a. Personne ne connaît le jour ou l'heure: Malheureusement, il y a beaucoup de prédicateurs, de pseudo-chrétiens et même de charlatans qui ont prétendu en savoir plus que le Seigneur Jésus-Christ lui-même. Dans Matthieu 24:36, Jésus a apporté une clarification très importante: «Pour ce qui est du jour et de l'heure, personne ne le sait, ni les anges des cieux, ni le Fils, mais le Père seul» (Matthieu 24:36).

   Paul systématisé les enseignements du Seigneur de cette manière suivante: "Car vous savez bien vous-mêmes que le jour du Seigneur viendra comme un voleur dans la nuit" (1 Thessaloniciens 5: 2). Si quelqu'un a subi la visite désagréable d'un voleur, a-t-il reçu la notification respective d'une telle visite? Ou, s'il n'a pas passé par cette expérience, pensez-vous que vous recevrez une note attentive, un message texte via votre téléphone portable ou un courrier communication électronique des intentions du voleur? Et, si vous le receviez, est-ce que vous ignoreriez un tel avertissement? Je suppose que votre réponse est «non». De la même manière, la seconde venue du Seigneur Jésus sera aussi soudaine que la visite inattendue d'un voleur.

b. Ce sera un événement comme une pièce de monnaie à double face: d'un côté de cette pièce, il y aura conformité de la promesse bénie. Ceux qui ont cru en Dieu de tous les âges et de toutes les époques recevront le retour de Jésus-Christ avec allégresse. Le revers de la médaille sera pour ceux qui ne sont pas préparés. Pour eux, cet événement sera celui du désespoir, de la tragédie, de la compréhension tardive que la promesse de Dieu était réelle». La venue du Seigneur, c'est l'aube du jour éternel pour le peuple de Dieu. Mais c'est aussi le soir de la nuit éternelle pour le monde incroyant'' (MNP, États-Unis, s / f, p.88 de croyance pour la vie. W. T. PURKISER.).

3. La seconde venue et les risques que nous courons

Curieusement, dans le contexte des mêmes paroles de Jésus référant à sa seconde venue, nous trouvons un avertissement pour chacun de nous.

Dans Luc 21: 25-36, il nous dit d'éviter de devenir nos pires ennemis. Pourquoi cette expression? Parce que nous sommes plusieurs fois ceux qui ne croient pas en nous-mêmes; nous limitons de faire de grandes choses; Nous ne nous pardonnons pas lorsque le Seigneur nous a déjà pardonné longtemps; parce que nous péchons ou fuyons de la grâce et que nous en subissons aussi les conséquences.

L'expression du verset 34: "Prenez garde à vous-mêmes, de peur que vos cœurs ne soient appesantis par ..." peut aussi être traduit ou interprété de la manière suivante: "Veillez à ne pas laisser vos cœurs deviennent insensibles" (Bible Dieu parle Aujourd'hui); et "Soyez prudents, de peur que votre cœur n'en durcisse pas" (nouvelle version internationale). Curieusement, la parole ne dit pas, "priez pour demander à Dieu de prendre soin de votre cœur"; sinon; «Soyez prudents avec vous-mêmes, prenez soin de vous».

Quels sont les risques avec lesquels nous courons? Les risques sont que nos cœurs soient remplis de vices et soucis de la vie (v.34). Un vice est un défaut moral, dont la charge et soucis de la vie sont liées au matérialisme ou même le véritable désir de réalisation de soi. Tout ce qui relègue Dieu dans une deuxième ou troisième place dans nos vies est un ennemi qui nous sépare de Dieu. Faisons attention de ne pas devenir nos propres ennemis afin que la seconde venue du Seigneur ne nous surprend (v.35).

4. La seconde venue et la responsabilité personnelle et celle de l'église

Quelle est notre responsabilité personnelle et quelle est la responsabilité de l'église? Matthieu 25:13 nous dit: «Veillez donc». Veiller, c'est être sur ses gardes; est d'observer un mandat avec soin; est prendre soin de quelque chose. Le passage est en mode impératif. Cela signifie que le Seigneur nous a donné l'ordonne de ne pas dormir spirituellement mais d'être attentif.

Le commandement du Seigneur n'est pas «être préparés», mais «veillez». Nous devons être prêts à ce que, à tout moment, le Seigneur vienne ou nous appelle pour rendre compte devant lui.

Ne soyons pas trompés par ceux qui enseignent qu'après la seconde venue du Seigneur, il y aura une autre opportunité pour les impénitents. La Parole de Dieu est claire en nous disant que, quand le marié viendra, il entrera et fermera la porte et ceux qui ont veillé seront avec lui (Matthieu 25:10-13). Aussi Hébreux 9:27 nous dit: «Et comme il est établi pour les hommes qui ne meurent qu'une seule fois, et après quoi, vient le jugement». Donc après la deuxième venue du Seigneur et après la mort, il ne reste plus d'opportunités. Notre responsabilité personnelle et celle de l'église est de créer la conscience d'être prêts.

Révisez/Application: Guidez vos élèves pour répondre aux questions suivantes.

1. Quelles ont été les deux grandes promesses du Seigneur Jésus quand il était encore sur la terre? (Le premier qui enverrait le Saint-Esprit (Jean 16: 7). La seconde était qu'il reviendrait (Jean 14: 3).)

2. Quels sont les deux détails concernant la seconde venue du Seigneur? (a) Personne ne connaît le jour ou l'heure. b) Ce sera un événement comme une pièce de monnaie de deux des faces.)

3. Qu'est-ce que cela signifie que: «Ce sera un événement comme d'une pièce de monnaie à deux faces»? (Ce sera l'accomplissement de la promesse bénie pour ceux qui croyaient en Dieu. Mais pour ceux qui ne sont pas préparés seront un jour de désespoir, de tragédie.)

4. Quels sont les risques avec lesquels nous courons par rapport à la seconde venue? (Les risques sont que nos cœurs sont remplis de vices et de soucis de cette vie et la venue du Seigneur nous surprend (Luc 21:34).)

5. Selon Matthieu 25:13, quelle est notre responsabilité personnelle et celle de l'église? (Attendre la seconde venue du Seigneur.)

Défi: Si cela t'est possible, participe à une réunion de prière dans ton église locale. N'oublie pas que c'est une façon de regarder. De plus, tu peux organiser une veillée avec ton pasteur ou ton président de jeunesse pour les prochains jours.

Pouvons Être Saint?

Eudo Prado • Venezuela

Objectif: Que l'élève comprenne que la volonté de Dieu est notre sainteté, réalisée par la foi en Jésus-Christ par le baptême du Saint-Esprit.

Pour mémoriser: *Que le Dieu de paix vous sanctifie lui-même tout entiers, et que tout votre être, l'esprit, l'âme et le corps, soit conservé irrépréhensible, lors de l'avènement de notre Seigneur Jésus Christ!»* 1 Thessaloniciens 5:23

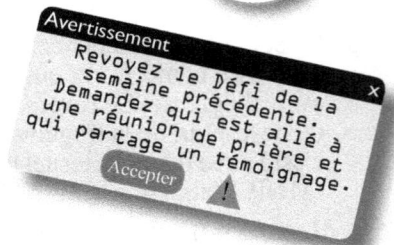

Avertissement
Revoyez le Défi de la semaine précédente. Demandez qui est allé à une réunion de prière et qui partage un témoignage.
Accepter

Connecter | Télécharger

Dynamique d'introduction (12 à 17 ans).

• Matériaux: Feuilles de papier et crayons.

• Instructions: Sur une feuille, écrivez comme titre le mot «sainteté» et à côté du mot «péché».

Ensuite, demandez-leur d'apporter des idées qui, à votre avis, se rapportent à ces mots ou les relient. Réunissez les feuilles de papier et en lisent trois ou quatre, et commencez avec la leçon. Comme la leçon se déroule, vous allez confirmer ou corriger ce qu'ils ont écrit.

Dynamique d'introduction (18 à 23 ans).

• Matériaux: Feuilles de papier et crayons.

• Instructions: Demandez à vos élèves d'identifier quatre aspects de leur comportement qu'ils considèrent négatifs et qui, dans leur jugement, affectent d'autres personnes. Ils les écriront par ordre de priorité de un à quatre. (Le numéro un sera le plus négatif).

Expliquez que la transformation spirituelle dépend fondamentalement de la grâce de Dieu et ce n'est pas quelque chose qui n'est réalisé que par des efforts humains.

Connecter | Télécharger

Peut-être, le mot ''sainteté'' peut sembler déplacé dans le monde d'aujourd'hui, et en partie parce qu'il n'est entendu que dans l'église. Cependant, pour ceux d'entre nous qui suivent la foi chrétienne, le mot «sainteté» a une grande signification. La sainteté caractérise la nature de Dieu et est le mode de vie qu'il exige de ses enfants. La sainteté est le fait de mener une vie séparée du péché et de la marche avec obéissance à Dieu, avec l'aide de sa grâce? Pour que nous puissions jouir pleinement de la volonté de Dieu, il a fourni «l'entière sanctification» ou le baptême avec le Saint-Esprit, par lequel il purifie notre cœur du péché originel ou de la nature pécheresse.

1. L'appel de Dieu à la sanctification

La société offre aux jeunes un style de vie contraire à la volonté de Dieu. En un coup d'œil, peut-être, on ne peut pas percevoir la partie négative, mais la voie, en dehors de Dieu, mène toujours à la destruction physique et spirituelle. Demandez à un de vos élèves de lire Proverbes 14:12. Une vie sexuelle désordonnée peut causer, une maladie sexuelle (SIDA ou maladies vénériennes) et plusieurs fois, jusqu'à la mort ou d'autres cas peuvent provoquer une grossesse non désirée. Des pratiques telles que la pornographie ou la consommation de drogues, ils déforment progressivement les valeurs d'un jeune et le conduisent à d'autres attitudes destructrices. Satan est très rusé et ne nous montre que la partie agréable de la tentation, cachant subtilement ses terribles conséquences.

Contrairement à cela, Dieu lance un appel sérieux à la «sanctification». C'est un appel particulier et réitéré qui apparaît d'innombrables fois dans la Bible. Et c'est pour tous les chrétiens sans exception, même pour les jeunes! Lorsque nous acceptons l'appel à la sanctification, nous pouvons expérimenter «la bonne volonté de Dieu, agréable et parfaite'' (Romains 12: 1-2).

Dans 1 Thessaloniciens 4: 1-12, nous trouvons les idées importantes suivantes sur la doctrine de la sanctification (Divisez les citations entre les élèves et leur demander de trouver la contribution de ce passage au thème de la sainteté):

a. La sanctification est la volonté de Dieu pour le chrétien; «Comme il est préférable que vous aillez plaire à Dieu» (v.1), «car la volonté de Dieu est votre sanctification» (v.3).

b. Les apôtres ont vécu la sanctification et ont appris à la vivre; «De la manière dont vous avez appris de nous» (v.1), «vous savez déjà quelles instructions nous vous avons données» (v.2).

c. La sanctification est la séparation de toutes les œuvres du mal; «Que vous ne vous détournez de la fornication» (impureté sexuelle, v.3), «que personne ne maltraite ou trompe son frère» (v.6)

d. La sanctification est de vivre l'amour chrétien, d'avoir une conduite honnête et d'être un bon témoin devant le monde; «L'amour fraternel» «que vous vous aimez les uns les autres» (faites du bien, v.9), «engagez-vous dans vos affaires, et travaillez avec vos mains» (ne soyez pas inactifs, soyez responsables, v.11)», conduisez honnêtement ceux de l'extérieur et n'ayez point la nécessité de rien'' (v.12).

Les chrétiens de Thessalonique vivaient dans un monde très pécheur, rempli d'idolâtrie et d'immoralité sexuelle. Leur foi chrétienne a été testée dans tous les domaines de leur vie quotidienne. Notre monde est aussi plein de maux similaires qui se présentent comme un défi à nos croyances chrétiennes et à notre engagement avec Dieu et l'église.

La liste suivante montre des pratiques courantes chez les jeunes qui sont destructrices et déshonore Dieu. Entendre et chanter des chansons avec des paroles sensuelles, des conversations obscènes, criant ou expressions en colère, le mensonge, les jeux vidéo violents, la pornographie, la paresse, la désobéissance aux parents et à l'utilisation des vêtements inconvenants.

Demandez à vos élèves de réfléchir brièvement aux questions suivantes: Quelles attitudes négatives de la vieille vie qui reste dans ta vie? Que fais-tu jusqu'à présent qui ne plait pas à Dieu? Qu'est-ce que tu dois faire pour refléter la sainteté dans ta vie? Comment conseillerais-tu quelqu'un qui présente l'un de ces problèmes?.

2. Dieu veut nous «sanctifier» tout entier

La sanctification commence dans la nouvelle naissance ou conversion, lorsque nous sommes nettoyés de la culpabilité de nos péchés passés. Cette étape est appelée «sainteté initiale». Mais le dessein de Dieu est de faire croître tous les jours de plus en plus dans la vie de sainteté à venir dans la ressemblance du Christ (Ephésiens 4:13). Pour cela, il est nécessaire que la nature pécheresse, qui continue dans le cœur après la conversion, soit supprimée à travers une deuxième œuvre de la grâce de Dieu.

Dans 1 Thessaloniciens 5:23, il est dit «Et le même Dieu de paix vous sanctifie tout entier...» Dieu est celui qui effectue la transformation complète en déracinant en nous la nature pécheresse de notre cœur.

La partie suivante du verset dit «et que tout votre être, esprit, âme et corps ...». Ça c'est la manière de nous enseigner que toute la sanctification affectera nos pensées, nos sentiments et nos attitudes. Toute la personnalité est sanctifiante. Demandez: Pourquoi avons-nous besoin d'être entièrement sanctifiés? Une réponse de base pourrait être que l'expérience de l'entière sanctification nous permet de servir Dieu en toute liberté et efficacité, et manifeste le fruit de l'Esprit Saint dans sa plénitude (Galates 5: 22-23).

Dans cette partie de la leçon, invitez les élèves à faire une prière de rémission au Seigneur au souhait du baptême avec le Saint-Esprit, et les diriger dans cette approche. Priez d'avance que l'Esprit-Saint guide et donne aux étudiants la possibilité de témoigner de leur expérience avec Dieu.

3. Persévérance et croissance dans la sainteté

Sans aucun doute, il n'est pas facile de servir Dieu dans le monde dans lequel nous vivons. En fait, il n'a jamais été facile d'obéir à Dieu, parce que chaque génération de chrétiens a eu ses luttes particulières. Mais on peut dire que la sanctification est une garantie de notre fermeté spirituelle.

La dernière partie de 1 Thessaloniciens 5:23 enseigne le pouvoir de Dieu de nous garder dans la vie sanctifiée. Toute la sanctification est une dépendance permanente à la grâce de Dieu pour faire sa volonté.

Après avoir été baptisé du Saint-Esprit, nous devons continuer à grandir en sainteté jusqu'à la «glorification finale». Deuxièmement, il indique le but de l'œuvre sanctifiante de Dieu: se présenter sans défaut devant le Seigneur à sa venue. Le Seigneur, à son retour, doit nous trouver «irréprochables», c'est-à-dire vivre dans la sainteté (Hébreux 12: 14b).

Le dernier verset d'étude, 1 Thessaloniciens 5:24 dit: «Fidèle est celui qui vous appelle, qui aussi va faire». Ici, Paul a assuré que Dieu, qui nous a appelés à la sanctification, est fidèle pour accomplir son but et promet de nous sanctifier entièrement et de nous garder dans cette condition.

Beaucoup de chrétiens pensent qu'ils ne peuvent pas surmonter les mauvaises habitudes ou les dispositions contre lesquelles ils se sont battus pendant longtemps. Et ils ont raison, ils ne peuvent pas le faire seuls. Mais avec le pouvoir de Dieu, oui. Ils ne doivent pas rester attachés aux attitudes pécheresses qui offensent Dieu, détruisent leur vie spirituelle et physique et nuisent aux autres. Nous ne devrions faire confiance qu'à la grâce de Dieu pour surmonter les tentations et le péché.

Par le baptême du Saint-Esprit, Dieu veut nous donner la victoire complète sur le «péché» original, «source de toute œuvre maléfique. Nous avons seulement besoin de foi et d'obéissance pour vivre une vie sanctifiée!»

Révisez/Application: Demandez à vos élèves d'écrire le sens de chaque phrase dans leurs propres mots.

1. Sainteté initiale. (La sainteté dans la conversion ou nouvelle naissance.)
2. Entière consécration. (Une condition à être entièrement sanctifié.)
3. Entière Sanctification. (Purification du cœur à travers le baptême du Saint-Esprit.)
4. Croissance dans la sainteté. (Vivre à l'écart du péché et obéir à Dieu.)
5. Glorification finale. (Quand on meurt et qu'on est en présence de Dieu.)

Défi: Essaie d'avoir un profond rapprochement avec Dieu dans la prière personnelle. Pendant la semaine, médite sur ce dont nous parlons et identifie les domaines de ta vie que tu n'as pas complètement abandonnés à Dieu et confessez tout péché que tu as commis. Demande-lui dans la prière de purifier ton cœur et de te sanctifier complètement. Si tu penses que c'est pratique, vas chercher une personne spirituellement mûre pour t'aider dans la prière pour cette raison.

Accepté ou Rejeté

Objectif: Que l'élève comprenne que les Juifs n'ont pas accepté Jésus comme Messie et que nous devons le recevoir comme Sauveur.

Pour mémoriser: *«... La pierre que les constructeurs ont rejetée, est devenue la principale de l'angle ...»* Matthieu 21:42b

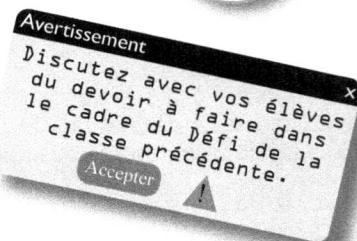

> **Avertissement**
> Discutez avec vos élèves du devoir à faire dans le cadre du Défi de la classe précédente.
> Accepter ☒ ⚠

Connecter | Télécharger

Dynamique d'introduction (12 à 17 ans).

- Instructions: Demandez à un volontaire de quitter la classe. Expliquez aux autres qu'ils doivent choisir une histoire biblique. Cela peut être «l'entrée triomphale». Lorsque l'élève entre, il devra demander «qu'est-ce que tu as vu. « Les réponses possibles peuvent être: j'ai vu un chemin, j'ai vu beaucoup de gens, un autre peut dire: j'ai vu les disciples. Ils devraient lui donner des indices pour qu'il reconnaisse l'histoire. Vous pouvez utiliser plus d'une histoire avec plus de volontaires.

Dynamique d'introduction (18 à 23 ans).

- Instructions: Choisissez une histoire, mais ne partagez son nom avec personne. Divisez la classe en deux groupes. Chaque membre du groupe posera une question dans le but de découvrir laquelle est l'histoire que l'enseignant, (il répondra seulement avec «oui» ou «non»), qu'il a en tête. Si la réponse est affirmative, vous pouvez poser une autre question. Si la réponse est négative, le groupe suivant posera sa question.

  Exemple: L'entrée triomphale de Jésus. L'entraineur dit: «C'est un fait historique». Le premier élève peut demander: «Est-il dans le Nouveau Testament? «L'enseignant dit» oui «et l'étudiant continue à demander; mais si l'étudiant ne questionne pas: «Est-ce trouvé dans les lettres de Paul?», le professeur répond» non «alors c'est le tour de la prochaine équipe.

Connecter | Télécharger

Pendant que Jésus était sur terre, il a utilisé un langage frais et contemporain pour amener les auditeurs à comprendre le message qu'il voulait transmettre au sujet du royaume des cieux. L'une des méthodes était l'utilisation de paraboles.

Jésus a décidé d'aller à Jérusalem en sachant qu'il y donnerait sa vie. L'entrée de cette ville était dans un cadre très spécial, il est connu comme «l'entrée triomphale» et l'église le célèbre tous les dimanches avant le dimanche de résurrection (Matthieu 21: 1-11). La réalité théologique et spirituelle qui s'est produite ce jour-là a été enregistrée par les évangélistes à travers l'une des paraboles de Jésus

1. Jésus a apparemment accepté et rejeté

La description faite par les évangélistes de l'entrée triomphale de Jésus à Jérusalem révèle celle d'un peuple qui a dit qu'il attendait le Messie promis avec impatience (Matthieu 21: 8-9). Mais la réalité historique, exprimée dans les paroles de Jésus nous montre que les intérêts du peuple juif étaient différents; leurs vies étaient loin de le reconnaître comme Messie ou comme sauveur de ce monde (Luc 19: 41-44). Dans cette partie de la Bible, nous trouvons une phrase qui est la clé pour comprendre le rejet du peuple juif et apparaît au verset 44 «... vous ne savez pas l'heure de votre visite». Dieu était avec eux personnellement et ils ne l'ont pas reconnu comme tel.

Jésus dans la parabole de Matthieu 21: 33-46 a enseigné la réalité de son rejet par les principaux sacrificateurs et les anciens du peuple». Le résultat était une couronne d'épines très fermées de sorte que ni la des sangliers qui gâteraient le vignoble ou les voleurs qui pourraient voler les raisins (v.33). Les grandes vignes avaient leur réservoir, qui consistait en deux sillons, faits dans la roche ou construits en briques; l'un était un peu plus haut que l'autre, et ils étaient reliés entre eux par un canal. Les raisins ont été posés sur le haut lieu et le jus est passé au plus bas. La tour servait un double objectif. Il a servi de tour de guet pour la surveillance, de sorte que les voleurs n'entrent pas quand les raisins étaient mûrs; et il a également servi de refuge pour les travailleurs». (Commentaire sur le Nouveau Testament Volume 2. Barclay, William. Clie, Barcelone: 1995, pp.147-148).

Quelles sont les conclusions du contexte biblique qui peuvent nous aider ici?

1. La vigne (Matthieu 21:33) représente la maison d'Israël. Personnes choisies Celle-ci est une image très similaire à ce que nous trouvons dans Esaïe 5: 7.

2. Le père de famille (Matthieu 21:33) se réfère à Dieu.

3. Les fermiers (Matthieu 21: 35,38-41, 45) sont les dirigeants et les représentants de la religion en Israël.

4. Le fils (Matthieu 21:37) et la pierre (Matthieu 21:42) sont Jésus correctement.

Jésus a clairement déclaré que son message n'avait pas été reçu et qu'il était lui-même rejeté. La parabole décrit complètement l'intentionnalité de Dieu en sauvant la race humaine à travers son Fils. Mais, il a été jeté de la part des fermiers et assassinés par eux, se référant à la direction religieuse d'Israël. Il semble curieux et inexplicable, que ceux qui connaissaient la plupart des textes sacrés (les prophéties), ceux qui enseignaient dans les synagogues, ceux qui dirigeaient les gens dans la vérité de Dieu, ne recevaient pas le même Dieu. C'est le cas de Jésus, quand il vivait parmi les Juifs.

2. Jésus a étendu son salut à l'humanité

Le but divin du salut a été dévoilé par Jésus dans cette parabole (Matthieu 21:41,43). Le peuple de Dieu ne serait pas Israël, mais tous ceux qui ont reçu Jésus dans son cœur et ont accepté son sacrifice sacrificiel.

Le verset 43 reflète le caractère universel du royaume de Dieu par rapport à la nouvelle alliance en grâce. Jésus est venu pour établir un nouveau modèle de salut, il est la seule personne à travers laquelle le salut peut être obtenu.

C'est un changement radical dans les concepts conçus dans l'esprit des deux grandes divisions du monde (Grecs et Juifs).

Pendant de nombreuses années, les Juifs ont cherché la grâce divine à travers les rituels, les animaux et les prêtres, la croyance que seulement ils méritaient le salut de Dieu, en tant que peuple choisi par Lui. Les grecs de l'autre côté, avaient la mentalité de recevoir de l'aide et du secours par le biais d'innombrables dieux, une culture principalement polythéiste

Jésus a totalement changé ces concepts salvifiques: c'est à travers de son sang et son sacrifice sur la croix qu'il donnera le salut à l'être humain. En enlevant le mur de la séparation entre Juifs et Samaritains, il a arrangé que chaque homme et femme puissent le recevoir dans leur cœur par la foi.

Aujourd'hui, il y a encore des gens qui cherchent le salut et le sauveur aux mauvais endroits, ce n'est pas à travers l'accomplissement des règles, ce n'est pas à travers les images, ce n'est pas à travers les dieux fabriqués par l'homme, ce n'est pas à travers les mythologies, c'est recevoir Jésus comme seul Sauveur et Seigneur dans nos vies.

Vous pouvez saisir le moment pour demander des témoignages de conversion, ou faire un appel à ceux qui ne l'a jamais reçu.

Le dimanche des Rameaux est la célébration de l'entrée de Jésus à Jérusalem, mais ce peut être le jour où Jésus entre vraiment à la vie de ceux qui ne l'ont jamais reçu. Ce fut un jour de profonde tristesse pour Jésus de voir la condition spirituelle du peuple d'Israël, mais cela peut être un jour de joie immense pour Dieu si Jésus entre dans ta vie (Luc 15:7).

Révisez/Application: Guidez vos élèves à relier les mots en fonction de la représentation dans la parabole

1. La vigne	_3_	Représentants de la religion en Israël
2. Père de famille	_4_	Jésus
3. Les cultivateurs	_1_	Maison d'Israël
4. Le fils	_2_	Dieu

Guidez vos élèves pour écrire les mots qui correspondent dans les espaces vides.

Le but _divin_ du salut a été dévoilé par _Jésus_ dans cette parabole, Matthieu 21: 41-43 énonce clairement la réalité du salut pour la race _humaine_ sans distinction. Déjà le peuple de _Dieu_ ne serait pas Israël, mais ceux qui ont reçu _Jésus_ dans son cœur et accepte son expiation _sacrificielle._

Défi: Au cours de cette semaine, écris une poésie ou une lettre remerciant le Seigneur pour ton salut et partage-la lors de leur prochaine rencontre.

Promesse Accomplie

Avertissement
Donnez la bienvenue aux nouveaux jeunes qui sont arrivés dans votre classe et félicitez ceux qui l'ont invité.
Accepter

Objectif: Que l'étudiant reconnaisse que Christ a accompli ce qui a été annoncé d'avant de sa naissance.

Pour mémoriser: «*Jésus a dit: je suis la résurrection et la vie; celui qui croit en moi vivra, quand même il sera mort.*» Jean 11:25

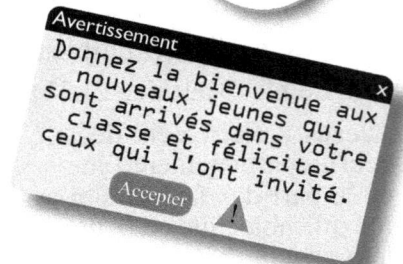

Connecter | Télécharger

Dynamique d'introduction (12 à 17 ans).

- Matériel: Écrivez le texte biblique correspondant à la leçon sur la carte. Découpez chaque mot pour former un puzzle. Préparez deux énigmes.
- Instructions: Divisez la classe en deux groupes et donnez un puzzle à chaque groupe et donnez deux minutes pour qu'ils découvrent le texte et le mémorisent.

Dynamique d'introduction (18 à 23 ans).

- Matériaux: Tableau ou grand papier bristol, marqueurs.
- Instructions: Demandez à chaque élève d'écrire au tableau, une promesse de Dieu qu'il considère importante pour sa vie. Ensuite, demandez-leur à quel moment de leur vie ont-ils vécu l'accomplissement de ces promesses de Dieu dans leur vie. Prévoyez du temps pour quelques brefs témoignages.

    Il est important que les jeunes comprennent, assimilent, que les promesses de Dieu sont vraies parce qu'il est fidèle.

Connecter | Télécharger

Une tragédie s'était produite, une injustice, avec l'arrestation, le jugement sommaire, la crucifixion et la mort de Jésus. Tout cela avait pénétré profondément dans ses fans et ses disciples.

En imaginant un instant la perte d'un être cher, peut-être pourrions-nous comprendre un peu à ceux qui ont connu une situation similaire. Ce type d'expérience entraîne douleur, douleur, vide, pleur, agitation jour et nuit, avec le désir de revoir cette personne. C'est comme ça qu'ils se sentaient les disciples et ceux qui suivaient Jésus. Avec un sentiment d'abandon, de solitude, d'incertitude, de ne pas savoir ce qui se passerait-il ensuite? On s'imagine que deux jours plus tard, on voit cet être cher en vie à nouveau, d'abord provoquer l'étonnement et même une petite peur, mais alors toute la douleur dissiperait en donnant de la place à une immense joie, au bonheur. C'est ce qui s'est passé avec la résurrection de Jésus. Au milieu de la douleur et du chagrin, ils avaient oublié (ou du moins perdu de vue) les promesses du Seigneur. Paradoxalement, les comptes indiquent que les autorités ont pris la question de la promesse de la résurrection plus au sérieux que les propres disciples, car ils ont envoyé des gardes armés pour surveiller la tombe de Jésus et éviter une éventuelle soustraction de son corps.

1. Les apparitions de Jésus après sa résurrection

Dans la nuit de ce même dimanche de la résurrection, les disciples se trouvaient dans des terribles doutes: les érudits diffèrent sur le nombre exact et l'ordre des apparitions de Jésus pendant les 40 jours compris entre sa résurrection et son ascension. Mais Actes 1:3 nous dit que «après avoir souffert, il s'est présenté vivant avec de nombreuses preuves indubitables». Jésus a prouvé à ses disciples qu'il s'était levé.

Il a montré que ses enseignements étaient vrais. Il a même laissé une note pour nous que nous n'étions pas là à ce moment-là: «Heureux ceux qui n'ont pas vu et qui ont cru» (Jean 20:29). Bien que de nombreuses théories traitent de nier la résurrection de Jésus, notre foi doit rester ferme.

Nous pouvons lire des citations bibliques liées à ses apparitions. Attribuez une citation biblique à chacun de vos élèves et demandez-leur de le lire et d'indiquer la situation liée à l'apparition de Jésus après sa résurrection.

- À Marie Madeleine (Marc 16:9, Jean 20:14-15).
- Aux autres femmes (Matthieu 28:9).
- Aux deux disciples sur le chemin d'Emmaüs (Marc 16:12, Luc 24:15).
- À Simon Pierre (1 Corinthiens 15:5).
- Aux disciples (Luc 24:36, Jean 20:19).
- À Thomas et aux autres disciples (Jean 20:26).

- À plus de cinq cents (1 Corinthiens 15:6).
- Aux sept disciples près de la mer de Tibériade (Jean 21:1).
- À Jacques (1 Corinthiens 15:7)
- Aux onze apôtres (Matthieu 28:16-17, Marc 16:14).
- À l'apôtre Paul (Actes 9:5).

Dans chaque apparition, Jésus l'a fait avec une fin spécifique. À certaines occasions, il a utilisé le salut hébreu «paix à vous». Mais dans toutes les occasions enregistrées, l'amour, la compassion, le véritable intérêt pour les gens, dans ses adeptes.

Nous devons également considérer que plusieurs textes prophétiques de l'Ancien Testament mentionnent la résurrection de Jésus: Psaume 16:9-10, il ne laissera pas son corps se décompose; Psaume 22:22, suivant de sa mort, il annoncera son nom à ses frères; Psaume 118:22-24, l'exaltation de Christ pour devenir plus tard sur la pierre angulaire.

2. La pêche miraculeuse et son enseignement

Dans Jean 21:1-14, il fait référence à l'épisode de la pêche miraculeuse dans l'une des apparitions après sa résurrection. Une approche qui peut être donnée est relative au scepticisme humain à propos des enseignements et les promesses du Seigneur. Jésus a ordonné qu'ils jettent les filets pour pêcher (v.4), le premier expert Simon pêcheur a fait valoir que toute la nuit, ils avaient essayé de pêcher sans succès, mais dans un acte de foi supplémentaire dit-il, en ton nom, sur ta parole, je lancerai le filet (v.5). Les résultats ont été incroyables (v.6).

Simon Pierre aurait pu penser: «Mais je suis l'expert de la pêche, il me demande de faire quelque chose contre mes connaissances et mon intuition sur la gestion de mon entreprise et de ma profession, il ne sait rien de la pêche, je connais des poissons et je sais pêcher, c'est à cela que je me suis consacré et ce qu'il me demande n'est pas un plan pratique. Si je fais ce qu'il dit, ce sera une perte de temps et d'énergie, et mes collègues penseront que j'ai perdu le procès».

Cependant, le scepticisme de Pierre ne l'a pas empêché de mettre un peu de foi dans l'action, car c'était le propre Seigneur qui lui donnait les instructions. Grâce à cette foi, il a connu un résultat miraculeux et il a été submergé par cette expérience et cet enseignement, prouvant que Jésus connaît le poisson.

Il sait et connaît aussi la vie de chacun. On doit seulement être attentif à ce qu'Il indique, que ce soit la promesse, instruction ou enseignement. Cela nécessite de la foi, de la conviction et de la confiance. C'était (entre autres choses) ce que Jésus a voulu enseigner à ses disciples dans cet épisode après sa résurrection.

3. La résurrection, base de la foi chrétienne

L'apôtre Paul, dans 1 Corinthiens 15, parle beaucoup de la résurrection. Après avoir raconté ce Christ mourut pour les péchés de tous selon les Écritures, fut enterré et ressuscita le troisième jour précisément selon les mêmes Écritures (v.4). Après avoir rapporté quelques apparitions de Jésus plus tard de sa résurrection, y compris son apparence (v.5-8). L'apôtre Paul a été catégorique en déclarant que si le Christ n'est pas ressuscité, la prédication est vaine et la foi est vaine, restant même le péché chez les croyants «Parce que s'il n'y a pas de résurrection des morts, Christ n'a pas non plus été ressuscité. Et si le Christ ne s'est pas relevé encore, vaine est alors notre prédication, et l'est aussi notre foi «1 Corinthiens 15:13-14. Paul a encouragé les croyants à croire qu'en Christ, l'humanité jouira de la résurrection, ceux qui croient en lui seront vivifiés. La résurrection c'est synonyme de victoire.

La grande différence entre le christianisme et les autres religions est que le Dieu des chrétiens a vécu, il a développé son ministère, il a été sacrifié pour les péchés de tous et il s'est ressuscité à nouveau, accomplissant ce qui était annoncé dans les Écritures. La tombe symbolique de Jésus à Jérusalem a une image à l'intérieur avec une phrase simple mais puissante; «Il n'est pas ici, il a été ressuscité».

Tout comme Jésus a accompli la promesse de sa résurrection, il accomplira chacun de ses promesses, il est fidèle.

Révisez/Application: Guidez vos élèves à répondre aux questions suivantes.

- As-tu confiance dans la promesse de la résurrection? As-tu confiance que cela t'arrivera?
- Que signifie la résurrection de Jésus-Christ pour toi? As-tu vécu une expérience que tu pensais que peu importe ce qui se passait, tu verrais le Seigneur?
- Comment la vie d'une personne peut-elle changer en connaissant le message de la résurrection?

Défi: Que fais-tu pour prendre soin de ta communion avec Jésus dans ta vie quotidienne? Réfléchir Selon Jean 5:29, il est commode de faire le bien pour vivre la résurrection de la vie. Faire le mal amène la résurrection de la condamnation.

Où Servir?

Objectif: Que l'élève comprenne combien il est utile de servir le Seigneur dans un ministère spécifique.

Pour mémoriser: *«Ce n'est pas vous qui m'avez choisi; mais moi, je vous ai choisis, et je vous ai établis, afin que vous alliez, et que vous portiez du fruit, et que votre fruit demeure...»* Jean 15:16a

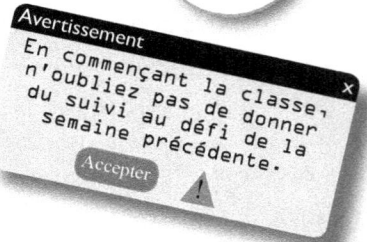

Avertissement

En commençant la classe, n'oubliez pas de donner du suivi au défi de la semaine précédente.

Accepter

Connecter | Télécharger

Dynamique d'introduction (12 à 17 ans).

- Matériaux: Une carte de n'importe quelle couleur et des ciseaux.

- Instructions: Consultez les enseignants/es qui travaillent avec des enfants dans leur église et demandent s'ils ont besoin d'images ou de matériel pédagogique que les adolescents peuvent préparer. Quelque chose qui est simple et facile à préparer. Utilisez votre créativité. Le dimanche avant le cours, présentez le projet vos étudiants et leur demander de le développer en cinq minutes. Vous pouvez aider à les organiser de manière à pouvoir les terminer.

    Quand ils ont fini, discutez s'ils ont atteint l'objectif. Quel était le plus important? Que travail qui a été fait ou par qui cela a été fait? Les aider à conclure que peu importe qui l'a fait, le travail est réalisé.

Dynamique d'introduction (18 à 23 ans).

- Matériaux: Un tableau noir ou un grand morceau de papier.

- Instructions: Choisissez un élève qui imagine être un homme d'affaires et doivent embaucher des travailleurs. Qu'il écrive sur le tableau avec l'aide de ses camarades de classe les caractéristiques que les employés devraient avoir. Aussi les tests à réaliser pour savoir qui embaucher.

    Il est important d'avoir d'une personne qualifiée pour un tel travail. Qu'est-ce que cela nous dit au sujet du travail à l'église?

Connecter | Télécharger

Parfois, nous pensons que l'église est comme une entreprise formée par des personnes qui se réunissent pour un objectif, ou un groupe de personnes qui acceptent de réaliser quelque chose ensemble. Et oui, il est vrai que nous avons des objectifs à propos de ce que nous faisons et que nous devrions être organisés au travail, mais l'église est beaucoup plus qu'une organisation commerciale. L'église rassemble un groupe de personnes sauvées par le Christ, c'est-à-dire famille spirituelle. Par conséquent, la véritable importance du travail que nous faisons dans son royaume ne se réfère pas au type de ministère que nous faisons, ou le rôle que nous jouons dans notre église, ou le poste et / ou la responsabilité qu'ils nous ont accordé; ce qui est vraiment important est le service à Dieu que nous pouvons faire en tant qu'une partie de cette famille. Actes 1: 12-26 dit qu'après que Jésus soit monté au ciel, les apôtres et les autres disciples du Seigneur étaient réunis dans la chambre haute.

1. Dieu a une place spéciale pour ses enfants

Actes 1:17 dit: «et il a été compté avec nous et a participé à ce ministère» (se référant à Judas). Beaucoup de chrétiens, nous nous sentons simplement en tant que travailleurs que nous faisons partie d'une grande entreprise dirigée par Jésus-Christ, par la présence du Saint-Esprit, dans l'objectif logique de prêcher l'évangile. C'est vrai, mais ce n'est pas la seule chose importante, pour Dieu, chacun de nous est important. Nous pouvons voir deux grands objectifs: Le premier est ta vie, c'est-à-dire ce que tu es. Par conséquent, ce verset, fait référence à Judas dit: «et ça a compté ... (premier but). Comme il faut être «compté» parmi les enfants de Dieu, c'est bien d'être «quelqu'un». Comme il est bien que Jésus me prenne en compte pour ce que je suis et non pour ce que je fais. C'est très important dans la vie chrétienne, d'être quelqu'un d'important pour Dieu. Le verset 17 nous dit que Judas était considéré comme l'un des disciples.

Une fois que nous avons compris la place que nous avons en Dieu, nous sommes prêts à apprendre le deuxième objectif, qui est également très important. La deuxième partie du verset 17 dit: «... et il faisait partie de ce ministère». Judas avait une tâche à accomplir. Dieu nous permet de prendre part à son travail, c'est-à-dire que nous pouvons participer au service. Quelque chose que nous allons faire dans l'église, mais cela n'a pas beaucoup d'importance dans quel ministère serai-je, parce que je vais faire ce que Dieu me demande. Alors on en déduit que la vraie importance est d'abord de savoir «qui je suis» et ensuite de savoir «que fis-je». En d'autres termes, le premier objectif est «ce qu'il fait en moi» et le second est «ce qu'il fait à travers de moi».

Judas jouissait de ce privilège, il faisait partie des disciples et avait une tâche à accomplir. Malheureusement, il a décidé de céder à ses propres intérêts et de rendre le Fils de Dieu pour être crucifié.

Lorsque les autres disciples attendaient la promesse que Dieu a dit qu'ils enverraient, ils pourraient réfléchir sur eux-mêmes et sur la réalité de rester fidèle au Christ et d'accomplir son œuvre.

2. Dieu choisit toujours quelqu'un pour chaque ministère

Actes 1:24 dit «... Seigneur, toi qui connais les cœurs de tous, désigne lequel de ces deux tu as choisi.» Nous ne choisissons pas le ministère dans lequel nous allons servir dans l'œuvre de Dieu. C'est Jésus Christ qui nous choisit pour faire quelque chose de spécial. Jean 15:16 dit: «Ce n'est pas vous qui m'avez choisi; mais moi, je vous ai choisis, et je vous ai établis, afin que vous alliez, et que vous portiez du fruit, et que votre fruit demeure...» Jésus-Christ a choisi ce qu'il faut faire «à travers de nous.» Nous avons tous une capacité avec laquelle nous pouvons servir Dieu. En plus de cela, comme le verset 17 dit: «... et avait participé à ce ministère», signifie que nous devons tous participer à une activité dans son travail. Nous avons dit que nous faisons partie de l'Église de Dieu, nous pouvons faire des choses en général que nous avons l'occasion. Nous ne méprisons pas la place que Jésus nous donne à «prendre part au service».

Judas méprisait la place qu'il occupait dans le ministère et devait être remplacé. Nous devons réfléchir et comprendre que servir Dieu est un privilège. Il peut utiliser beaucoup d'autres personnes, mais il veut travailler avec nous. Cela ne signifie pas que les autres ne peuvent pas le faire. Nous devons apprendre à voir notre part dans le ministère de l'église comme un point dans une ligne. Dieu nous utilisera à la place, dans le temps et dans le ministère approprié. En tant que propriétaire du travail, il saura où et quand nous utiliser. Il est de notre devoir de faire de notre mieux pour lui servir. Souvent, il sera facile et agréable, d'autres seront difficiles et exigeront beaucoup de nous. C'est l'intention de notre cœur que Dieu veut à son service. Nous devons être attentifs à entendre sa voix et être guidés par lui. Cette fois-ci avant l'arrivée du Saint-Esprit, il avait quelques jours où les disciples furent confrontés à leurs propres préjugés, leurs propres objectifs et complètement au Christ, ils se sont rendus.

3. La désobéissance nous éloigne du Christ

Actes 1:25 «afin qu'il ait part à ce ministère et à cet apostolat, que Judas a abandonné pour aller en son lieu». Malheureusement, Judas a perdu la place que Dieu lui avait donnée. Bien que ce soit vrai, le passage fait référence au poste dans le ministère approprié, il est essentiel de comprendre que Judas a d'abord perdu le privilège de faire partie du groupe des disciples. Bien que physiquement il fût avec eux, son cœur était déjà parti de Jésus. Si bien que le mot transgression existe pas dans la langue originale, la traduction dans la version King James a fait référence à Judas à l'écart du droit chemin, ou «péché». Nous devons considérer cet exemple pour garder notre salut avec crainte et tremblement (Philipiens 2:12). Jésus a dit dans Jean 15:5 que séparé de lui, nous perdons notre place, comme ses disciples et nous ne pouvons rien faire. Notre relation avec Jésus est la clé pour vivre en tant que chrétiens et pour pouvoir le servir efficacement dans l'église. Le fruit des démonstrations doit être la conséquence de cette relation quotidienne profonde avec Lui, nous pouvons faire beaucoup de choses et les faire bien, mais le Christ exige encore plus. Il exige la persévérance en lui. Apprécions et prenons soin du ministère que Dieu nous a donné. Aimons le Christ, car si nous le faisons, nous pouvons lui obéir. Et l'aimer comme il nous le demande, demandons à lui de nous remplir de son Saint-Esprit, alors seulement nous aurons un amour parfait.

Les disciples ont attendu dans l'obéissance et la prière pour l'arrivée de la Pentecôte. Dieu a accompli sa promesse, Il les a nettoyés, remplis et formés pour mener à bien le travail qui leur était confié. Immédiatement après l'arrivée du Saint-Esprit, l'homme craintif, qui a nié trois fois Jésus a eu le courage de se tenir devant une foule et présente le Christ. Le résultat: plus de 3 000 personnes ont accepté le Christ comme leur Sauveur. Le secret était la vie transformée par le Saint-Esprit.

Révisez/Application: Guidez vos élèves à identifier si la phrase est vraie ou fausse.

1. Je sers Dieu dans le ministère que je veux (F) 2. Dieu veut que tu aies un certain service (V)
3. Je suis important dans le corps de Christ (V) 4. Je suis le plus important dans le corps du Christ (F)
5. Je suis indispensable à l'église (F) 6. Personne ne peut faire le ministère mieux que moi (F)
7. «Faire» est plus important que «Être» (F) 8. Jésus ne s'intéresse qu'à nous travaillant pour lui (F)
9. Dieu me prend en compte pour ce que je fais dans l'église (F)

Défi: Réfléchir dans les prochains jours aux questions suivantes: Est-ce que je me sens pardonné? Est-ce que je me sens accepté par Dieu? Cherche Dieu dans la prière. Les disciples ont passé environ une semaine dans la chambre haute à prier pour que Dieu envoie leur Saint-Esprit et leur permette d'accomplir la tâche qu'il leur avait confiée. Faites de même. Chercher Dieu dans la prière et lui demander de te permettre de le servir.

Que Lui Donnerais-Tu?

Avertissement
En commençant la classe, n'oubliez pas de faire le suivi au Défi de la semaine précédente.
Accepter

Objectif: Que l'élève décide de connaître Jésus, de le chercher et de l'adorer à la suite de la réflexion sur l'histoire de la visite des mages à Jésus.

Pour mémoriser: «*Et quand ils sont entrés dans la maison, ils ont vu l'enfant avec sa mère Marie, et se prosterner, ils l'adoraient; et ouvrant leurs trésors, ils lui offraient des cadeaux: or, encens et myrrhe.*» Matthieu 2:11

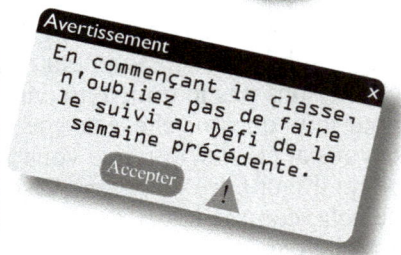

Connecter | Télécharger

Dynamique d'introduction (12 à 17 ans).

- Matériaux: Trois boîtes enveloppées dans du papier d'emballage. Un objet d'or ou d'imitation, une bougie parfumée ou un encens et un parfum. Des enveloppes avec des clés pour chaque groupe.

- Instructions: Préparez des feuilles pour chaque groupe avec les phrases suivantes.

   Cadeau 1: il a de l'éclat; est couteux; il est situé dans les mines.

   Cadeau 2: il s'est préparé avec des résines aromatiques végétales et de l'huile; il a un parfum très agréable; il doit brûler.

   Cadeau 3: substance résineuse aromatique; c'est de couleur jaune; dans les temps anciens, il était utilisé pour embaumer les cadavres.

   Formez des groupes et donnez à chacun une enveloppe avec les trois pistes. Ils devraient découvrir le nom du cadeau. Le premier groupe qui le fait, il peut ouvrir la boîte correspondant au cadeau qu'il a décrit.

Dynamique d'introduction (18 à 23 ans).

- Matériaux: Papier et crayons pour chaque élève.

- Instructions: Demandez à vos élèves de dessiner le cadeau de Noël dans son enfance qu'ils s'en souviennent. Qu'ils écrivent cinq caractéristiques de cadeau et l'importance de celui-ci dans leur vie. Permettez à chacun de lire les caractéristiques et le reste à deviner de quoi il s'agissait.

- Il y a des cadeaux dans notre vie qui nous ont influencés pour différentes raisons, pour leur valeur, pour couvrir un besoin, car ils représentent une personne spéciale, etc. Accepter Jésus dans nos vies est le meilleur cadeau que nous puissions recevoir.

Connecter | Télécharger

Noël. L'un des moments les plus heureux de l'année. Les rues sont remplies de lumières, d'ornements et de gentils hommes habillés en Père Noël. Certaines maisons sont ornées d'arbres traditionnels et d'autres sont armées en scènes de la crèche représentent l'endroit où Jésus est né. Beaucoup de familles font des plans pour se rencontrer. Certains viennent de loin et c'est une raison d'oublier certains combats. Dans les établissements commerciaux, vous pouvez entendre les célèbres chants de Noël. Pour beaucoup de gens, la Noël est synonyme de cadeaux. Au premier Noël, il y avait aussi des cadeaux. Depuis des pays très lointains les gens sont venus appelés mages à la recherche de Jésus et ils lui ont apporté des cadeaux. Qui étaient ces mages? Quelle était leur motivation à chercher Jésus? Quels cadeaux l'ont-t-ils donnés?

1. Visite des marges

Nous ne savons pas beaucoup sur les mages qui ont visité Jésus. L'histoire nous dit qu'ils sont venus de l'est jusqu'à Jérusalem (Matthieu 2: 1). Le mot «Magoi» d'où venait le mage, à l'origine est désigné par la classe sacerdotale des Perses et des Babyloniens. Au fil du temps, le mot mage a acquis la signification de charlatan, de diseur de bonne aventure ou de sorcier. Mais à l'époque de Jésus, ils étaient considérés comme de bons hommes qui cherchaient la vérité.

Ces mages étaient des hommes connaissant la philosophie, la médecine et les sciences naturelles. Ils étaient des prophètes et des interprètes de rêves étudiant la signature. Il est intéressant de savoir que dans les temps anciens, les gens connaissaient l'astrologie. Il y avait une croyance que le futur pourrait être prédit par les étoiles, et que le destin d'une personne a été décidé par les étoiles sous lesquelles il est né. C'était parce que les étoiles suivent des cours invariables; représenter l'ordre de l'univers, alors quand soudain certaine étoile brillante différente ou l'ordre invariable du ciel a été brisé par un phénomène particulier, il semblait que Dieu intervenait dans son propre ordre et annonçait quelque chose de très spécial. Nous ne savons pas quelle était l'étoile que les Mages ont vue; mais sa profession comprenait l'observation des cieux et une lueur céleste qui l'a annoncé l'entrée d'un grand roi dans le monde.

2. Chercher Jésus

La chose la plus choquante dans cette histoire est qu'ils sont venus de loin en cherchant Jésus. Ils ont été guidés par la même étoile qui avait annoncé la naissance de l'enfant. Ces mages étaient des personnes très importantes, de grande réputation dans leur pays. Peut-être ils étaient des conseillers des rois et des princes. Ils ont été utilisés pour recevoir les honneurs des autres. Cependant, ce n'était pas un obstacle pour eux de voyager à la recherche de quelqu'un de beaucoup plus important qu'eux. Demandez à vos élèves s'ils quitteraient leur vie confortable, leurs amis et leurs diversions pour suivre un mandat de Dieu même s'ils ne voyaient pas l'avenir clairement. C'était exactement ce que les sages ou les mages ont fait. Ils ne se souciaient pas du danger de la route, ni de la longueur et de la durée du voyage. Ils ont voulu rencontrer l'enfant et ont fait tout leur possible pour atteindre leur objectif. Rechercher et rencontrer Jésus est ce qu'ils peuvent faire mieux et ils ne devraient pas se soucier du coût.

Le récit biblique ne nous dit pas comment Hérode a entendu parler de la présence des mages mais explique que la nouvelle l'a aussi perturbé que les autres. Hérode savait que les Juifs attendaient son Messie ou Sauveur et connaissait les prophéties. Mais son intérêt n'était pas sincère. Bien qu'il ait dit qu'il voulait l'adorer, en fait, il voulait l'éliminer (Matthieu 2: 3, 8, 13).

Nous avons deux types de recherche de Jésus. Une sincère et une pour intérêt. Discutez avec vos élèves des mauvaises raisons de chercher Jésus. Par exemple, uniquement pour la santé, pour aider dans des situations difficiles, pour trouver un emploi, etc. Beaucoup de ces personnes après qu'ils obtiennent ce qu'ils veulent se détourner de lui et ils continuent leur vie dans le péché. Alors que la recherche sincère est celle qui mène à une véritable consécration.

3. Offrir les cadeaux

Les mages ont continué leur voyage guidé par l'étoile. Et ils se sont réjouis quand ils ont atteint leur destination (Matthieu 2:9-10). La Bible nous dit que lorsqu'ils ont vu l'enfant, ils l'ont adoré. C'était la raison de son voyage. Après une longue recherche pour trouver Jésus. Ils savaient qu'il l'était, c'est pourquoi ils l'adoraient.

Le Nouveau Testament ne dit pas combien de mages ils étaient, mais l'idée qu'ils étaient trois et sans doute parce qu'il y a trois cadeaux qui sont mentionnés. Les légendes postérieures les ont rendus rois. Et une légende encore plus grande récemment les a nommés: Gaspar, Melchor et Baltasar. Encore plus tard, chacun a reçu une description personnelle et le don que chacun a donné à Jésus a été spécifié.

Depuis des temps très primitifs, on a vu à quel point les cadeaux apportés par les sages et comment chacun s'harmonisait avec certaines caractéristiques de Jésus et de son travail.

L'or est le cadeau d'un roi. Donc, Jésus était «l'homme né pour être roi». Mais il devait régner, non par la force, mais par l'amour; pas d'un trône, mais d'une croix. Les Juifs l'ont reconnu dans la rentrée triomphale, même Pilate a inscrit de manière ironique «Ceci est Jésus, le roi des Juifs». Mais personne n'a compris le genre de roi que Jésus était.

Nous devons nous rappeler que Jésus-Christ est roi. Nous ne pouvons jamais le rencontrer sur un pied d'égalité. Nous devons toujours l'approcher dans une soumission totale.

L'encens est le cadeau pour un prêtre. C'était dans le culte du temple et dans ses sacrifices où il était utilisé le doux parfum de l'encens (Exode 30:7-8). La fonction d'un prêtre était de montrer aux hommes le chemin vers Dieu. Le mot latin pour prêtre est pontifex, qui signifie «celui qui agit comme un pont». C'est la mission et le privilège du prêtre: servir de pont entre Dieu et les hommes. C'est Jésus, qui a ouvert la voie vers Dieu; cela nous a permis d'atteindre la présence même de Dieu (1 Timothée 2:5).

La myrrhe est le cadeau pour celui qui va mourir. La myrrhe était utilisée pour embaumer les corps des morts. Jean nous dit que Nicodème, qui lui a rendu visite la nuit, a apporté à Jésus de la myrrhe et de l'aloès (Jean 19:39).

Jésus est venu au monde pour vivre et mourir pour l'être humain. Il est venu nous donner pour nous sa vie et sa mort. Ces dons représentaient les fonctions de rédemption de Jésus.

L'or pour un roi, l'encens pour un prêtre, la myrrhe pour quelqu'un qui devait mourir. C'étaient les cadeaux des sages qui, devant le berceau du Christ, ont prédit qu'il allait être le vrai roi, le parfait Grand Prêtre et, finalement, le Sauveur suprême du monde.

Qu'est-ce qui nous motive à connaître Jésus? Les mages ont diligemment cherché le chemin vers le Christ. Dans le cadre de leur culte, ils ont offert des présents. Reflète-toi avec tes élèves, concernant ta relation avec Jésus. Encouragez-les à lui chercher comme un Sauveur personnel. Jésus veut notre vie et notre service en cadeau.

Révisez/Application: Guidez vos élèves à trouver la bonne réponse

1. Le nom du Roi de Judée à la naissance de Jésus était: a. Ponce Pilate   b. Hérode   c. Auguste César   d. Anne

2. Ville où Jésus est né.   a. Jérusalem   b. Judée   c. Bethléem   d. Israël

3. Il a été utilisé pour préparer le corps d'un mort avant son enterrement.   a. Or   b. Encens   c. Myrrhe   d. Légumes

4. Mot d'où vient le terme mage.   a. Magique   b. Magoi   c. Magicien   d. Magos

Puis demandez-leur d'écrire trois choses qu'ils peuvent offrir à Jésus en cadeau.

Défi: Maintenant que tu connais Jésus, il t'incombe de faire en sorte que les autres le cherchent et apprennent à le connaître. Invite au moins trois de tes amis aux activités qui auront lieu dans ton église pour la Noël. Ensuite, prie pour eux et encourage-les à chercher Jésus dans leur vie.

Nouveau la Maison

Avertissement

Commencez la classe en demandant pour les commentaires de leurs amis qui ont assisté aux activités de la Noël dans leur église. Encouragez-les à prier pour eux et pour continuer en les invitant.

Accepter

Objectif: Que l'étudiant comprenne que son engagement envers Dieu dure toute l'année.

Pour mémoriser: *«... mais, puisque celui qui vous a appelé est saint, vous aussi soyez saints dans toute votre conduite»* 1 Pierre 1:15

Connecter | **Télécharger**

Dynamique d'introduction (12 à 17 ans).

- Matériaux: Papier et Crayon.
- Instructions: Demandez aux élèves de faire une liste des bonnes choses qu'ils ont cessé de faire cette année. Dites-leur que devant cette liste ils placent le pourquoi ils l'ont cessé de les faire. Et après, que ceux qui le souhaitent partagent ce qu'ils ont écrit.

    Il est important que l'élève comprenne que l'exercice de réflexion sur la raison pour laquelle nous arrêtons de faire certaines choses, peut nous éviter des échecs dans le futur.

Dynamique d'introduction (18 à 23 ans).

- Matériaux: Papier et Crayon.
- Instructions: Dites aux élèves d'énumérer une liste de choses qu'ils veulent réaliser cette année. Devant cette liste, dites-leur de mettre le matériel, le temps et les personnes qui les aideront pour les obtenir.

    L'étudiant doit comprendre que Dieu utilise les ressources matérielles et humaines, ainsi que notre planification de faire les choses que nous voulons.

Connecter | **Télécharger**

Le début d'une nouvelle année génère toujours de nouvelles attentes. Les gens prennent des résolutions, des plans, des objectifs, etc. À cette époque, nous voulons tous être des personnes différentes. Il y a une suite magique dans l'environnement qui imprime la nostalgie, l'illusion et l'enthousiasme. Mais qu'est-ce qui rend cette date si spéciale? Pourquoi sont-ils nés bons vœux et élargis notre joie? C'est parce que nous cherchons toujours l'opportunité d'améliorer ce que nous avons fait ou pour modifier les erreurs qui nous ont laissé de mauvaises expériences. En bref, nous voulons tous commencer de nouveau.

1. Nouvelle année?

L'époque du Nouvel An commence par la suite des célébrations de Noël. Pour que l'ambiance de fête se fasse toujours sentir. Beaucoup de gens sont en vacances et relativement détendues. L'environnement est plein de pensées positives. Cela fait un impact sur la façon de percevoir la réalité et nos sens sont à la limite. Tout cela nous fait ressentir un nouveau défi. Beaucoup d'entre nous, sommes hors de la routine en ce moment, ce qui génère une volonté de faire les choses mieux qu'avant.

Cependant, il est temps d'évaluer d'où vient notre motivation? À quel point sommes-nous influencés par l'environnement? A quel point nos bonnes intentions sont-elles authentiques? Le problème de faire des plans très ambitieux dans cette ère est précisément qu'ils résident dans cet environnement courageux. En tant que disciples du Christ, notre motivation doit être centrée sur lui: bien que la nouvelle année soit belle, elle peut nous piéger pour tomber dans le «faux enthousiasme» qui nous amène à une série de bonnes intentions qui ne vont pas au-delà. En réalité, les choses ne changent pas complètement d'une année à l'autre, en fait, parfois, la situation n'est pas très encourageante comme nos sens le perçoivent. Sinon, pensez à janvier, retour à l'école, au travail, aux activités, aux dettes, etc. Beaucoup de gens laissent leurs résolutions du Nouvel An à leur table le premier jour de travail. Beaucoup d'étudiants quittent leur désir de faire mieux sous le lit en février. Demandez: Cela t'est-il arrivé? Si la réponse est non, la motivation vient sûrement d'ailleurs, mais, ce n'est pas émotionnel. Mais si ta réponse est oui, elle peut être utile de considérer la source de motivation.

2. La motivation vient de Dieu

En tant que chrétiens, la source de tout enthousiasme et de toute joie doit venir de Dieu. Notre bonheur réside en Lui. Néhémie 8:10 dit: «La joie du Seigneur est notre force». Tout d'abord, les objectifs de la nouvelle année et nos objectifs doivent être identifiés avec le plan de Dieu. Ce plan n'a d'autre intérêt que notre sainteté. De là vient la justice, la foi, l'espoir, le bonheur et l'amour. Bien que le temps de la nouvelle année soit une grande motivation, celle-ci disparaît généralement, elle est temporaire. Mais la motivation qui vient de Dieu reste, parce que c'est une réponse à l'amour de Dieu qui nous accompagne tout au long de l'année.

Lorsque nous concentrons notre attention sur Dieu, nous avons une plus grande chance d'atteindre nos objectifs. Penser à Dieu engendre un engagement parce que nous voulons correspondre à son amour, mais avant tout à la confiance qu'Il place en nous. Il est très bon que nous réfléchissions aux objectifs et aux buts de commencer l'année, mais la source de nos forces, ce n'est pas la nouvelle année elle-même.

Nous devons principalement penser que l'obéissance est un moyen sûr de voyager dans le chemin de Dieu. Lorsque nous obéissons, nous plaisons à Dieu. 1 Pierre 1: 13-14 nous dit de préparer l'avenir immédiat. Préparer notre compréhension, être attentif à ce que nous faisons et avoir confiance en la grâce de Jésus-Christ. De plus, nous devons changer nos vies pour laisser derrière nous ce qui ne convient pas. Bien que Pierre ne se contente pas de se référer aux résolutions du Nouvel An, il est conseillé de tenir compte chaque jour de l'année et prendre des décisions qui nous aident à grandir comme le Christ.

3. Nouvelle opportunité

Tout début apporte de nouvelles attentes. L'impulsion émotionnelle qui se reflète à cette époque de l'année n'est pas mauvaise non plus. On peut toujours profiter de cet enthousiasme et le canaliser vers un bon objectif. Le problème ne réside pas dans le début d'une nouvelle année, mais dans l'authenticité de nos intentions. Cependant, nous avons une bonne raison de dessiner de nouveaux plans. Cette raison est que jusqu'à présent, Dieu ne nous a jamais laissé. Une autre année s'est écoulée et nous avons vu la grâce de Dieu. Il n'a pas cessé d'être à nos côtés. Peut-être, nous avons eu de mauvaises expériences ou peut-être nous avons dû laisser des choses, des personnes ou des lieux. Mais Dieu, Il est toujours là (1 Samuel 7:12). Cela nous motive à rester en Lui. Car bien que beaucoup de choses aient disparu et des années avec elles, Dieu est resté. C'est une excellente occasion de renouveler la route, de modifier la direction et si nous avons été laissés sur la route, il est temps d'atteindre et de suivre le pas de Jésus.

Il est temps d'arrêter et de considérer nos bénédictions pour les mettre entre les mains de Dieu. Il est temps de renouveler l'engagement. Il n'y a pas de meilleur moyen de commencer l'année que de changer d'attitude et pourquoi non, même la façon de faire les choses. Il est temps d'aller vers une vie de sainteté. Et si pour cela nous devons emprunter d'autres routes, nous devons le faire. Il n'est pas bon de rester toujours dans le même échec. Albert Einstein a déclaré que si nous voulons avoir des résultats différents, nous devons faire les choses différemment. Comme chrétiens, nous avons la possibilité de vivre chaque jour différemment. Profitons de ce temps pour nous renouveler. Non parce que c'est une nouvelle année, les choses sont automatiquement nouvelles. Mais parce qu'il y a une possibilité qu'ils soient nouveaux pour lui.

Pierre défie l'église de vivre dans la sainteté dans toutes les manières de vivre (1 Pierre 1:15). La seule façon de pouvoir le faire, c'est avoir la plénitude du Saint-Esprit. Dieu est saint et appelle ses enfants à être saints. Demandez: As-tu pensé à tracer le but de cette année de chercher le remplissage du Saint-Esprit? Paul dit aux Thessaloniciens que Dieu qui nous appelle à la sainteté est fidèle et l'accomplira (1 Thessaloniciens 5:23-24). Donne ta vie, tes rêves, tes projets et tes aspirations, construis-la de manière authentique.

Ce renouvellement doit être persistant et prolongé. L'invitation est que les intentions et les bonnes intentions du début de cette année ne reposent pas sur l'émotion, mais plutôt sur ceux qui nous permettent d'être bien. Commencez une année de plus. Peut-être que tu as des rêves que tu veux réaliser cette année: Terminer tes études, commencer un nouveau projet, assister à ton appel pour servir, peut-être, commencer un ministère parmi les personnes dans le besoin. Quelle meilleure façon de commencer que de reconnaître que ta force pour cette année n'est pas parce que la nouvelle année commence, mais parce que tu as la garantie que Dieu sera avec toi. Il est fidèle.

Révisez/Application: Répondez aux questions et discutez-en en classe.

1. Quels sont mes projets pour cette année?

2. Quels plans nécessitent plus d'efforts au-delà de mes forces?

3. Que vais-je faire pour atteindre mes objectifs?

4. De quelle manière puis-je obtenir avoir une meilleure relation avec Dieu cette année?

5. Que vais-je faire pour y parvenir?

Défi: S'il y a un but que tu n'as pas rempli et qu'il t'en coûte de rompre des amitiés ou de perdre un emploi. Réfléchis maintenant à ce que tu peux faire pour l'empêcher de se répéter. Rédige une liste de situations dans ta vie que tu souhaites quitter et une liste d'objectifs pour la nouvelle année. Prie de demander à Dieu de t'aider à atteindre ces objectifs. Mets-le dans une enveloppe scellée et conserve-le un moment. Après quelques mois, ouvre-le et réfléchis à tes progrès.

www.ingramcontent.com/pod-product-compliance
Lightning Source LLC
Chambersburg PA
CBHW081149040426

42445CB00015B/1808